持たざる経営

asset light management

古山喜章
Yoshiaki Furuyama

日本経営合理化協会 出版局

まえがき

２０２３年以降、これまで長引いてきたデフレにも、ようやく終わりが見えてきました。大企業だけでなく、中小企業も賃金が上がりはじめ、長らく停滞していた銀行借入金利も、わずかながら上がりはじめ、まったく通らなかった値上げも、受け入れられるようになってきました。これまでのデフレ環境が大きく変わりはじめたのです。

終わらないデフレもなければ、終わらないインフレもありません。長い経営環境の中、デフレとインフレは行ったり来たりするのです。そのひとつの大きな波が、およそ30年の時を経て、変わろうとしているのです。

以前にもインフレがあり、バブルがはじけてデフレに陥りました。今また、かつてと同じような状況にならないにしても、新たなインフレ時代に突入しようとしています。

ここで見直しておきたいのは、かつてのインフレ時代に多くの会社が失敗したことと、同じ轍《てつ》を踏まないことです。

バブルがはじけて倒産したり廃業を余儀《よぎ》なくされた会社はいずれも、何かにつけて持ちすぎていた会社でした。

不動産、在庫、未回収の売掛金、人員、機械設備、有価証券、ゴルフ会員権など、ありとあらゆるものを多く持っていた会社が、軒並みつぶれたのです。

資産といえども、つぶれた会社はその大半を銀行借入金によって支えられていました。バブルがはじけてインフレが終わったとたん、今まで持っていた資産は一気に価値が下がり、在庫も人も稼働しなくなり、維持するためのお金がどんどん出ていくようになったのです。

売上高は今までのように伸びず、値上げも通らず、大量の在庫や人員、その他の固定資産を抱えていた会社は、みるみる間に苦境へと追いこまれ、やがて借入金を返す資金繰りに窮《きゅう》することとなり、つぶれていきました。

かつてのインフレ時、経営者は「資産を持っているほうが信用がある」「たくさんの借金ができるのは銀行に信用があるからだ」と思い込んでいました。しかし、そんなことを言っていたにもかかわらず、倒産・廃業へと追い込まれたのです。

結局、「**持ちすぎる**」ことがあだとなり、倒れていったのです。新たなインフレ時代の到来にさしあたり、経営者が強く心にとどめるべきことは、「**持たない**」ことです。

言い方を変えれば、絶えずやってくる「持つ」ことへの誘惑を断ち切ることです。
しかも、「持つ」ことへの誘惑は、経営がうまくいき儲かっているときほどやってきます。
かつてのインフレ時代の経営者は、そこでつまずくことが多かったのです。「いい土地がある」「いい物件がある」「絶対に儲かる株がある」などの誘惑に勝てず、巻き込まれていったのです。

経営者はそもそも、儲け話が大好きです。「これは儲かる」とわかったら飛びつきたくなります。そういう性分《しょうぶん》だからこそ、経営者としてあり続けているのです。しかし、本業に関することならともかく、本業に何の関係もない投資にお金を注《そそ》ぐという事例が多くありました。

一方で、世の中の多くの中小企業を見ていると、「持たざる経営」であるからこそ稼いでいる、儲けている、という会社がたくさんあります。そのような会社は、経営環境が変わろうとも、財務体質がびくともしていません。

それらの会社をよく観察すると、そこには「たたむ・削る・変える」だけではなく、独自の売りモノを磨き、高めるための継続的な取り組みをしています。いうなれば、商品力を環境変化に合わせて、絶えず変化・進化させ続けているのです。そこまで含めて、「持たざる経営」

を継続的におこなっているのです。

本書では、「持たざる経営」を３つのステップに分けました。

- **第1ステップ「たたむ・削る・変える」お金が残る体質に転換する**
- **第2ステップ「見抜く・仕組む・仕掛ける」継続的に稼ぐ形をつくりながら、儲けの核心を見つけて磨く**
- **第3ステップ「伸びる・選ぶ・仕切る」不況であっても驚異的な利益を叩きだす企業へと進化させる**

このステップどおりに書き進めるのですが、「たたむ・削る・変える」に関しては、すでによくご存知の方もおられるかと思います。そのような方は、第１ステップを飛ばして第２ステップを読んでいただいてもかまいません。

経営環境の大転換期に差し掛かっている今、「持たざる経営」に取り組み、会社にお金が残る体質にしたうえで　そのお金を使って稼ぎ続ける経営の形をつくりあげ、ライバルよりも優位に立つ稼ぐ商品(売りモノ・サービス)づくりに邁進していただきたいと思います。

加えて、多くの中小企業が事業承継の時期にあります。

先代と後継者、ともに会社に在籍していて、互いの考えや思いがうまくかみ合わないということが、現実、多いものです。

いま70歳代、80歳代の先代経営者とその子供である後継者では、経験に差があるのは当然ですが、経営環境があまりにも異なります。お互いにそれなりの我慢をしつつ、感謝を示しつつ、バトンタッチがなされています。

ただ、経営者の承継はなんとかできたとしても、商品・サービスといった売りモノの承継はまた別の話です。先代のときの売りモノがそのまま売れ続けることは、ほとんどありません。売り先や売り方に関しても同じです。先代もそれは承知しています。

事業承継をして経営継続を成功させるには、後継者が「儲かるようにすべてを変える」ことを起点として、「持たざる経営」への基礎を築き、進化させていくことが必要になります。

ここではそのために取り組むべきことを、「見抜く・仕組む・仕掛ける」「伸びる・選ぶ・仕切る」として書かせていただきました。

もちろん、すべての土台になるのは、私の師匠である井上和弘《かずひろ》先生の書籍『儲かるようにすべてを変える』（日本経営合理化協会出版局刊）に書かれてある内容です。この革命的な書籍への言及はまた、あとがきで触れさせていただきます。

２０２４年10月５日

（株）アイシーオーコンサルティング
代表取締役　古山喜章

もくじ

【第1ステップ】たたむ・削る・変える

3章 お金が残る体質へ転換する

装丁　美柑和俊

1章　持たざる経営とは

1.「持たざる経営」を実現している会社

事務員も営業マンも必要ない

私たちＩＣＯコンサルティングは、１９８４年に井上和弘が創立した会社で、現在、私を含め３人のメンバーが中小企業が抱える多種多様な経営課題を解決すべく活動しています。

３人といえば少ないように思われるかもしれませんが、外部に国内屈指の税務・法律の専門家とのネットワークを築いていますので、大金が動く大型の高額退職金やＭ＆Ａの案件も手がけています。

その中で、私たちは経営者が集まる勉強会でお話しする機会がありますが、いつも、「不要な固定資産や間接人員を減らしましょう！」「できれば営業マンが必要でなくなるぐらい商品力を磨きましょう！」と言い続けています。

それでも、「そんな極端な」「営業マンはやっぱり要りますよ」「うちの業界ではまだまだ無理です」とできない理由をおっしゃって、いつも簡単には受け入れてもらえません。

事務スタッフや営業マンの存在が当たり前になっている会社ほど、その枠組みから抜け出せないようです。そして、みなさん口を揃《そろ》えて、「いったいそんな会社がどこにあるんですか！」とおっしゃいます。

しかし実際に、事務員も営業マンもいない会社があるのです。

四国地方にある、設立して10年目の株式会社瀬戸システム（仮称）は、名前のとおり、システム系の事業をされています。

ＩＣＯの書籍を読まれたことがきっかけで、瀬戸社長（仮名）から「相談にのってほしい」とご連絡をいただき、私は予定を調整して、まずは瀬戸システムを訪問しました。

瀬戸システムは、歴史の古い街のオフィスビルの３階の一角に本社事務所がありました。そのビルは、お世辞《せじ》にも最新の豪華なビルとは言えない、築30年以上は経過しているであろう、ごく普通の昔ながらのオフィスビルです。

朝９時30分の約束で、少し早く到着したので事務所の中で待たせてもらおうと思い、玄関ドアを開けようとしたところ、まだカギがかかっていました。

「あれ、場所を間違えたのかな？」と思っていたところ、

「ああお早いですね。失礼しました」

と、すぐにうしろから声をかけてくれた人が、瀬戸社長でした。

瀬戸社長「今日は私が一番早い出勤だと思います」

古山「事務所のスタッフは10時出勤ですか？」

瀬戸社長「いやいや、うちは事務スタッフがいないんです」

古山「事務スタッフゼロですか。それは素晴らしい」

お会いして早々、事務スタッフがいないことに驚きながら、事務所の席に案内されました。

瀬戸社長「今日はこのあと、3名ほど出勤してくる日なんです」

古山「営業の人とかですか？」

瀬戸社長「いや、うちは営業もいないんです」

古山「営業もゼロですか。まさにＩＣＯ式ですね」

瀬戸社長「そうなんですよ。うちは企画開発の会社なので、私も含めて全員で14名しかいません。しかも仕事はどこでもできますので、事務所は小さくして、毎日数名、持ち回りで出勤しています。あとのメンバーは自宅とか別の場所で仕事をしています。打ち合わせが必要なら、連絡を取り合って、リモートでいつでもできるようにしています」

驚くべきことは、その業績です。

たった14名で直近の年商がなんと300億円を超えていたのです。しかもその時点で創業10年です。14名という規模からすれば、もはや異次元の数字です。それでいて固定費は最低限。その利益の大きさは、推して知るべしです。

古山「これ以上ない理想の会社ですね」

瀬戸社長「ＩＣＯさんの本に『そうしろ』と書いてありますよね。会社を作るとき、そのとおりにしたかったんです。とにかく固定費をかけない。だから事務所も最小限の広さにして、事務スタッフも営業マンも置いていないんです。それを10年続けているだけです」

創業時から、「事務員も営業マンも置かない会社にしたい」という思いから事業を考え、どうすればいいのかを思考し、現状の形になったということです。

不要な業務や固定資産を「たたむ」「削る」「変える」をするまでもなく、瀬戸システムはそもそも何も持たない会社としてスタートしました。事務所は借り物で、固定資産は敷金と保険積立金しかありません。

古山「ところで、どのようなご相談ですか？」

瀬戸社長「業績に関しては問題ないんですが、税金ばかりが増えて、これでいいのだろうか、というのがひとつ。もうひとつは、株価がどんどん高くなっているので、私が急に事故ででも亡くなると、家族にかなりの相続税がかかることになりますので、その負担を減らす方策はないものかというのが２つめの相談です」

高収益であればあるなりに、お悩みがあるものです。確かに、この数年は多額の法人税を支払っておられました。最初は仕方がないかと感じておられたそうですが、だんだんと、「何も節税をしないのもどうだろうか？」と瀬戸社長は思いはじめたのです。

古山「なるほど、ではまず節税対策からいきましょうか」

と、その場で次のような提案をしました。

①４割損金の生命保険に加入する

全額損金ではないものの、将来の退職金や事故等に備えて、高額の生命保険に加入します。

②事業場での訴訟やトラブルに備えた保険に加入する

システム開発は、不具合によっては大きな補償問題や訴訟に発展することもあります。

そのための保険に加入します。

③倒産防止共済に加入する

年額で最高240万円、累計で800万円ではあるものの、全額損金計上されるので、共済に加入します。

④出張時の日当を支給する

瀬戸社長は出張が多いということだったので、旅費・宿泊費とは別に、出張日当として1日につき5万円を支給します。日当は旅費交通費扱いとなり、無税で受け取れます。金額についても、法律での定めはありませんので、1日5万円としてもらいました。

⑤不動産を持つ子会社を作り、そちらにお金を払う仕組みにする

不動産管理会社を作り、その会社から事務所を借りる形にしました。瀬戸システムは無借金でキャッシュリッチな会社です。不動産管理会社を作って、その会社に不動産取得費用を貸し付けます。子会社は、借りたお金で不動産を購入し、瀬戸システムは家賃を払います。そうすれば、外部の大家へ家賃が流出せず、内部でお金を回すことが可能です。それに、家賃や管理費を相場よりも高めにして、瀬戸システムは多めに家賃を払うようにすれば、節税になります。それに、お金を貸しているのですから、家賃の一部を返済金として相殺することもできるのです。

⑥作った子会社で自動車も買い、カーリース費用を多めに払う

不動産だけでなく、子会社で自動車も扱うのです。買った車を3年でペイできる高めのリース料で瀬戸システムへ貸します。そうすれば、高めのリース料を払って節税対策になります。乗用車は耐用年数が6年です。子会社は3年経過後には車輌代金を回収できることになります。その状態で外部に売れば、売ったお金は会社に入り、3年分の残っている簿価は特別損失として計上することができるのです。

この①～⑥を実践しても、瀬戸システムには十分な利益が残ります。

瀬戸社長「古山先生、ありがとうございます。全部やってみます。何もしないよりは、提案いただいたことを実行するほうがものすごく納得できそうなので」

瀬戸社長はその後、すべてのことを実践されました。瀬戸システムで稼いだお金を、より有効に活用することができたのです。

もうひとつの相談の相続税対策については、種類株式を使って持ち株数を減らしつつ、議決権を100％維持し続ける方法を提案しました。

瀬戸社長がご心配されているのは、現状100％の株式を持っていて、自分がもし事故にでも巻き込まれて急死したら、株価が高すぎて家族にかかる相続税が高額すぎる、というものです。それであれば、保有している株式数を減らしつつ、議決権は100％保有し、支配権を完全に持つという方法があるのです。

瀬戸社長「そんなこと、できるんですか！」と驚かれました。

古　山「できます。新会社法になってから、株式をより柔軟に設計できるようになったんです。それをうまく活用すれば、結果として、相続税対策になります。今、瀬戸社長がお持ちの株式が100株だとしたら、そのうちの50株を議決権無し、「配当優先」「取得条項付き」という株式に変えて、親族以外の経営陣に譲渡するんです。そうすれば、瀬戸社長が持つ株式は今の半分になります。もし事故にあって相続が発生したとしても、相続税は現状の半分で済むことになります」

瀬戸社長「そんな方法があるなんて知りませんでした。議決権無しと配当優先は聞いたこともあるし、イメージとしてわかりますが、〝取得条項付き〟というのはどのようなものなんですか？」

古　山「取得条項付き株式は、相続などでの分散を予防するための株式です。いくつかの要件を事前に定款で定めます。その要件に該当することがあれば、株式はその発生時点で会社のものになり、あとはその代金を払うだけです」

瀬戸社長「たとえば、どのような要件があるんですか？」

古　山「わかりやすいのは、死亡時です。あと、会社を退職したとき、犯罪を犯したとき、などです。考えられることはすべて定款に記載します」

瀬戸社長「なんとなくわかってきました。具体的にどう進めていくのですか？」

古　山「定款を作り直して、株主総会で定款変更の承認を受ける、ということが必要になります。その変更内容に種類株式のことを記載します」

瀬戸社長「配当優先にするのはどうしてなんですか？　あまり関係ないように思うんですが…」

古　山「それが関係あるんです。このような種類株式を発行するには、それなりの大義名分が必要です。その大義名分にあたるのが、配当優先です。業績が良ければ優先的に配当することができる株式なので、社員が持てば、配当という報奨があるインセンティブ付きの株式として考えることができるんです。つまり、相続税対策のためではないですよ、という秘かなアピールになるんです」

瀬戸社長「なるほど、それは大事ですね」

結局、瀬戸社長が保有している株式100％のうち、半分を種類株式に変えて、その種類株式を創業時からの主要メンバーである2人の社員に譲渡しました。親族以外の社員なので、額面の1株500円で譲渡することができました。

譲渡しても議決権はないので、瀬戸社長が100％の議決権を持っていることに変わりはありません。社員が退職するとき、会社が買い取る価格も、同族以外の者なので、1株500円です。

この方法で、瀬戸社長が心配していた、もしものときの相続税は、半分に縮小することができました。

株式も、支配権を持つことが大事であり、すべての株式を持つことが、必ずしも必要ではないということです。**少ない資産で支配権を確保する**、それも「持たざる経営」のひとつなのです。

一方、私が気になるのは、「事務員ゼロ」「営業マンゼロ」を瀬戸社長はどのようにして実現されているのか、ということでした。

そこで、必要な事務作業はどうしているのかをお聞きすると、

瀬戸社長「給与も経理も全部、委託しています。正直、事務スタッフを置くほどの人数でもないし、とにかく稼がない人件費を増やしたくなかったので…」

確かに人数が14人と少なく、勤怠データにせよ、経理の伝票処理にせよ、ボリュームが小さいので、簡単に外部委託できる事務処理量です。人数が増えるとボリュームが大きくなるだけでなく、給与処理でもイレギュラーな対応が必要な従業員がいたりします。

ほとんどの会社は、給与も経理も自社内で対応していて、私が外部委託の提案をすると、「うちはイレギュラーな処理が必要なので、外部に出すと余計に手間がかかります。そんな簡単にはいきませんよ」と、すぐにできない理由が返ってきます。

しかし瀬戸システムは、最初から外部委託なので誰も何も言いません。不思議とも思わないのです。それに中小企業にありがちな、社長の奥様を取締役や監査役にしているということもなかったのです。続いて、営業ゼロのこともお聞きすると、

瀬戸社長「うちは全部、口コミと紹介ですね。ホームページもさほど力を入れていません」

古　山「それはよほど商品力がおありなんですね」

瀬戸社長「どうもそうみたいでね」

瀬戸社長は謙遜《けんそん》しながらおっしゃいましたが、おそらくかなり自信がおありなのだと感じ

ました。

同社は、インターネット上で活用するシステムをクライアントのニーズに応じて提供する仕事を手がけています。その仕事がライバルに比べて断トツで抜きん出ており、注文が絶えないのです。瀬戸社長は提供するシステムの中身について詳しく教えてくれましたが、私にはとうてい理解できないものでした。

しかし、ずば抜けた商品力を持っていることは、14人で年商300億という実績から間違いありません。圧倒的な商品力があるからこそ、事務員なし営業マンなし、という経営を可能にしているのです。

ですから、「よし、わが社も今後、営業マンを持たないようにしよう！」と言ったところで、商品力とライバルとの優位性がなければ、顧客のほうから買いにきません。先だつものは、高い商品力なのです。

最後に、瀬戸社長の悩みをお聞きすると、

瀬戸社長「この地域から出ていこうかと思います」

古　山「何か理由があるんですか？」

瀬戸社長「家賃が安いのはいいんですが、この地域の経営者の会合などがあって、どうしても出席しなければいけないことがあるんです」

古　山「出席したら何かあるんですか？」

瀬戸社長「いや、みなさん考え方が古すぎて、私がついていけないんです。新しい取り組みや、古臭いことはやめることを提案しても、それはできないとか、この地域には長い歴史があるからそんなことは受け入れられないとか。地域をもっと発展させる取り組みを提案しても、何も進まないんです。あげくのはてに、あなたは若いからまだわからない、とか言われるんです」

古　山「みなさん何歳くらいの経営者なんですか？」

瀬戸社長「50歳以上ですかね。どう考えても、うちの会社が断トツでこの地域に多額の税金を納めているのに、何も意見が通らない会合に出席するなんて、お金と時間のムダです。やはり首都圏に拠点を移そうかと考えています。首都圏でも事務所は借りますが、首都圏に移れば、人数をあと4人ほど増やそうかと考えてます。仕事の依頼はその人数が増えても、フル稼働するくらいはいただいてますので。そうなると、年商で400億くらいになりそうです」

軽く100億増の年商を口にするのも驚きましたが、その言葉を受けて、聞いてみました。

古山「ちなみに、その開発人材には、1人おいくら程の給与を出しているんでしょうか？」

瀬戸社長「そうですね。最低でも年収2，500万円です。全員、1年契約で対応しています」

古山「それはすごい、ドクター並みですね」

瀬戸社長「それでも全然払えますので。それに、これだけ払っていたら、ある程度無理を言ってもみんな聞いてくれます。他に移っても、そこまでもらえる会社はそうないと思いますから。ただ増員するといっても、それだけのスキルを持った人材を探すには、少し時間がかかります。この世界も、うちが求める高いシステム開発技術を持つ人材は、まだまだ少ないので…」

少人数でずば抜けて高い商品力を武器に戦えば、従業員に高額報酬を払えます。同社は、高い商品力を落とさないよう、ケチることなく超高額の報酬を支払っているのです。

その金額が常識外れに高ければ、働き手は多少時間が長かろうと、休日が世間並よりも若干少なかろうと、競合他社へ移ろうかという考えにはなりません。働き方改革など、誰も求めないのです。

同社は、設立10年で社長もまだお若いです。10年でここまで業績を伸ばせるのは驚異的ですが、昨今、瀬戸社長のような、これまでの経営の常識などまったく意識していない、異次元の若き経営者がじわじわと増えてきています。

「事務員もいない、営業マンもいないなんて無理だろう」、そんな古い常識にとらわれている時間はもうないのです。


子会社をたくさん作り、お金をグループ内で回す

東北地区で食品卸売業を営むキノシタ商事(仮称)は戦後すぐに設立され、今では年商150億円ほどにまで成長されています。

現在は、4代目の木下社長(仮名)が代表権を持ち、リーダーシップを発揮しておられますが、私のところへ初めて相談にお見えになったときは、子会社はなく1社のみの会社でした。

先代がバブル期に買った土地と建物があり、かなりの含み損がある中で、私の本を読んで、「土地・建物のオフバランス(総資産の圧縮)をやりたい」ということでご連絡をいただきました。

キノシタ商事は卸売業で利幅の薄い商売です。当時の経常利益率は1.2%程度。年商が約150億円としても、経常利益額は1億8千万円程度です。そのような会社が固定資産を余分に抱えていると、キャッシュフロー(カネ回り)が悪くなります。

そこで木下社長は私のアドバイスどおり、別会社を作り、不動産鑑定をきちんとおこなってオフバランスを実行されました。その結果、約10億円の特別損失が発生し、その特別損失が出たことで、大きな節税効果が生まれ、売却した事業年度の法人税はゼロとなりました。それまでは、税引前利益1億8千万円の約35％の約6，300万円を税金として納めていましたが、それがゼロになり、そればかりか、その事業年度に払っていた予定納税も還付されました。

さらに、中小企業の場合、純利益で大きな赤字が出た場合、最大で10年間、欠損金（税務上の赤字）を繰り越せます。これを「**繰越欠損金**《くりこしけっそんきん》」（3章で詳しく解説）といいます。

キノシタ商事の場合、約8億円の繰越欠損金が発生し、その後の4年間の法人税も発生せず、木下社長はオフバランスの効果を強く実感することになったのです。

木下社長「古山先生、おかげでキャッシュフローが大きく改善されました。そこで相談なのですが、この際、今だからできることを実行していきたいんですが、何かありますでしょうか？」

古山「今回は土地・建物を管理する不動産会社を作りましたが、他にも別会社を作ってはどうでしょう？」

木下社長「たとえば、どんな別会社ですか？」

古　山「わかりやすいところでいえば、車輛管理の会社です。今はキノシタ商事で車輛を保有しています。それも台数は数十台でかなり多いです。それを別会社に売却して、キノシタ商事から車輛管理会社へ使用料を払うようにするんです」

木下社長「はあ、でもどうしてそうすることがいいんですか？」

古　山「まず、キノシタ商事は車輛一式を別会社に売却するので、キノシタ商事にお金が入ります。そのお金は借入金の返済にあてます。そうすれば総資産が縮みます。御社のような卸売業は総資産の回転で稼ぐ商売なので、総資産が小さいほど回転が良くなります」

木下社長「しかし別会社へ使用料を支払っていたら、キノシタ商事の営業利益は落ちますよね」

古　山「それが違うんですよ。車輛を保有していたら、自動車税や車検費用もいるし、自動車保険の費用もかかります。そういった費用も別会社に移るので、キノシタ商事の営業利益はほとんど変わりません。それになんといっても、キノシタ商事での利益コントロールがやりやすくなります。１社ではできないことが、数社のグループ全体であれば、いろいろできますからね」

木下社長「そうか、わかりました！　ところで車輌管理の会社を作るとして、誰が社長になるのがいいですか？」

古　山「それは、木下家ではない、生え抜きの幹部社員がいいです。キノシタ商事の取締役は、木下家の人ばかりです。社員からみれば、木下家以外の人間は取締役になれないと思っていますよ」

木下社長「そうでしょうか？」

古　山「そりゃあ、そうですよ。そういう面では、社員にとって夢も希望もない会社です。だから、木下家ではない社員を社長にすることに意味があるんです。それが子会社の社長であろうと、社員にとったら嬉しいことなんです。子会社とはいえ、社長になれるなんて思ってもいないんですから。それに、その幹部社員の奥さんが喜びます。『えっ、私、社長夫人になるの？』となって、テンション上がりますから」

木下社長「なるほど、言われてみたら、そうですよね。確かに、子会社をいくつも作って、幹部社員の行き場所をつくるのもアリですね」

会社が複数あれば、それぞれに社長というポストを作ることができます。そういうポストがあることがわかれば、社員は自分も会社を経営できる人材になろうという意欲がわきます。全員が同族の取締役で、社長が「経営者目線を持って仕事をしてください」と言っても、社員には響かないのです。

幸いなことに、キノシタ商事には優秀な幹部社員が複数いました。それであれば、その人材を活かすポジションや処遇を与えていくことを考えるのも、オーナー社長の仕事です。

さらに、会社の敷地内や倉庫内の清掃や設備管理をする会社を作って、高齢者人材に働いてもらう。そうすれば、本体であるキノシタ商事は高齢化することなく、平均年齢をある程度低く維持できることも提案しました。

木下社長はその後、私の提案を取り入れて、車輌管理の会社、清掃と設備管理の会社を作り、キノシタ商事の車輌資産と高齢者人材も別会社へと移されました。

先にオフバランスで不動産管理会社へと売却した土地・建物も含めると、キノシタ商事の総資産は格段に軽くなりました。

こうして同社は、キノシタ商事を中心として、３つの別会社で合計４社となりました。年商規模150億円なら、それだけの別会社があってもおかしくはありません。

その形が軌道に乗ってうまく動いた数年後に、木下社長からまた相談がありました。

木下社長「古山先生、もう1社、会社を作りたいんですが…」

古山「どのような会社をお考えですか？」

木下社長「いや、それをどうするか、悩んでいるんです」

古山「えっ、どういうことですか？」

木下社長「じつは…」と、ちょっと話しにくそうな感じで、

木下社長「私の弟のことなんです」

古山「弟さんも、会社に入っておられましたね」

木下社長「そうなんです。そうなんですが、うちの弟は正直なところ、キノシタ商事の幹部社員となってバリバリ働くタイプではないんです。引っ込み思案で、人間関係もうまくいかない。将来のことを考えると、弟の仕事をどうするかということが私の大きな悩みなんです。もちろん母も気にしています」

古山「わかりました。弟さんが社長となって、お一人でもできるような仕事を、新たな別会社で請け負う、という形にできればいいでしょうか？」

木下社長「そうなんです。わかっていただけますでしょうか」

古　山「よくわかります」

木下社長のお父様である先代はすでにお亡くなりになられており、お母様にとっても、次男の行く末が心配で仕方がないのです。兄弟全員がそれなりに優秀であれば、それにこしたことはないのですが、そうではない場合も多々あります。木下社長の悩みは、他の多くの中小オーナー経営者の悩みであり、親族全員が食うに困らず生活できるようにしたい、という思いはみなさん同じです。経営は「理」でおこなうものであることはわかっていても、「親ごころ」や「兄弟愛」を消し去ることはできません。

そこで、私は木下社長に、弟さんのために取引先の信用調査をおこなう会社をつくることをおすすめしました。木下社長の弟は、一人で事務作業をすることは問題なくできるタイプだったので、無理なくできるだろうと考えたからです。

木下社長「信用調査の会社？　それはどのような仕事をするんですか？」

古　山「御社は卸売業ですから、取引先が多いですよね」

木下社長「はい、毎月3千社超に請求書を発行していますから、多いほうだと思います」

古　山「その各取引先の信用調査データを随時アップデートしていくんです」

木下社長「そうか、そういえば、取引を始めるときには民間の調査機関を使ってその会社の調査情報を入手しますが、その後は実際問題、放置しています。そういう会社があっても、うちの商売ならおかしくはないですね」

古　山「そうなんです。その信用調査を定期的にする会社です。民間の調査機関から調査情報を入手して、過去のデータと比較して異変がないかどうかをチェックし、その結果をキノシタ商事に成果物として報告することを事業とする会社です。この仕事なら、弟さんお一人でもできるはずです。弟さんがその調査会社の社長となって、キノシタ商事からの調査依頼費用として売上を立てて、役員報酬を受け取るようにするのです」

木下社長「なるほど。いいことを教えていただき、ありがとうございます。母にもさっそく伝えて、信用調査の会社設立に向けて動きます」

こうして、キノシタ商事を親会社として、4つの会社が子会社としてぶらさがる形になりました。母体のキノシタ商事はオフバランスとコストカットで財務体質が大幅に改善され、改善されて生まれたお金は、子会社へと流れる仕組みです。つまり、それまでキノシタ商事に含まれていた資産や機能を、子会社へと振り分け、外部へ依頼していた設備メンテナンス

第1表　キノシタ商事グループ

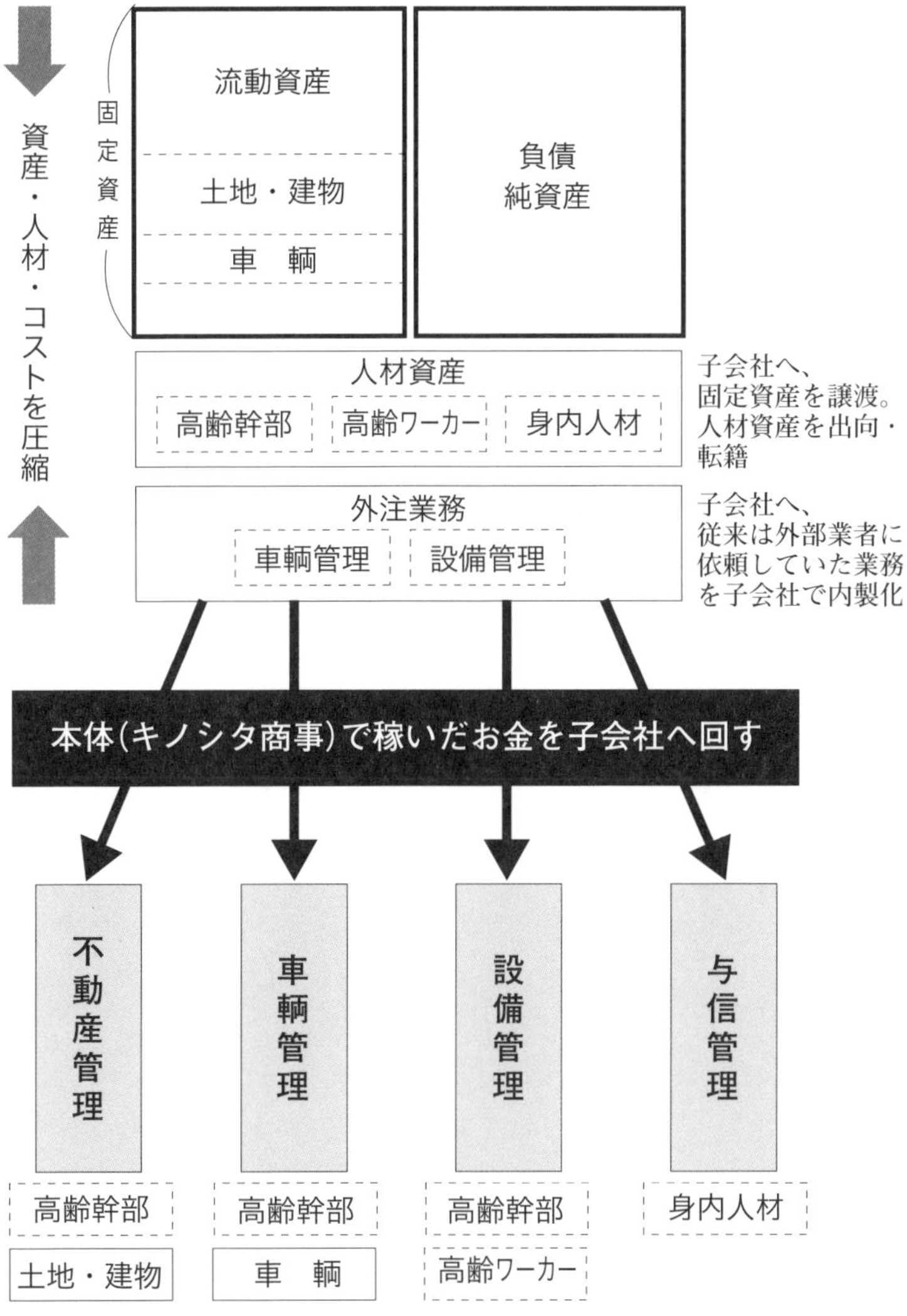

業務を内部で取り込む形にしたのです。

前ページの図が、キノシタ商事グループの全体を示したものです。

木下社長いわく、「今のような形になったことで、経営環境が多少悪くなったとしても、そう大きな影響を受けない財務体質になりました。全体的に筋肉質になって、リスクを吸収できる体力ができたと思います。何かがあっても打たれ強くなった感じがします。これからもこの形で経営を続けていきます」

同社は、最初、土地・建物のオフバランスを実行した後、事業内容を整理し、グループ会社での運営の形に進化させました。そうすることで、母体であるキノシタ商事で生み出すキャッシュをグループ内で活用する形になりました。

加えて、高齢者人材の雇用の場を確保し、社長ポストを複数作ることで、幹部人材のモチベーションを高めることができるようになり、総資産が多かった1社体制のときとは、完全に異なるグループ会社の構成へと生まれ変わっていきました。

同社のように、オフバランスという最初のステップに踏み出して含み損を吐き出し、総資産を小さくして、お金が会社に残る体質になってから、新たなグループ会社体制へと進めるのが王道です。

そういう意味では、いきなりグループ会社の形にしようとしてもうまくいきません。やはり「持たざる経営」の第一歩は、オフバランス（総資産の圧縮）の実行なのです。

キノシタ商事の場合、４代目の社長が決断して、スムーズに第一歩を踏み出しましたが、この第一歩が、会社の内部事情によっては、なかなか踏み出せないのです。そのような会社をこれまで数多く見てきました。

次に紹介する事例は、今も全国のあちこちの中小企業で起こっている事例です。

聞く耳を持たない先代を説得し「持たざる経営」を実現

東北地区で建築資材の加工メーカーを営む岡田加工業（仮称）は、年商100億円を超える商いをされている会社です。

昭和初期に創業し、現在は3代目となる岡田恵一社長（仮名）と、その従弟《いとこ》にあたる岡田健太常務（仮名）が、会社を切り盛りしておられました。

恵一社長は、おもに持ち前の営業力を発揮して事業拡大を着実におこない、健太常務は財務労務など、管理部門を統轄していました。

恵一社長と健太常務は私たちのセミナーに何度か参加されていたご縁で、決算書を拝見したことが、岡田加工業が「持たざる経営」へと転換していく始まりとなりました。
貸借対照表を図で表した面積グラフ（第2表）を拝見し、私は思わず言いました。

古山「これは、売上高に対して総資産が大きすぎますね」

恵一社長「そうなんですよ。ＩＣＯの先生方のセミナーを聞いていて、これは持たなくてもいい資産がある典型的なダメパターンだな、とわかっていたんです。それで相談に来たん

第2表　岡田加工業の貸借対照表 面積グラフ

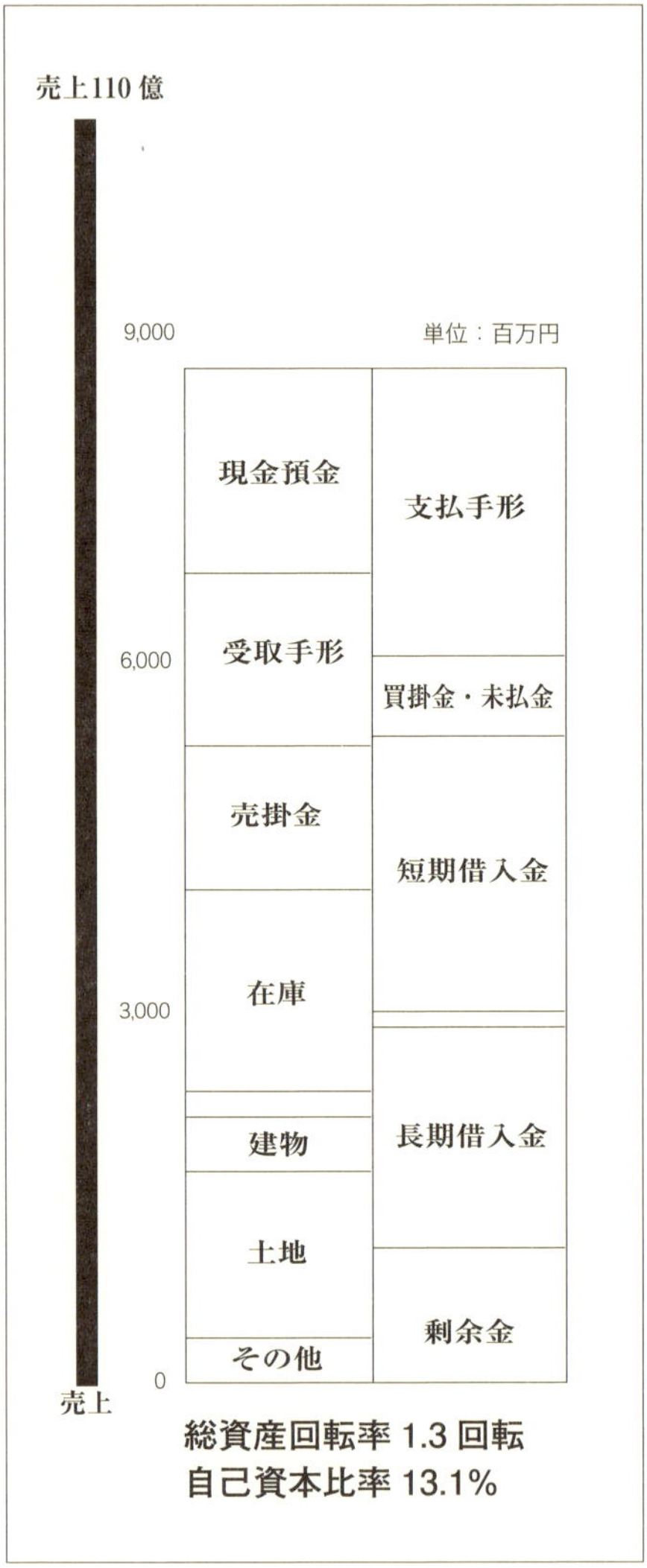

です」

メーカーとはいえ、利幅はさほど大きくない収益状況です。それでも、メーカーなら総資産の2倍以上の売上高がほしいところですが、岡田加工業は1.3倍ほどなのです。

古くからの商習慣が今も定着しているからか、「受取手形」や「売掛金」、それに「在庫」がたんまりと資産に含まれていました。それだけでなく、「土地」や「建物」といった固定資産も自前で持っておられ、資産全体が必要以上に大きく膨《ふく》らんでいたのです。そのおかげで、貸借対照表の右側には「短期借入金」と「長期借入金」がどっしりと積まれていました。資産があるといえども、それは銀行からの借入金で成り立っている、という財務体質だったのです。

それに、「土地」は減価償却ができないので、返済原資が生まれてきません。税引後の利益から返済原資を捻出するしかありません。その分、資金繰りが厳しくなるのです。

古　山「まず気になるのは、土地と建物ですね。ざっとみたところ、両方で12億円くらいありますす。これは含み損がありそうですか?」と、単刀直入にお聞きしました。

恵一社長「どこまで含み損があるかわかりませんが、ほとんどバブル期あたりに購入していますから、土地も建物も、それなりの含み損があると思います」

古　山「そうですか。それなら子会社へ土地と建物を売却して含み損を吐き出す、私たちがよく話しているオフバランス（総資産の圧縮）で大きな節税効果を出せそうです」
恵一社長「はい、可能だと思います」
恵一社長はオフバランスに賛成するものの、どうやら何かワケがあるような言い方と表情でした。すかさず、
古　山「何か気になることでも、あるんですか？」
恵一社長「いや、あのぉ、私と常務は賛成なんですが、おそらく元取締役の親戚連中が反体勢力になるかもしれないので、ちょっと心配なんです」
古　山「どういうことですか？」
恵一社長「前社長である私の父の世代が5人兄弟で、取締役からは退《しりぞ》いていますが、みなさん相談役で、会社のこととなると口をはさんでくると思うんで…」
恵一社長のお父様の世代は、とかく兄弟が多い世代です。その5人兄弟の長男が、恵一社長のお父様だったのです。
古　山「確かにそうであれば、それは気になるかもしれませんが、もう取締役ではないんですよね」

恵一社長「そうなんですが、それでも反対するのはわかっているので、ちょっと気が重いんです」

古山「そうですか。ところで、株式構成はどうなっていますか？」

私は恵一社長と健太常務の現経営陣でどれだけの株式をお持ちなのか、確認したかったのです。

恵一社長「私と健太常務で80％持っています。あとの20％は私の父です」

古山「それはよかった。お2人で支配権を持っているんなら、最後は押し切るしかないです。恵一社長のお父様は反対しそうですか？」

恵一社長「いいえ、たぶん父は何も言わないと思います。財務のことは、まったく気にしない人でしたから。それに引退後、私と常務のやることに反対したことはありませんので」

古山「そうですか。じゃあ、どなたが一番反対しそうですか？」

恵一社長「5人兄弟の3番目の武史《たけし》さんです。ずっと経理を担当して、銀行交渉も全部、この武史さんがしていました。他の相談役も、武史さんに合わせてオフバランスに反対する人がいると思います」

中小企業とは不思議なもので、後継者が支配権を持っていても、平気で口を出してくる先代経営陣がいるのです。後継者たちは先代たちを尊敬しつつも、その先代の言葉に悩まされるのです。それに支配権があるとはいうものの、親戚関係をこじらせてしまうことは、できることならしたくありません。先代の権力は後継者の支配権よりも強し、なのです。

古山「社長、このオフバランスは財務体質にも税務にも、大きな効果があります。それに、支配権は社長と常務にあるんですから、覚悟を決めて進めていきましょう」

恵一社長「はい、そのつもりです」

恵一社長は強い表情で言い切られ、その後、12億円の土地と建物は休眠中の子会社を不動産管理会社として活用し、その会社へ売却することにしました。その子会社の株価は安いものの、恵一社長の父が100％保有していました。

土地・建物の売却損を節税に活用するには、その子会社が同族100％ではできません。グループ法人税制という税法があり、同族100％の子会社へ売却しても、その売却損を損金計上できないのです。

ただし、あくまでも同族100％の場合ですので、子会社の株式のうち95％を恵一社長が買い取り、残りの5％は恵一社長の右腕となっている非同族の社員に買い取ってもらいました。

これで、オフバランスの土地・建物を買い受ける会社は整いました。
同時に、売却する土地・建物を不動産鑑定士に評価してもらうことをおすすめしました。不動産鑑定士は国家資格者で、地域の固定資産税の土地・建物を専門家として評価します。そのため、不動産鑑定士が評価した価格なら、税務当局に納得してもらえるエビデンス（証拠書類）となるのです。

恵一社長「古山先生、鑑定評価が出てきました」
古山「いくらでしたか？」
恵一社長「6億4千万円です」
古山「それなら売却価格は6億円ですね」
恵一社長「鑑定評価額より安くても大丈夫なんでしょうか？」
古山「鑑定評価額は売買の双方で値決めをする際の基準です。交渉次第でそれより高くなったり安くなったりするのが通常の価格交渉です。なので、6億4千万円を6億円にしても、安すぎることはありません」
恵一社長「そうなんですね。不動産管理会社にすれば、買い値が少しでも安いほうが、銀行借入も減るので、ありがたいです」

古　山「岡田加工業は土地・建物を売却した6億円を借入金の返済に回しましょう。そうすれば、岡田加工業の借入金残高は6億円少なくなります。12億円の簿価を6億円で売るので、売却損も6億円発生します。その分は、純資産の剰余金が減ることとなります。借入減と剰余金減で12億円、総資産が軽くなります」

恵一社長「すごいですね。これまで貸借対照表で考える発想はまったくなかったです」

古　山「しかも6億円の売却損なので、法人税も少なくなって、残るキャッシュが増えます」

恵一社長「それはますますうれしい！」

そしていよいよ、恵一社長・健太常務から先代経営陣に土地・建物をグループ内の不動産管理会社へ売却することを説明しました。すると案の定、元経理担当取締役だった相談役の武史《たけし》さんが噛《か》みついてきたのです。

武史相談役「そんな勝手なことをして、銀行がお金を貸してくれなくなったらどうするんだ！」

恵一社長「いいえ、同じ銀行から不動産管理会社で6億円を借りて、そのお金が岡田加工業に土地・建物の代金として流れていきます。その6億円を銀行に返します。6億円分の借入金が不動産管理会社に移動するだけなので、銀行からは了解を得ています。顧問税理士からも了解を得ています」

武史相談役「どこの誰にそんなことを教えてもらったのか知らないが、銀行あってのわが社なんだぞ！　6億円もの売却損で大赤字を出したら、銀行が何と言うか！　お前たちはまだ全然わかっていない！　銀行を怒らせたり不信感を抱くようなことをしていたら、せっかくわしらの代まで続けてきた事業をお前たちが終わらせてしまうことになるんだぞ！　その覚悟はあるのか！」

他の相談役は財務に関する知識も経験もないので、武史さん以外は誰も何も言いませんでした。

熱く言われると熱くなるのが、恵一社長の性分です。それをわかっているのか、健太常務が落ち着いた声で恵一社長に代わって答えました。

健太常務「相談役のみなさんから、いい会社を恵一社長と2人で継がせていただいたことを、とてもありがたく思っています。とくに武史相談役には、事業を支える財務の基礎をこれまで教えていただき本当に感謝しています。私たちも相談役を見習って経営セミナーで学び、その学んだことを信じて実践していこうとしているだけです。それが会社をつぶすようなことであれば、もちろん、そんなことは実践しません。でも、これからの経営環境を考えると、これまでの財務体質を変える必要があることを学びました。たくさんの実例も学びました。だから今回、これまでしてこなかったことをやってみようと、恵一社長と2人で決断したんです」

口うるさい武史相談役も、まったく聞く耳を持たない人ではないことを、健太常務はよく理解していたので、武史相談役の意見を尊重しつつも、自分たちで決めたことは自分たちで進めていくという決意をとうとう伝えたのです。

健太常務の決意みなぎる言葉を受けて、武史相談役は言いました。

武史相談役「2人の言い分はわかった。ただ何度も言うけど、銀行にだけは失礼なことをするなよ！」

前経営陣の時代は、貸し手の銀行が優位の時代です。中小企業が銀行から融資を受けること自体、簡単ではなかった時代です。武史相談役はその時代に苦労を重ねて、銀行からの融資で資金繰りを繋《つな》いできたのです。銀行にはまったく頭が上がらない、典型的な〝銀行サマサマ病〟でした。その考え方が染みついていたのです。

しかしいまや銀行を取り巻く環境は180度変わっています。融資を受ける借り手が優位の時代です。ただ前経営陣は、もはやその時代の変化についていけていなかったのです。

このような経緯を経て、岡田加工業のオフバランスは無事に実行されました。岡田加工業の総資産は見事に軽くなりました。「持たざる経営」への第一歩を踏み出したのです。

さらに6億円の売却損のおかげで法人税が減り、借入金返済がどんどん進み、当然その分、剰余金は年々増えていき自己資本比率は向上しました。そしてオフバランスから5年後、見違えるような財務体質になっていたのです。

恵一社長と健太常務は、オフバランスのあとも毎年、相談役全員を集めて財務状況を説明しました。以前との比較がわかりやすいように、ＩＣＯ式の貸借対照表面積グラフを活用して説明していたのです。

その席でオフバランス前と5年後の財務体質を見比べて、武史相談役が震《ふる》えた声で言いました。

「これまでいろいろきついことを言ってすまなかった。まさかこんなに強い財務体質になるとは思ってもいなかった。これはお前たち2人のおかげだ、ありがとう。もう何も言うことはない。これからも会社の経営を頼む」と言って、武史相談役は恵一社長と健太常務に、深々と頭を下げたのです。

恵一社長と健太常務は、黙ったまま目頭を熱くうるませました。それ以降、相談役が口うるさく言うこともなくなり、後継者たちはようやく自分たちの経営に全力を注げるようになったのです。

次ページの第3表は、岡田加工業の貸借対照表面積グラフの変化の推移です。

岡田加工業は、建設資材の加工メーカーで「在庫」は必要です。「売掛金」も発生します。しかし、事務所や広大な倉庫までも自社で抱え、そのぶん資産は大きくなっていたのです。

岡田加工業の事業は本来、土地や建物を自社で抱える必要はありません。借り物であっても加工メーカーを営むことに問題はないのです。しかも中小企業の場合、土地や建物を持つために、銀行借入金で資金の多くを調達します。自前で買えるほどの資金の余裕はそうないのです。

銀行借入をすれば、金利の支払いと元金返済が発生します。とくに土地は減価償却できないので、その借入金を返すには、税金を払ったあとの残りのキャッシュから返済することと

第3表　岡田加工業の貸借対照表 面積グラフの変化

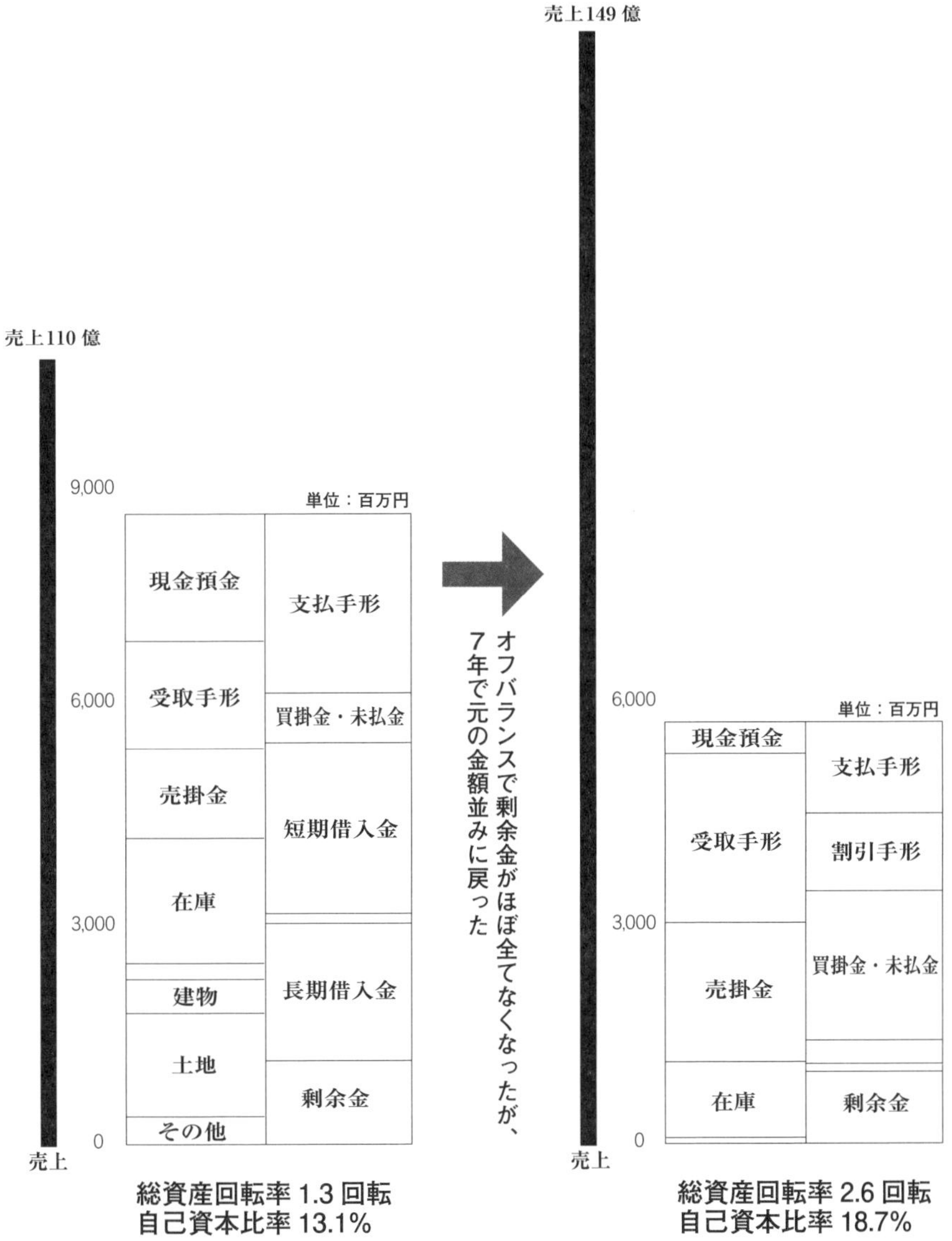

なります。

返済原資となるものが何もないのです。それでなくとも当時の岡田加工業は加工メーカーのわりに利益率が高くない状況で、キャッシュが残りにくい状態でした。金利、税金、返済と、稼いだキャッシュ流出の三重苦を抱えたままでは、いつまでたっても財務状況に余裕など生まれません。結果、銀行から短期借入金を受けて資金繰りをつなぐことになりますが、それが常態化してしまい、総資産は膨《ふく》らんだまま縮まらないのです。

岡田加工業の場合、土地・建物は子会社で持つ形に変えました。そうすることで、子会社へ土地・建物の家賃を払うことになります。子会社とのグループ全体で見れば、家賃を損金として発生させることで、土地に対する借入金の返済原資を捻出《ねんしゅつ》したことになります。家賃という損金発生の分、税金でのキャッシュの流出は減ります。このようにして岡田加工業は、稼いだキャッシュをより有効活用できるようになったのです。

その数年後、岡田加工業に襲いかかったのが大震災です。しかし、オフバランスによって数年間、法人税の発生がなかったことで、岡田加工業には予想以上にキャッシュが貯まっていました。

「オフバランスしていたおかげで、お金に困ることなく、業務再開に集中することができました」と、恵一社長と健太常務は明るい声で話してくれました。

在庫を持たない経営で生き延びる過疎地の会社

山陰地区でホームセンターのフランチャイズを営む橋谷商店(仮称)は、年商15億円の会社です。

経営者の橋谷(仮名)社長は、創業者のご長男で2代目です。祖業は土木・建築資材の卸売業でしたが、その業務を継続する一方で、ホームセンターのフランチャイズ経営を、先代が1990年代に始められました。それにはわけがあります。卸売業の場合、在庫をたくさん抱えることになります。それに加えて、地域の土木・建築業者の多くが、手形での支払いでした。つまり、売上を回収するまでに、かなりの時間を要し、資金繰りが常に厳しかったのです。

その状況をなんとかしようと、先代は日銭が入るホームセンターのフランチャイズ経営を始めたのです。まだホームセンターという施設が乱立していない時代に始めたこの事業は、大成功しました。土木・建築の資材卸売業は回収が遅いものの、日銭が入って使えるホームセンターのおかげで、資金繰りの苦労からは解放されました。

しかしその後、橋谷商店が店舗を構える地域にライバル店が乱立しはじめました。それに加え、過疎地であるその地域の人口がどんどん減っていき、ホームセンターを始めて25年を経過する2010年代には、ピーク時に比べて売上高は3割以上下がる状況となってしまいました。

「この地域の人口を考えれば、いずれはジリ貧でホームセンターは成り立たなくなる。この地域の土木・建築業も先細る。今のうちに打開策を考えなければ…」と、2代目後継者の橋谷社長は頭を悩ませ、新たな一手に取り組みはじめました。

いくつかチャレンジを試みるも、新規事業はそう簡単にはうまく進みません。そしてようやく、次の柱となる事業が形になったのは、インターネットで土木・建築資材を販売することでした。自社で販売サイトを構築し、その後、大手ECモールから声がかかり、地域の顧客だけではなく、広く全国の顧客に土木・建築資材を販売していくスタイルを確立したのです。

古山「全国の顧客を相手に販売するのに、在庫はどうしているんですか?」

橋谷社長「古山先生、それが、在庫はまったく持たなくていいんですよ」

予想外の答えに驚いて、

古山「えっ、どういうことですか？」

橋谷社長「当社のサイトに注文が来たら、その注文データを全国の取扱店のどこかに転送して、そこから商品を送ってもらいます。当社はオーダーを聞いて仲介しているだけなので、在庫は持たないんです。全国の取扱店と契約を結んで、商品発送をお願いしています」

古山「在庫を持たないなんて、いい商売ですね。ところで、代金はどうなるんですか？」

橋谷社長「インターネットでオーダーをもらう時点でクレジットカード決済なので、決済されたら2週間後には入金されます。そのあとに、商品を発送してくれた取扱店舗に送金します。なので、運転資金もいらないし、資金繰りに困ることもないんです。おかげ様で、この仕組みがうまく回転し、過疎地にありながら、じわじわと当社の屋台骨を支える事業に育ってきました。この地域の人口はまだまだ減りますから、これまでの商売を続けても限界があります。でも今回の仕組みだと全国に販売できて、それに在庫がいらないので、倉庫や人手もいりません。販売画面の更新やシステム運営にかかる数名の人件費だけです。店舗運営程の人員は必要ありません。その数名の人件費も、ここは過疎地なので、都会よりはずっと安くて済みます。近い将来、この事業がもう少し成長すれば、長年運営してきたホームセンターの店舗運営は辞めて、その土地は借りたい人に貸そうと考えています。人口は少なくても、当社の店舗の土地は地域の中心なので、借り手はあるんです」

先代がそのホームセンターをオープンさせた頃、店舗周辺は一面、畑ばかりでした。しかし、そのホームセンターができたおかげで、周辺の畑の地主が続々と農家を辞めて、店舗運営事業者に土地を売ったり貸したりしはじめました。

橋谷商店のホームセンターが地域の商業地区の中心となり、周辺にさまざまな店舗が広がったのです。過疎地とはいえ、同社の店舗がある場所は、その地域での一等地となっています。そのため、その場所を貸すとなれば、借り手はいつでも現れるという状況になっていました。

それに、その土地は橋谷商店ではなく、子会社の不動産管理会社で所有しています。先代がご存命の頃、私の師匠である井上和弘（ＩＣＯコンサルティング会長）の書籍『儲かるようにすべてを変える』の内容に感銘し、バブル期に買った簿価の高い土地を不動産管理会社を作ってその会社に売却したのです。

その後は、その不動産管理会社から土地を借りるという形でホームセンターの運営を続けていましたので、橋谷商店の貸借対照表の総資産は、土地を売却した時点で大きく圧縮されていました。すでに「持たざる経営」を実践されていたのです。

ホームセンターを閉めたとしても、橋谷商店は事業内容の一部がインターネットビジネスに変わるだけです。子会社の不動産管理会社は、土地の貸し先がグループ会社から別の会社に変わるだけです。

同社は「持たざる経営」になって、いたってシンプルで簡単な形で、事業再編の大ナタを振れるのです。

橋谷社長いわく「インターネットでの商売が軌道に乗りはじめてから、この地域にいてもまだまだずっと商売をできるんだという実感を得ています。正直なところ、生まれ育ったこの場所で商売をずっと続けることはできないんじゃないかと思っていました。でも今は、そんな心配はなくなりました。それに、ホームセンターを運営する会社と、その土地を持つ会社を分けていたので、今後の事業再編を進めることも、気持ちの整理がつきやすく、迷いもありません。先代の頃にオフバランスを実践して会社を分けておいて本当によかったです」

このように語り、先代への感謝の気持ちを改めて感じておられます。

以上、「持たざる経営」を実現させている会社の事例をお読みいただき、「持たざる経営」とはどのようなものか、漠然ではあっても、イメージはつかんでいただけたと思います。

2. なぜ「持たざる経営」がいいのか

持たざる経営だからこそ、大きな環境変化も乗り越えられる

21世紀に入り、売れる商品やサービスは、ますますその変化や進化のスピードが速くなってきています。

売り方や買い方についても同様です。言語の翻訳機能が進化することで、言葉の壁さえなくなりつつあります。

技術革新だけではありません。異常気象や災害による地理的なリスク、戦争・紛争・政治不安によるリスクなど、20世紀に比べても企業経営が抱えるリスクは増えています。かつて経験したことのないマサカの坂が毎年のようにどこかで起こり、どこかの企業が大打撃を受けている時代です。そのような環境の中で、会社は経営を続けなければならないのです。

速すぎる変化やリスクに対応し続けるには、なんといってもお金がかかります。ましてや中小企業は大企業よりも財務的には弱い存在です。世間相場に合わせたレベルの賃上げでさえ、満足にできない中小企業が多いのです。

そのような存在である中小企業が、この21世紀を生き抜いていくには、変化に素早く対応できる財務体質にしておくことが大事です。

それにはまず、決算書の貸借対照表が身軽であることです。

「現預金」以外の資産をできるだけ抱えない。「現預金」以外の資産を持つほど、必ず負債も増えます。「買掛金」や「未払費用」そして「借入金」などです。

「現預金」以外の資産が増える、借入金が増える、そうなればなるほど財務体質はメタボ体質になります。メタボ体質を維持するために、金利や固定資産税などの税金がかかります。

メタボを維持するにはお金がかかるのです。もちろん、現預金があっても、それが借入金によるものなら、そんな現預金は持たないほうがいいのです。

「いや何かあったときのためにこそ、常にお金を借りて現預金を抱えておくべきだ。借りていなければ、銀行は急に貸してくれない！」と主張される経営コンサルタントがいます。

これは大きな間違いです。

東日本大震災で大打撃を受けても資金繰りに困らない会社

かつて、東日本大震災で大打撃を受けた水産業の社長が次のようにおっしゃっていました。
「うちは無借金でしたが、政策金融公庫がすぐに貸してくれ、資金繰りに困ることはありませんでした。でも、すでに多額の借入金がある会社は、追加融資を受けられず、倒産した会社がたくさんありました」

借入金があるのに、追加融資を受けて生き残った会社もあったかもしれません。しかし、実際に震災というリスクに際して倒産したのは、借入金ですでに債務が膨張していた会社なのです。無借金で自己資本比率が高い会社、あるいは借金はあっても少なく、自己資本比率がそれなりに高い会社で倒産したという中小企業はありません。

無借金の会社には銀行がすぐに貸さないかというと、そんなことはまったくありません。「借りていたときよりも、借りてください、いくらでも貸します、としつこく挨拶に来ますよ」と、無借金になった社長のみなさんはおっしゃいます。

それはそうです。無借金でキャッシュフローが良い会社ほど返済能力は高いのです。そのような会社にお金を貸したいのは当たり前です。銀行も安心・安全な会社に多く貸したいのです。

私たちＩＣＯとは反対のことを唱えるコンサルタントが主張するような、「普段から借りていない会社に銀行はお金を貸さない」などということは絶対にありえないのです。

たとえば、今はお金を借りていなくても、その銀行との口座の取引はずっと継続していたり、以前はお金を借りていたということは大いにあります。

そんな場合、銀行はその会社の財務状況は良くなっているという察しはつきます。以前は必要だった運転資金の融資がいらなくなっているのですから。であれば、そのような財務状況の良い会社にお金を借りてもらおうと、これまで以上に銀行は社長のところに挨拶に来たがるのです。

何かあったときのためにずっとお金を借りておくという考えの銀行対応は、完全な**借入依存症**です。借入依存症の場合、銀行から借りることさえできればすべて解決する、と思いがちになります。

そうではないのです。社長がやるべきは、借入金に依存しなくても運転資金が回るよう、「回収を早くする」「在庫を削減する」「支払日をずらす」。加えて、「自前で持つ必要のない土地・建物、有価証券などの固定資産を減らす」「別会社へ売却する」ということに注力し続けてほしいのです。

財務体質を変えて身軽になり、フットワークの軽い財務体質にしておくことこそが、社長の仕事として大切です。

そして損益計算書の面では、商品力を磨いて高い売上総利益率を稼ぎ、固定費を下げて、高収益体質にすることです。

加えて、「持たざる経営」は、貸借対照表の資産を持たないだけではありません。

- **銀行借入金の負債を持たない**
- **人員数を必要以上に持たずに労務コストを下げる**
- **商品アイテムを持ちすぎずに生産性を上げる**
- **悪しき同族臭の原因となるような一族の者を会社で雇わない**

など、中小企業経営において「持たないほうがよい」ものはたくさんあるのです。

「持つ経営」は、お金を寝かせて停滞させます。「持たざる経営」はお金をどんどん回しやすくなります。稼ぐ商品を持って、お金をどんどん回す仕組み・仕掛けがあれば、それだけどんどん稼げるのです。

「持たざる経営」が進むと損益分岐点が下がる

「持たざる経営」が進んで財務体質が改善されると、貸借対照表の総資産は縮みます。

総資産が縮めばその分、負債（買掛金・未払金、借入金等）・純資産も縮みます。貸借対照表は左右対称なので、必ずどこかが減ります。

負債が減れば、資金繰りが楽になり、稼いで残るお金が増えます。資産が減って純資産が減れば、それは赤字になったということであり、節税になります。使えるお金が、この場合も増えます。

かといって、この状態までだと、損益分岐点となる売上高は、計算してもあまり変わりません。通常、損益分岐点を計算する場合の計算式は、**固定費÷粗利益率**で計算します。

固定費が下がるか、粗利益率が上がれば、損益分岐点となる売上高が下がり、資金繰りが楽になります。

ところが、「持たざる経営」を進めた初期段階で減る支出は、「金利」「返済金」「税金」です。いずれも、損益分岐点の計算式には出てこない支出ばかりなので、資金繰りが楽になったのに、損益分岐点の売上高を計算しても、あまり変わらないという結果になります。

経営者はみなさん、大いに不思議に感じるところです。

そもそも損益分岐点の計算式には、借入金の「返済」「金利」「減価償却費」が加味されていません。損益分岐点売上高を資金繰りの面で見て厳密に把握するのならば、**（固定費－減価償却費＋金利＋返済金＋法人税）÷粗利益率**として計算する必要があるのです。

しかし「持たざる経営」が進むと、人員が減り、労務費が減って固定費が下がる、高くても売れて売上高が伸びて粗利益率も上がるなど、**本来の損益分岐点の計算要素となる数値がどんどん改善されていきます。**そうなると、損益分岐点売上高は、またたく間に下がります。

損益分岐点売上高は、低いほど良い経営指標です。損益分岐点売上高が低いほど、不況やマサカの坂が来ようとも耐えられる、盤石な財務体質となります。「持たざる経営」に取り組むほど、何があろうとも倒れない財務体質へと近づいていくのです。

よく見れば、持たざる経営があふれている

じつは世の中をよくよく見渡すと、「持たざる経営」はあちらこちらで見かけることができます。

私たちが「これからの経営は必要最小限の資産で利益を上げてください。資産をできるだけ所有しないで、『持たざる経営』を実践してください」と声を大きくして言わずとも、その

実例はあふれているのです。

この事実を改めて見直し、自分の会社がおこなっている経営のやり方と見比べ、考え直してほしいと思います。

①フランチャイズ経営

先に挙げた事例のホームセンターを筆頭に、コンビニエンスストア、飲食レストラン、リサイクルショップ、レンタルショップなど、見渡せばフランチャイズの店舗が都心でも地方でもあふれています。

フランチャイズは、店舗を運営するオーナーが土地・建物を用意します。フランチャイズを展開する本部は、自前で土地や建物を調達することなく、人員の手配をすることなく、その店舗網を拡大し、事業を早期に大きくすることができます。

拡大した店舗のどこかが何らかの理由で収益悪化となり、閉鎖することになっても、そのリスクの多くは店舗運営のオーナーがかぶることとなります。閉めることになった土地や建物をどうするのかといったことは、店舗運営のオーナーが対処することになるのです。フランチャイズ本体の会社のリスクは、運営オーナーに比べるとずっと小さいのです。

フランチャイズ経営という仕組みは立派な「持たざる経営」です。店舗網を早く拡大するフランチャイズの源流は、アメリカの「マクドナルド」と「ケンタッキーフライドチキン」です。それぞれ1950年代半ばにフランチャイズシステムに取り組み、10年弱で数百店舗規模へと拡大しています。「マクドナルド」が店舗網を拡大していく姿は、2016年のアメリカ映画「ファウンダー　ハンバーガー帝国のヒミツ」に詳細に描かれています。

②ファブレスメーカー

新聞紙面や書籍でも、「ファブレスメーカー」という言葉をよく見かけるようになりました。製品の企画開発と販売はするけれども、生産工場は持たないというタイプの経営手法です。ファブレスメーカーの会社は、強力な商品開発力とそのブランド力で、生産を受託する会社と契約を結びます。

そうすることで、ある製品はA社と契約し、別の製品はB社と契約する。あるいは、ひとつの製品でも、地域によってA社、B社と使い分けるなど、さまざまな形で生産をおこなうことが可能になります。

それも自前で土地、建物、設備など、工場機能を持つ必要がないのです。ひとつの製品のための投資を少なくすることができるわけです。その製品が終売になれば、契約を終えることもできます。新製品もあれば、終了する製品もあります。ファブレスメーカーは、その変化に合わせてリスクを抑えた形で、製造面で柔軟に対応することができるのです。

製造を受託する会社にしても、開発力や販売力がなくても、ファブレスメーカーが持つその力の恩恵を受けることができます。原価管理や工程管理、品質管理に集中することができ、大きなメリットがあるのです。

そもそもファブレスとは、工場を意味する「FAB（fabrication facility）」と、持っていないという意味の「less」を組み合わせた造語です。１９８０年代にシリコンバレーの半導体企業がその製造を日本に依頼したことが由来とされています。

③所有と運営を分けるホテル、百貨店経営

大きな土地・建物が必要となる事業の代表は、ホテルや百貨店です。

自前で土地・建物の不動産を持つ会社もあれば、不動産は持たず、「所有」と「運営」を分離する形態があります。とくに外資系のホテルは、「所有」と「運営」を分離する形が多いです。

土地・建物の不動産を自前で所有してホテル事業を拡大しようとすると、そのための借入金は膨大な額になります。しかし、不動産を所有せず、不動産の所有者と賃貸契約を結んでホテルの運営のみに特化するなら、莫大な資金調達は不要です。それに、出店スピードを速くすることができます。外資系ホテルのマリオットグループやハイアットリージェンシーなどがその代表です。

その形態での「持たざる経営」に感化を受けて、日本国内でも一気に拡大したのが、星のやグループです。

百貨店も駅前等の一等地に店を構え、店舗を運営しています。これらの不動産を自前で所有するとなると、多額の資金が必要になります。絶えず順風満帆であれば、銀行から多額の借入をしても返済が可能です。しかし長い経営の中で、必ずマサカの坂がやってきます。バブル崩壊、百貨店ブランドの凋落《ちょうらく》など、多くの百貨店が合併や買収で集約されていきました。

日本国内の老舗百貨店ブランドで単独で残っているのは、高島屋だけです。

その理由は明白です。高島屋だけは土地・建物を自前で所有せず、賃貸なのです。「所有」と「運営」を分ける「持たざる経営」を実践しているのです。だから、百貨店がかつてのようなブランド力を失ったといえども、単独で生き残れているのです。

好立地の土地を自社で所有してホテルや百貨店の運営をするのは、ひとつの会社に不動産賃貸業とサービス業が混在しているようなものです。

不動産賃貸業の会社は少人数で運営でき、固定費を抑えられます。だからこそ運営できるのです。なのに、そこに大勢の人員を抱えてホテルや百貨店の運営をしていては、よほどの高利益体質が長く続かないかぎり、どこかで資金繰りが厳しくなるのです。

④一部商品の外注化

製造業の会社で聞いてみると、「この商品は外注しています」という返事が返ってきます。すべての商品の製造を自前でせず、一部の商品は他社に外注して製造を依頼したりします。この外注化も、「持たざる経営」のひとつの形態です。

洋菓子を製造販売する会社であれば、いくつかの商品を外注業者に依頼します。洋菓子の商品構成は、季節ごとにある程度変わるからです。そのすべての商品を自社で生産するとなると、生産ラインは多くなるわ、場所が必要になるわ、ノウハウをもつ従業員はいるわ、などで設備も人員も膨れ上がります。そのようなことはせず、夏物のゼリー商品なら、各社のゼリー商品を受託製造している会社に外注し、作ってもらいます。ある特定の商品を専門に製造受託する会社は、その商品製造に特化した専門技術や品質管理があります。

通年販売するクッキーのような商品でも、そのクッキーを通年製造するための生産ライン設備が自社になければ、その設備を持つ受託会社へ外注します。そのほうが自社で生産ラインを備えてスタートするよりも、早く商品を稼働させることができます。それに、出す商品がすべてヒットするわけではありません。多額の設備を導入して生産開始しても、その結果が鳴かず飛ばずだと、多額の設備投資は大失敗となります。そのリスクを回避することにおいても、特定の商品を外注化することは、「持たざる経営」の一種といえます。

そして外注化は製品だけではありません。経理業務や受注業務などの事務業務を外部に委託するというケースもあります。そうすれば、自社で人材を採用する必要もなく、繁閑に応じての対応も可能になるのです。

⑤下請けをうまく使う分業化

たとえば製造メーカーにおいては、製品工程や部品類が多い場合、その一部を下請け業者に依頼します。外注化と異なるのは、ある製品の一部を依頼するということです。外注化は、ある製品を丸ごと製造してもらい、納品してもらいます。そうではなく、製品に必要な工程の一部であったり、部品の一部を外部の会社へ依頼するという点で外注化とは異なるのです。

サプライチェーン（供給網）という言葉があるように、ひとつの製品が完成するまでに、さまざまな部品供給会社や加工会社が枝分かれして関わります。自動車産業はその最たるものです。

下請け会社、孫請け会社、部品や材料の供給会社と、分業化することでひとつの製品が完成されていきます。同じ加工や部品でも、特定の1社に頼らず複数の会社と取引をしたりします。ひとつの供給網が機能しなくなったとしても別のルートで対応できるよう、リスクを分散させているのです。

これからは、ＡＩ産業に関する分業化がどんどん進みそうです。生成ＡＩ機能をもつ製品を提供する米大企業が、必要な半導体チップを台湾や日本の半導体製造業へ注文する、必要なデータセンターを寒くて安全な北海道へ設置する、という供給網ができ上がってきています。

要するに、下請けに依頼している仕事をすべて自社で対応するとなると、そのコストは莫大です。分業化することで、必要な固定資産（土地・建物・設備）や在庫を分散させ、変化する需要や環境変化に対しても柔軟な対応がとれるようになるのです。

⑥フリーランスやプロフェッショナル人材などの外部人材活用

顧客から依頼されるシステムを開発する会社の場合、そのシステムエンジニアを、フリーランス人材で対応しているケースがあります。

システムの世界は日進月歩です。すべてを自社で雇用した人材で対応しようとしても、新しいプログラム言語や技術を自らアップデートできる社員と、できない社員が出てきます。古い知識や技術しか持たない人材ばかりでは、顧客の要求するシステム開発に対応できなくなってしまいます。

フリーランスであれば、ある特定のシステム開発が終われば、それで契約を終えることができます。また別のエンジニアが必要であれば、新たにフリーランスと契約すればよいのです。

ただ、昨今のＡＩを代表とするデジタル化の波はすさまじく、フリーランスとはいえ、エンジニアの確保が厳しくなってきています。エンジニアの人材開発が進むまでは、報酬に高いお金を払っても採用し、その分、顧客への負担をお願いすればよいのです。いつの世も、ないものは高いのです。

商品やパッケージ、ロゴなど、デザインの世界も外部人材をよく活用します。洋菓子会社では、数年に一度、店舗のデザインや紙袋など、全体的なデザインを一新すべく、デザイナーを変えていました。そのコストはものすごく高くつきました。しかし、だからこそ、顧客にあきられることもなく、ライバルよりも高い価格であってもよく売れ、十分な利益を確保していたのです。

⑦クラウドファンディング

中国地方で酒造業を150年以上営む山陰酒造株式会社(仮称)は、2019年、クラウドファンディングに取り組むことを決断しました。

久しく途絶えていたウィスキー事業に再度参入することとなり、ウィスキー蒸留に必要なスチルポッドなど、新たな設備投資の資金に充当するためでした。インターネットのクラウドファンディングサイトを活用し、出資者には、最初にできた蒸留酒をボトルに詰めて提供するという形式で資金を募集しました。目標総額1,500万円のところ、約3千万円の資金が集まりました。

ウィスキーとして完成するには、蒸留後に樽詰め後、3年間は寝かす必要があります。その後、瓶詰めをして販売し、売上代金を回収するまでに、長い時間がかかります。その資金の一部だけでも、銀行借入ではなく、クラウドファンディングで調達することも、「持たざる経営」のひとつの形なのです。

中小企業の場合、クラウドファンディングで集めた資金を商品開発に活用するというケースが多いです。山陰酒造もその一例です。集めた資金を使って開発した商品ができ上がったら、返礼品として出資者へその商品を送ります。

お金の流れでいえば、出資してもらった現金は「前受金」として処理します。開発商品を送った時点で、「前受金」を売上高に振り替えていきます。そのため、商品代金を前払いでいただいているという形になるのです。

本来であれば回収までの資金を銀行から調達し、随時返済していくことになります。クラウドファンディングで資金調達することで、その負担が不要になります。商品開発にはもってこいの資金調達策なのです。

それでも、山陰酒造のようなウィスキー事業の場合、３年間以上を樽詰めのまま在庫として寝かせるとなると、さすがにその長期資金まではクラウドファンディングでは賄《まかな》いきれません。山陰酒造の仲山(仮名)社長にお聞きすると、

仲山社長「はい、樽詰めの時点で、その樽ごと販売します。そうすることで、先に代金を

いただけることになりますので。ジャパニーズウィスキーの愛好家は世界中にいます。その方々へ向けて情報発信をして、樽ごと先に買ってもらっています」

古山「なるほど、前払いで代金をいただける素晴らしいアイデアですね！　その代金には、瓶詰めのお金も入っているんですか？　樽のままでは飲めませんよね」

仲山社長「そうなんです。だから瓶詰めは別にそのタイミングで代金をいただくことにしています。それでも愛好家の方は買ってくれますよ。それだけジャパニーズウィスキーへの信頼が高いですから」

同社は、資金を長く寝かせてしまうウィスキーという難しい商材を、クラウドファンディングという資金調達策とジャパニーズウィスキーの強い商品力をうまく活かすことで、乗り越えておられます。

⑧サブスクリプション（定額購入・継続購入）

一定期間に定額の料金を払えば、回数や量にかかわらず、サービスを受けられる仕組みのことを、サブスクリプションといいます。身近なところでは、アマゾンプライムです。年間で定額を支払えば、送料無料や早期配達、音楽・動画配信の視聴など、幅広いサービスを受けることができます。

サブスクリプションと聞くと、耳慣れない頃は、「なにそれ？」と思ったものの、中身を聞くと、自分も知らず知らずそのサービスを受けているということがあります。

私たちの顧問先である設備会社にも、そのメンテナンスサービスをサブスクリプション方式で提供している会社があります。

そのサービスに加入していれば、１回あたりの点検や修理の料金が安くなるという仕組みです。とくに急な修理の場合、緊急対応となる出張費や工賃の料金が高く、必要な部品代は大したことないという経験をされた方も多いと思います。それがサブスクリプションに入っていれば、部品代のみになるといったサービスです。設備は急な修理が必要となるときもあります。そのことを思うと、加入したくなる料金設定になっているのです。

他にも、インターネット上での電子配信書籍や雑誌、レンタカー事業、フィットネス事業、ＯＡ事務機・家電レンタル、専門資料の閲覧サービスなど、幅広いジャンルでサブスクリプションによる定額サービスが提供されるようになりました。

そしてこれらのサービスを受けることも、「持たざる経営」のひとつです。自前で購入したり、都度払いにするよりも、コストを抑えることができます。古くなったものを新しいものに買い替えるということも不要になります。加えて毎月の定額料金の場合、事務処理が楽です。サブスクリプションを提供する側も、ニーズに合ったサービスを提供できれば、事業として成り立ちます。「持たざる経営」の施策のひとつとして、まだまだ増えていきそうなサービスといえます。

「持たざる経営」は強い会社のグローバルスタンダード

今や「持たざる経営（アセットライト）」は強い会社のグローバルスタンダード（世界標準）です。海外からの投資が日本経済を支えるこの21世紀において、日本独自の古き商習慣に守られたような経営スタイルは、海外投資家にとってはとうてい理解できません。手形や期限の長い売掛金、持ち合い株式など、その最たるものです。

そのような悪しき習慣は早晩変わっていきます。それも大企業から先に変わっていきます。その変化についていける中小企業だけが、デフレ後のまだ先が見えない世界を生き抜いていけるのです。

だからこそ、「持たざる経営」を意識し、まだ実現できていない会社はこれまでの考え方を変え、すでに実現している会社は、本書でさらに磨きをかけていただきたいと思います。

2章　「持たざる経営」3つのステップ

1.「持たざる経営」を極める3つのステップ

純利益率の高い会社

日本国内の上場会社500社のうち、「純利益率」が高い会社のランキングを見ると、その中には「持たざる経営」を極めている会社が数多く見受けられます。(日本経済新聞2024年8月28日朝刊「コーエーテクモ純利益率首位、キーエンスやサンリオ上位決算ランキング」)

「純利益」とは損益計算書の最終利益で法人税を払ったあとに残った利益です、そして「純利益率」とは、売上高のうち何%、純利益として残すことができたかを示す指標です。この純利益率が高い会社ほど、経営効率が良好で資源をうまく活用して稼いでいるといえます。

先の日本経済新聞によりますと、上位25社のうち一番低い25位の会社で純利益率が23.6%。上位10社はどの会社も33%を越えています。ちなみに25社のうちの数社は、本業以外の売却益などがあり、ランキングとしては一過性のものですが、そうではなく純利益率が33%を越えるというのは、驚異的にズバ抜けた数字です。

その中で当てはまるのが、オービックであり、キーエンスであり、いずれも「持たざる経営」を実践しつつ、断トツの商品力を持つ会社です。お客側からすれば、多少高かろうが、手放せないだけの価値を感じているのです。海外でいえばアップル社です。

ここで強調したいことは、このようなズバ抜けた会社は上場企業だけではないということです。私たちICOの顧問先にも、断トツの驚異的な純利益率を確保している中小企業はいくつもあります。「そんなことができるのは資本力のある上場企業だけだ」とあきらめる必要はまったくないのです。

ただし、「持たざる経営」を実現させるためには、次ページの第4表に示したような、3つのステップを順番に登っていただく必要があります。

【第1ステップ】お金が残る体質へ転換する「たたむ・削る・変える」
【第2ステップ】継続的に稼ぐ形を作りながら儲けの核心を見つけて磨く「見抜く・仕組む・仕掛ける」
【第3ステップ】不況であっても驚異的な利益を叩きだす企業へと進化させる「伸びる・選ぶ・仕切る」

第4表の第3ステップに到達している企業は、そうなる以前と比べると、商品力のみならず、

第4表 「持たざる経営」を実現する3ステップ

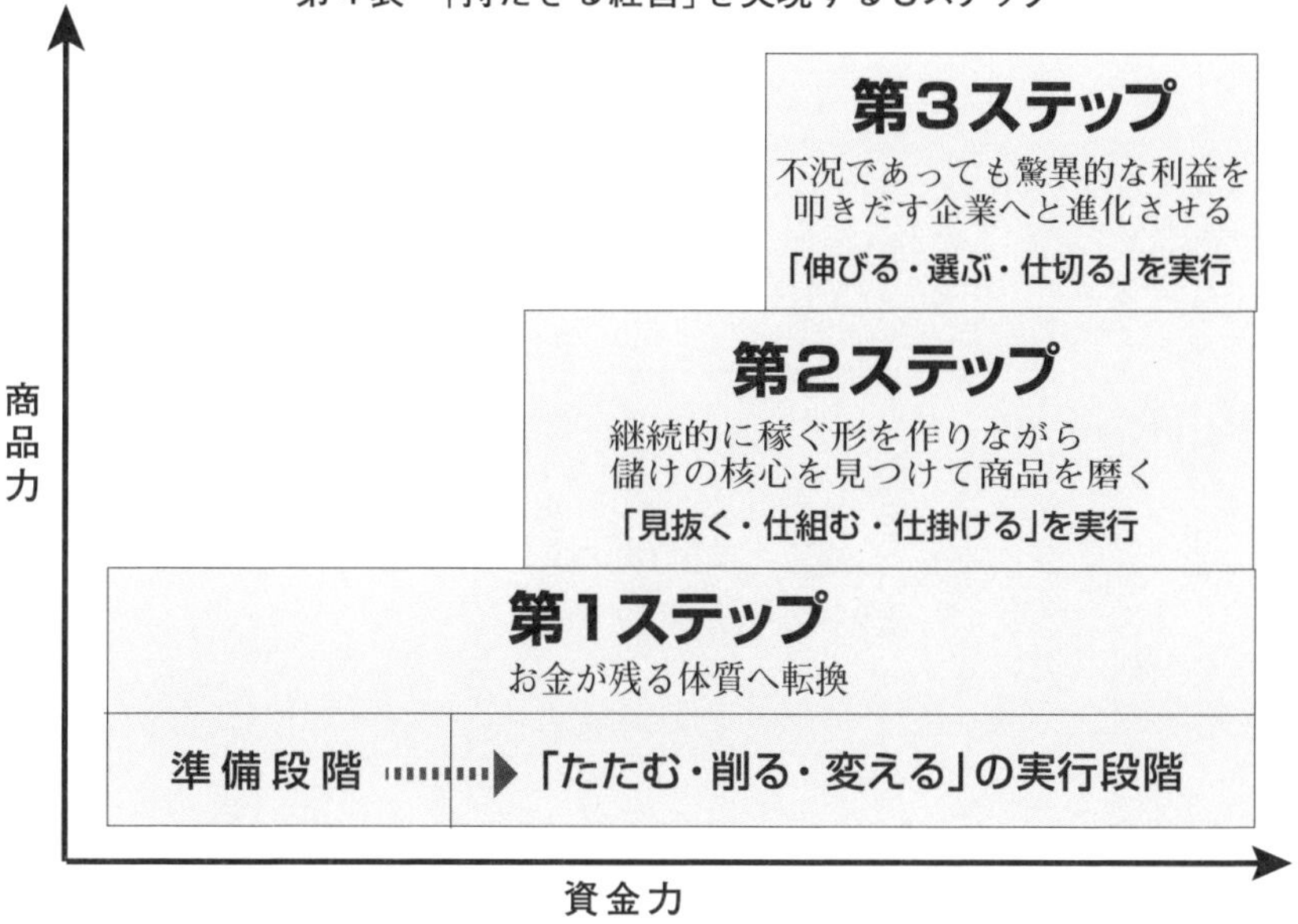
第3ステップ
不況であっても驚異的な利益を叩きだす企業へと進化させる
「伸びる・選ぶ・仕切る」を実行
第2ステップ
継続的に稼ぐ形を作りながら儲けの核心を見つけて商品を磨く
「見抜く・仕組む・仕掛ける」を実行
第1ステップ
お金が残る体質へ転換
準備段階
「たたむ・削る・変える」の実行段階
商品力
資金力

財務、組織、あらゆる面で明らかに進化し、顧客にとっては絶対に手放せないという存在になっています。

そうなれば、より多くの儲けが残る体質になり、その儲けをさらに「持たざる経営」を極めるために使うことができます。

この段階になれば、ライバルが追いつこうにも、「これはムリだ」「あの会社には勝てない」と戦意喪失させるほどの差がつき、たとえどのような不況の嵐が吹こうとも、またマサカの坂が襲《おそ》いかかっても、会社が沈むことはありません。

不況が過ぎ去ったあと、また強い高収益企業として、真っ先に新たな航海へと突き進むことができるのです。

第1ステップ「たたむ・削る・変える」

お金が残る体質へ転換する

これまで全国さまざまな中小企業に伺いましたが、会社にお金が残る体質になっていない会社がまだまだ多いものです。

何をするにも先立つものはお金。そのすべてを銀行から借りるようでは、いつまでたっても「持たざる経営」などできません。まずは、お金が残る体質を確保することです。

それには、井上和弘（ＩＣＯコンサルティング会長）の『儲かるようにすべてを変える』（日本経営合理化協会出版局）で提示した「たたむ・削る・変える」に真剣に取り組むことです。

そうすれば、自ずとお金が残る体質へと生まれ変わっていきます。実際に中小企業が生まれ変わる事例を数多く見てきました。そのような会社は、５年10年かかろうとも、地道に「たたむ・削る・変える」に取り組み続け、貸借対照表の面積グラフが劇的に変化しました。

とどのつまり、「たたむ・削る・変える」が実践されなければ、次のステップなどありません。

本書では事例を挙げて、「たたむ・削る・変える」の実行にともなう実務を解説しますが、85ページの第4表に示したとおり、第1ステップは「準備段階」と「実行段階」の2つに分かれます。

「準備段階」とは、自社の貸借対照表(B／S)を見て、どこに問題があるかを見つけていただくために、資産の項目を中心に、いわゆる貸借対照表の棚卸しをしていただきます。そのうえで、自社の判断だけで取り組める簡単な「たたむ・削る・変える」を解説します。

一方、「実行段階」は、取引先、銀行との交渉が必要になるなど、自社だけでは実行できないもの、あるいは金額が高額の「たたむ・削る・変える」のやり方をわかりやすく解説します。

何をするにしても段階というものがあります。大きなことからはなかなかできません。

そこで、「準備段階」では小さな赤字を出す「たたむ・削る・変える」を提示しています。こういう小さなことから始めて、それで銀行から何か言われるわけでもなく、税務調査で指摘を受けるわけでもないということがわかると、ようやく経営者も大きな「たたむ・削る・変える」に取りかかる決心がつきます。

それなりの時間はかかりますが、じわじわと総資産が縮み、銀行借入金が減り、税金が減り、会社にお金が残る体質へと生まれ変わっていきます。

そのために取り組むことは、数十年の社歴がある中小企業なら、たくさんあります。

・含み損のある土地・建物を別会社へ売却する（オフバランスする）
・銀行借入をしてまで持っている現預金は銀行に返す。過剰な現預金を抱えない
・過剰在庫、不良在庫を処分し在庫を最小限にして運転資金を減らす
・売掛債権の回収期間を縮めて運転資金を減らす
・銀行交渉で借入条件を見直し、金利での現金流出を小さくする
・機械化・システム化で必要人員を減らし、労務コストを下げる
・損金計上できる生命保険、倒産防止共済を活用するなど節税策を打つ
・稼がない売りモノ、売り先をやめて見直していく

これら「たたむ・削る・変える」の施策を打ち続けた会社は間違いなく、お金が残る体質へと変わっていきます。資金繰りが楽になり、資金対策に翻弄《ほんろう》することがなくなります。そして一度この体質になると、経営者は間違いなく、この体質を維持しようとします。なぜなら、資金繰りのためなどではなく、もっと前向きなことに自分の時間を注ぐことができるようになるからです。

すると、「たたむ・削る・変える」ことへのアンテナが敏感になり、第2ステップ、第3ステップへ進んでも、機会があれば常に「たたむ・削る・変える」に取り組む経営思考になるのです。

このように「たたむ・削る・変える」は、「持たざる経営」を実現するための土台であり、いわば、「持たざる経営」のための基礎工事といえます。

85ページの第4表で、第1ステップの図が土台として座を占めている理由は、そういう意味があってのことです。

貸借対照表の数字が苦手な方、そして自社の貸借対照表の問題点が明確でない方は、まず6章の【準備段階】をお読みになってから、3章の【実行段階】を読まれることをおすすめします。

そうではなく、ある程度、貸借対照表を読むことができ、自社の問題点も明確な方は、次の3章の【実行段階】へ進んでください。

第2ステップ「見抜く・仕組む・仕掛ける」

継続的に稼ぐ形を作りながら、儲けの核心を見つけて磨く

第1ステップでお金が残る体質になったら、次はそのお金を何に使うか、どう残すかが課題になります。

お金が残る体質になったといっても、その金額はたかがしれたものです。あれにもこれにもお金を使えるぐらい潤沢《じゅんたく》な体質になったわけではありません。そんな使い方をしたら、残ったお金はすぐに消えてしまいます。

経営者は残ったお金を何に使うのか、絞り込む必要があります。同時に、継続的にお金が残る体質へとさらに改善する必要があります。

そこで第2ステップとして必要なことは、「見抜く・仕組む・仕掛ける」です。

「見抜く・仕組む・仕掛ける」とはどういうことか、ひとつずつ説明しましょう。

①顧客の真のニーズを「見抜く」

経営者は残ったお金を何に使うのか、絞り込む必要があると述べましたが、具体的には、顧客の真のニーズを見抜いて、そのニーズに合わせて会社の売りモノを絞り込んでいきます。

しかし顧客が本当に求めているものは何か、これをつかむのは簡単ではありません。たとえ薄利多売の卸売業や低単価の大衆品を扱う製造業であろうとも、顧客が求めるものは安さだけではありません。本当に安さしか求めない顧客なら、こちらからお断りすべきです。中小企業の事業継続に何のプラスにもなりません。

「速さ」「品質」「信頼」「安心」「デザイン」「機能」など、顧客が求めるニーズの側面はさまざまです。しかし、必ず具体的なニーズがどこかに存在しています。その顧客にとっての真のニーズに応えることができれば、顧客はその会社を選び、気に入ったら使い続けます。

顧客の『真のニーズ』を見抜くには、3つの段階があります。

- **できるだけ多くの顧客の声に耳を傾ける**
- **声の奥にある共通点を考えて、ひと言に集約する**
- **複数出てきた共通点のひと言集約から、1つか2つに絞る**

経営陣が『真のニーズ』を見抜くことに真剣に取り組み続ければ、その答えは見えてきます。会社が取り組むべきことは、顧客にとって商品価値の高い売りモノを磨くことです。これは大企業でも中小企業でも同じです。そのためにはまず、顧客が本当に欲しているものに気づかねばなりません。気づいて見抜いたら、その売りモノを磨くためには何をし、何にお金を注いでいくのかを考えていけばよいのです。

②持続的にお金が残るように「仕組む」

磨くべき売りモノがわかっても、継続的に投入できるお金が必要になります。

売りモノ磨きは、短期的な投資でできるほど簡単なものではありません。顧客の真のニーズに応えるには、多方面からその商品力を高めることに、継続的に使うお金が必要になります。設備投資など、すべてを自社でまかなえないなら、銀行から借りることも必要になります。その場合も、その借入金を返済するだけのお金を生み出し続ける、持続的にお金が残る体質に転換しておく必要があるのです。

そのためには、本業で稼いだお金をいかに流出させず、使えるお金として少しでも多く残すということへ向けて、事業構造を見直すことが必要になります。

そのためのキーワードは2つあります。

【キーワード1】**持っているようで持っていない構造にする**

【キーワード2】**持っていないようで持っている構造にする**

相反するような表現ですが、「持たざる経営」を実践している会社には欠かせない切り口です。会社には、「持っているようで持っていない」ものがあります。そのほうがコストは安くつく、あるいは、そのほうがお金を流出させずに残せるということが最大の理由です。

1つめのキーワード「持っているようで持っていない」事例として、次のようなことがあります。

- **商品づくりを外注化する**
- **土地・建物は借り物で済ませる**

・会社で使用する機械・車輌はリースやレンタルを活用
・必要な人員は人材派遣を活用する

商品づくりを外注化することは、すでに多くの会社で実践されていると思います。ただ外注化するにしても、すべてが外部の会社ではなく、製造部門を別会社化し、自社の商品を外注するために活用しているというケースもあります。これは「持っていないようで持っている」にあたります。

また土地・建物を借りるにしても、外部の会社ではなく別会社から借りているというケースも同じです。なぜそうするのかといえば、そのほうが本業で稼ぐお金をより多く残すことができるからです。

利益を分散させて法人税を低く抑える。会社間で資金の融通をして銀行借入を減らし、金利の外部流出を減らす。会社の中にある機能を分社化してグループ化することで、お金をグループ内で回すということが可能になります。どこかの会社にお金が残ってくれれば、そのお金を別の会社へ貸すということもできるのです。

次に2つめのキーワードの「持っていないようで持っている」事例は、

・不動産管理会社を作る
・製造受託の会社を作る
・人材派遣の会社を作る
・設備や車輌を貸す、あるいはメンテナンスする会社を作る
・自社の商品を運ぶ運送会社を作る
・M&Aで会社を買う
・強いブランド力
・他社に比べて「安心」「速い」などの信頼力

など、本業で稼ぐために必要な機能を別会社化したり、M&Aで会社を買うことで、「持っていないようで持っている」という事業構造にすることが可能になります。自社の本業にとって、稼いだお金を残す最適な事業構造へと、転換していけばよいのです。

したたかな戦略

高収益企業のキーエンスは、ファブレスで工場を持っていないといわれていますが、じつはすべてを外注化せずに、製造専門の子会社を持っています。つまり、持っていないようで持っています。

その工場で作り方の最適化を見出し、別会社へ外注化する際に、その最適化した作り方を横展開しているのです。つまり最適な作り方の企画開発をする会社を抱えているのです。こうすることによって、外注化してもコストが高くならないようにしています。

またシステム開発のオービックは、上流から下流まで、すべて自社で請け負う「ワンストップソリューション」を掲げて、仕事を外注せずに、すべて社内で内製して、自社にノウハウが集まる構造にすることで顧客の満足度を高めています。

ノウハウの価値は、貸借対照表に出てきませんが、同社の純利益率は58％、前述の純利益率ランキングではキーエンスとともにランクインしています。

このように外注化についても、何を出して何を出さないかは、たんに貸借対照表上での話だけではありません。

中小企業においても、たとえば、商品規格や商品デザイン、店舗デザイン、接客レベルなどにとてつもない資金をつぎ込み、ライバルに比べて圧倒的な差で強い顧客支持を得ている会社がいくつもあります。

そのジャンルの商品において、強いブランド力で高くても選んでもらえるのです。しかも高い原材料、デザイン費用や接客のレベルアップの費用など、ブランド強化につぎ込んだお金はほぼ、経費計上できるものばかりで、貸借対照表には出てこないのです。

ＢｔｏＣの商品を扱う会社ばかりではありません。ＢｔｏＢの業界においても同様です。たとえば下請け専門の受託企業においても、発注元からの絶大な信頼を得るために、「この会社なら品質事故を起こすことはなさそうだな」と感じてもらえるよう、すべてのスタッフのみだしなみや挨拶などの基本行動を断トツで良くするよう、従業員教育に資金を投じ続けている会社もあります。工場であっても、生産能力向上のための設備投資だけでは、ライバルに比して群を抜くレベルには、到達できないのです。

③稼ぐ売りモノを磨くために「仕掛ける」

売りモノを磨くには、そのための仕掛けが必要になります。

その仕掛けにこそ、お金をかけるべきです。真のニーズに応える売りモノを磨くために、持続的に稼ぐ体質から生まれるお金をどんどん使うのです。それが「仕掛ける」です。

何が売りモノで、どう磨くかによるものの、たとえば次のような「仕掛ける」事例があります。

・商品・作り方・情報システム等の企画開発部署を強化する
・生産設備を絶えず最新で高性能のものにする
・ライバルが自社で抱えたくない機能・工程を提供できるようにする
・ライバルにはない価値を持つためにM&Aで会社を買う
・ライバルと見比べて断トツで素晴らしい人材となるべく、教育を強化する

顧客の真のニーズがどのようなものかによりますが、そのニーズがわかれば、そこへ向けて自社が提供できる価値をどんどん高めればいいのです。そのためには何をすればいいのか。企画開発部署が必要なら、その人材確保に高い給与を支払うことも必要になります。高性能の設備を導入するには、それだけ高い値段で買う必要があります。何をするにも、ライバルと比べて優位性を確保するには、それだけのお金がかかるのです。

そのために、お金が持続的に残るように仕組んできたのです。お金がないライバルにはできません。仕掛けにケチらずお金を投じることで、売りモノが磨かれ、商品力が高まるのです。

なお、第2ステップ「見抜く・仕組む・仕掛ける」は、第4章でさらに詳しく解説します。

第3ステップ「伸びる・選ぶ・仕切る」

不況であっても驚異的な利益を叩きだす企業へと進化させる

最後の第3ステップです。

ここでの取り組みで、ライバルとの差が一気に広がります。どう考えても追いつけないくらいの圧倒的な強さを、ライバルに見せつけることになっていきます。

まずいえることは、第1ステップや第2ステップでの取り組みは、第3ステップに進んでも継続的に取り組むことです。それぞれのステップは、時系列的に終わっていくものではありません。やり続けるのです。継続的であるからこそ、第3ステップも継続でき、圧倒的に強い高収益会社として、存続し続けることができます。

①「売ってください」「買わせてください」の存在になれば勝手に「伸びる」

顧客の『真のニーズ』に応える売りモノが磨かれて突き抜けていくと、営業活動などしなくてもよくなります。

商品力が高く、同じように対応できるライバル会社がなければ、営業マンも広告宣伝も不要です。自ずと顧客のほうから「売ってください」「買わせてください」となり、いわば行列のできる会社になります。繁盛店と同じ状態です。

こうなれば自然と「伸びる」のです。総資産はそのままで、売上高が伸びていきます。そして総資産に対する売上高の回転は、どんどん向上していきます。

この状態になると、高くても売れるようになります。

「他よりも高いけれど、この会社から買える価値は他の会社にはない」と思われているので高くても売れるのです。これにより売上高はさらに伸びていきます。当然、より高値で売るのですから、売上総利益も高くなります。

加えて、営業マンも広告も不要になり、たとえゼロにならないとしても、大幅に減ります。そうなると、販売のためにかかるコストが激減して、ここでも利益が増える要素が生まれます。売上総利益、営業利益、経常利益と、儲けが格段に増えて、群を抜く高収益体質の会社になります。

ＩＣＯが最も重要視する経営指標のＲＯＡ（総資産経常利益率＝経常利益÷総資産）も、信じられないくらい跳ね上がっていきます。磨き上げた商品力が顧客の心を強くとらえ、顧客からお声がかかってくるようになるのです。

もし、「そうならない」、いうほど「伸びない」のなら、第2ステップの「見抜く」がズレているのか、「仕掛ける」が不足しているのか、あるいは「仕掛ける」ために必要なお金を継続的に稼ぐ「仕組む」が未熟なのか、になります。

それだけ第2ステップを誤りなく突破することは難しいといえます。

営業マンや広告を使って「伸ばす」のではなく、営業マン不在、広告ゼロ、それでも「伸びる」状態へと商品力が突き抜けたからこそ、できることなのです。

②稼げる売り先を「選ぶ」

お客のほうからお声がかかるようになると、今度はお付き合いする顧客を「選ぶ」のです。より稼がせてくれる上顧客とお付き合いし、稼がせてくれない顧客はお断りすればよいのです。より稼がせてくれる顧客を「選ぶ」ことで、売上高も利益も、またまた伸びていきます。

たとえば、ネット通販にしても、「売ってください」「買わせてください」で伸びるほどの商品力を獲得したら、アマゾンや楽天などの外部通販サイトを利用する必要はありません。自社運営サイトでも売れるようになります。そのほうが当然、残る利益は増えるのです。外部サイトはコストをかけずに縮小し、自社サイトに注力すればよいのです。

あるいは製造受託であれば、業界で強い商品力・受注力を持つ会社と付き合うようにします。そしてさらに、その会社が欲しがっていることをピンポイントで見抜いて仕掛けていくのです。そうすれば、ますます顧客にとっては絶対に手放したくない存在になっていきます。売上高も利益もウナギのぼりに「伸びて」いくのです。

顧客を「選ぶ」ところまでたどり着けば、中小企業の下請け会社であっても立場は逆転します。もはや、「下請け」のようで「下請け」ではありません。離れられない、放したくない、経営パートナーとなります。顧客の体の重要な一部分のようになり一体化してしまうのです。

③取引条件を有利に導くように「仕切る」

顧客と一体化するほどになれば、ムリを聞いてもらえるようになり、取引を「仕切る」ことができるようになります。

・在庫を抱えなくてもいいように引き取ってもらう
・回収期間を短くしてもらう
・前払いにしてもらう
・設備投資の資金を提供してもらう

他のライバルにない価値を提供する対価として、業界では常識外れのようなことであっても、多少のムリを通してもらうことが可能になります。こちらがいなくなれば、困るのは顧客側なので、聞いてもらえるのです。もちろん無茶なことは通りませんが、多少のムリは通せるようになり、できることは最大限してくれるようになります。

このように「仕切る」ことで、取引条件を有利に導けば、ますます会社は強くなります。

・在庫が減り、回収が縮めば、運転資金の調達が不要になる
・業界でもズバ抜けて高い給与を出せて、良い人材確保と定着が進む
・最新の設備・システムを絶えず更新できる
・飽くなき商品開発および商品企画（売りモノ磨き）へ高額の投資ができる

商品力が圧倒的に強くなれば、資産が増えなくても、業績はぐんぐん伸びていきます。総資産に対する売上高の回転はさらに高まり、高収益、高回転となります。

これこそが「持たざる経営」のひとつの到達点にたどり着いた、経営の形です。

この3つのステップを継続的にし続けたなら、中小企業であっても、どこにも負けない、どんな不況でも倒れない会社となり、最強の進化を果たし続けることができるのです。

以上が、第3ステップ「伸びる・選ぶ・仕切る」の全体像です。

第3ステップは、第5章で詳しく解説します。

3章

【第1ステップ】たたむ・削る・変える

お金が残る体質へ転換する

1. 稼がない高額の不良資産をお金に変える

会社にお金が残る体質へ転換

本書で目指す「持たざる経営」を実現させるための最初のステップは、稼いだお金が残る財務体質への転換を図ることです。

このステップに取り掛かることで、貸借対照表を読めなかった経営者も、だんだんと読めるようになっていきます。このステップに取り掛からないかぎり、ほとんどの経営者は貸借対照表を読むことができません。そればかりか、銀行交渉は銀行に言われるがまま、節税対策は顧問税理士任せで大した策は無し、といった状態になりがちです。

貸借対照表を読めなければ、いつまでたっても稼いだお金がどんどん流れ出る財務体質のままなのです。

ステップ1の最初にやるべきことは、何より財務体質の現状認識です。

どこに問題があるのかを把握してから、改善に取り掛かるのです。

現状認識のために必要なのが、ＩＣＯ式貸借対照表面積グラフです。（編集注、ＩＣＯ式貸借対照表面積グラフについては本書の第６章で解説。詳しい面積グラフの作成方法は、巻末に記載したＵＲＬから資料をダウンロードできます）

中小企業の経営は、財務体質の改善を5年も取り組んでいなければ、何かしら余分な贅肉《ぜいにく》がついてきます。ましてや、何十年も自社の財務体質に無頓着《むとんちゃく》だった会社は、かなりの贅肉《ぜいにく》がついてしまってメタボ体質になっています。お金を稼いでも、残らない財務体質になっているのです。

さらに問題なのは、そのような余分な贅肉《ぜいにく》があるがために、余計なお金が流れ出ているのに、そのことに気づかなくなっていることなのです。

・銀行から借りてまで余分な現預金を抱え、余分な金利を払っている
・在庫が増えて運転資金となる借入金が増え、余分な金利を払っている
・子会社へ貸し付けたお金が返済されず、お金がこげついている
・他の会社に投資したがまったく回収されず、価値が下がっている
・買った土地の評価額が落ちて、資産と同額の価値はなく、含み損になっている
・機械設備を買ったが、その商品が売れず、ほとんど稼働していない

など、「たたむ・削る・変える」への取り組みが進んでいない会社の貸借対照表を面積グラフにすれば、何が大きな面積を占めているのかが一目瞭然《いちもくりょうぜん》です。

ステップ1での「たたむ・削る・変える」には、大きく2つの取り組みがあります。比較的簡単にできる取り組み、いわば「持たざる経営」への準備段階ともいうべき小さな取り組みと、貸借対照表の面積グラフの中でも、少しウエイトが大きく目立つ資産への取り組みです。

やはり、面積グラフで見たときに、大きく目立つ資産には、それなりの問題を抱えていることが多いです。比較的簡単にできる取り組みは、第6章に委《ゆだ》ねることとして、この章では、ウエイトの大きな資産への「たたむ・削る・変える」について、その事例をまじえてお話ししましょう。稼がない高額の不良資産をお金に変えるのです。

①含み損のある土地・建物を売却する

面積グラフを見ると、土地や建物の大きさが目立つということがよくあります。

「含み損のある土地・建物は子会社へ売却して、特別損失を計上してください！」と言い

社長だけのために書かれた手づくりの実務書

出版物のご案内

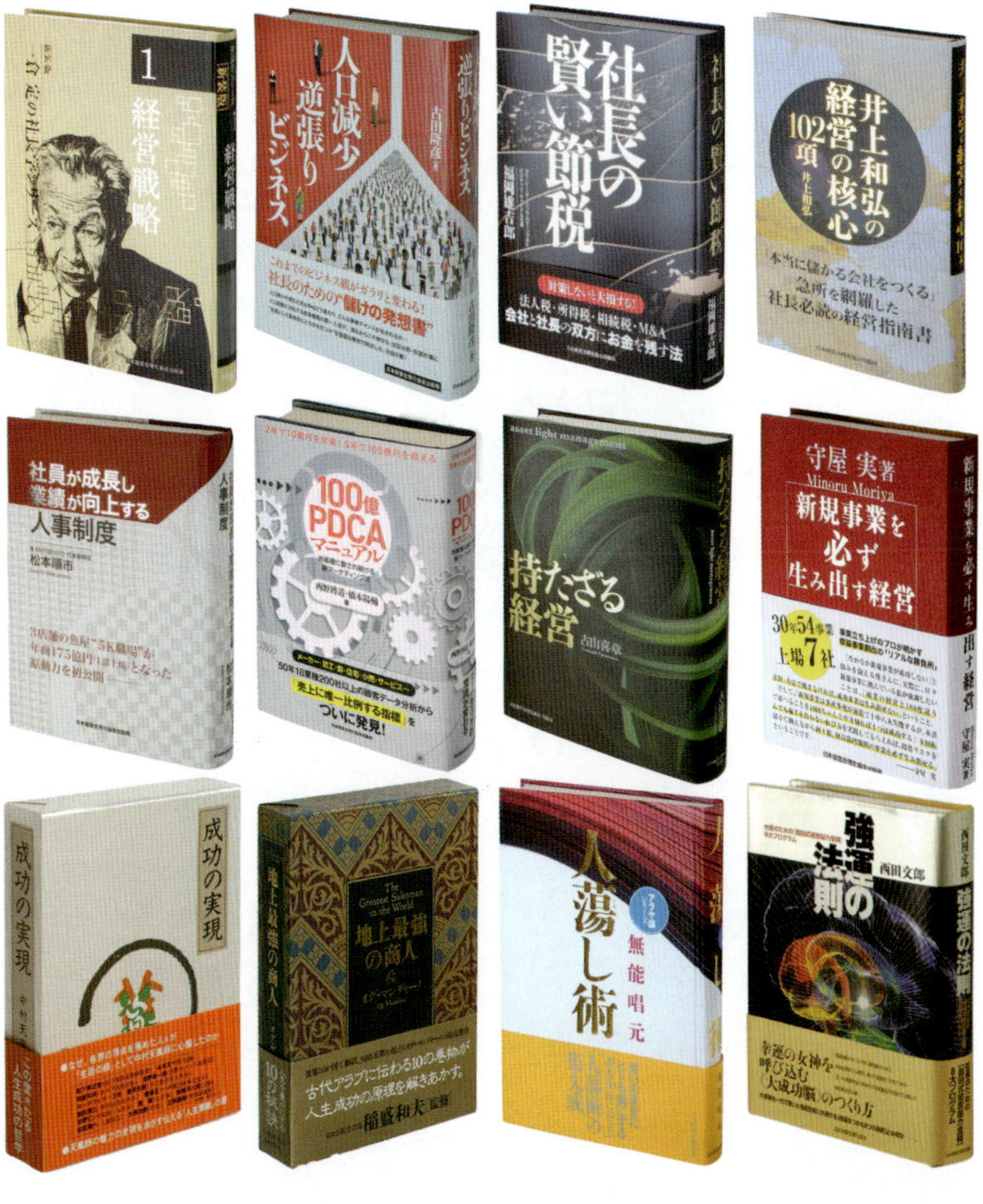

日本経営合理化協会　出版局

続けております。損を吐き出すことで、総資産の額を圧縮する。これがいわゆる「**オフバランス**」です。

とくに、問題になるのが土地です。ご存知のとおり、土地には減価償却が効きません。買ったときの簿価のまま、貸借対照表に残り続けます。20年前や30年前に購入した土地であれば、都心の一等地でないかぎり、含み損を抱えているはずです。含み損を吐き出せば、大きな赤字が出ます。特別損失なので、税引前利益での赤字です。したがって、営業利益には関係ありません。

「大きな赤字を出して、銀行は何も言わないでしょうか？」と心配される方が今もいらっしゃいますが、銀行が重視するのは営業利益です。

税引前利益が赤字になろうと、営業利益さえ黒字であれば、まったく問題ありません。むしろ、「キャッシュフローが良くなっていいですね」と、数字を心得ている銀行員なら、お褒《ほ》めの言葉を投げかけてくれます。キャッシュフローが良くなり、返済能力が高まるからです。大きな税引前赤字が出ることで、税金での流出が減り、稼いだ現金がより多く残ります。しかも、繰越欠損金が発生すれば、翌年度の税金も減ります。最大10年まで、繰り越しが可能です。その分、借入金の返済や、新たな設備投資などに、現金を活用できるのです。

加えて、このようなオフバランスは、平常時にしておかないと、コロナ禍のような「マサカの坂」のときには、とてもできません。銀行の対応も鈍《にぶ》ります。

ある会社の例ですが、土地・建物のオフバランスをしようと子会社が銀行から資金調達をして、親会社から土地・建物を買う予定で進めていました。

ところが、銀行から「コロナウィルスの関係で、緊急融資の案件が増えており、御社への融資対応が遅れます」と連絡が入りました。

その会社は3月末決算なので、それまでに売却を終え、オフバランスを完了させたかったのですが、結局、3月末ギリギリまで、融資実行が延期しました。もう少し遅ければ、オフバランスの絶好のタイミングを、逃してしまっていたでしょう。

「そのうちにやろう」では進みません。オフバランスするべき土地・建物があるのなら、着々と進めてください。そのことが、「マサカの坂」に強い財務体質を築く糧《かて》となります。

赤字額の40%は国が負担してくれている

どの会社にも、不採算店舗や遊休土地のひとつはあるものです。

たいていの場合、こうした資産は、含み損を持っているので、私たちは、「損切り」することをおすすめしています。これができれば会社のカネ回り(キャッシュフロー)は間違いなく良くなります。含み損のある資産を売ると、次の3つのお金が手に入るからです。

①売却したお金が入る
②予定納税が戻ってくる
③来期以降、納税がしばらく発生しなくなる(繰越欠損金の発生)

損出しのポイントは、

・損を出しても、その損に見合ったお金が出ていかないこと
・多額の損が損金に計上されて、納税が抑えられること

このため、会社のお金が増えるのです。

しかし、これを実行に移すとなると、財務に弱い経営者は、決まって撤退(店舗、工場など)にともなう多額の売却損や除却損を出すことに強い抵抗感を示します。

たとえば、赤字店舗の撤退を考えてみます。
経営者が赤字店舗撤退を嫌がる理由は3つあります。

①ミエ、メンツ
②売上が落ちて、現金が減るという勘違い
③銀行から何と言われるかわからない

1つめの「ミエ、メンツ」は、「撤退は敗北である」「赤字は罪悪である」という価値観のもと、「頑張れば黒字化できる」「ネバーギブアップ」という体育会的な根性論で撤退を先送りします。「苦労して出したから」「周囲に何と思われるか」など、損切りを阻《はば》む心の壁が次々に現れます。

土地についても、「地権者が何十人もいて、用地買収に大変な手間と費用がかかったのに…」「ここで退《しりぞ》いたら恥ずかしい」と、体面や世間体をとても気にします。

赤字店舗については、「俺が本気になって、立て直してみせる。俺がやれば復活させられる」と熱を込めて発言すると、まわりの古参役員もうなずくしかありません。

「いやいや、ムリです。だったら、もっと早く本気出してください」と、ストップをかける役員はまずいません。

2つめの「売上が落ちて、現金が減るという勘違い」は、売上第一で考えてきた社長が、「今日店舗を閉めたら、明日から現金が入ってこなくなる」と思うからです。

「いや、そもそも赤字ですよ。赤字店舗を閉めれば、赤字が解消されるから、結果的に現金が増えます」と言っても、そういう思考回路にはならないのです。

最後の3つめ「銀行から何と言われるかわからない」は、銀行を気にして損出しに踏み込めない経営者が実に多いこと。

「巨額の赤字だったら、銀行に何と思われるか！　評価が下がる！」「巨額の赤字決算だと、銀行がこれ以上お金を貸してくれない！」など、みなさんこのように思うわけです。

しかし、断言します。**こうした一時的な損失で出る赤字によって、銀行からの評価が落ちることはありえません**。

大切なのは、借入金を返済する能力であり、営業利益（本業で生み出す利益）です。

閉鎖、撤退、除却、売却にともなう損失は、あくまで一時的なものです。来年も、再来年も続けて発生する類の損失ではないため、特別損失に計上され、営業利益や経常利益には影響しません。

銀行もそういう損失は、本業の利益とは別物であることを理解しています。むしろ、負の遺産を綺麗にするということに対して、プラスの評価をしてくれます。

上手に損出しすれば、対外的な評価を落とさずに、会社のキャッシュを増やせます。

現状、不採算となっていない店舗や拠点でも、これ以上の伸びが見込めず低空飛行である、あるいは、もっと良い場所が見つかったなら、積極的にスクラップ(除却)しましょう。

意思決定で大切なのは、「今までこれだけ投資してきた」という過去の投資額ではなく、意思決定することで、これからいくらのキャッシュが得られるかという将来の回収額です。

含み損を吐き出して、赤字が出たとしても、本業で利益が出ていれば、本来払うべき税金を抑えることができます。

言い換えれば、赤字の40%は、国が負担してくれるのです。

しかし、悲しいことに、中小企業のオーナー経営者は、財務に苦手な方が多く、「赤字を出すと銀行の信頼がなくなる」「税務調査で目を付けられる」など、経営者を脅すような発言をする顧問税理士が多いのも現実です。

土地は減価償却できない

固定資産の中でも、最も避けてほしいのが、土地を持つことです。それだけで、総資産は一気に大きくなるからです。

いまだに後継者から、次のような声を聞きます。

「ウチの親父は、いまだに土地はいつか上がると思っているんです」

「銀行に土地をすすめられたら、すぐにその気になるんです」

「日本は狭いから、景気が上向けば、土地は必ず上がるって言うんです」

そうです。高齢の経営者の中では、土地伝説はまだまだ生きているのです。

しかし、土地は減価償却ができないので、売らないかぎり貸借対照表から消えません。買ったときの簿価が減ることもありません。そのため、貸借対照表（B／S）面積グラフを作成した際、どっしりと、そこに居座り続けるのです。

とくに、銀行から借金をして土地を買ってしまった場合が大変です。機械設備などなら、減価償却費が損金計上されます。つまり、返済原資としては、純利益＋《プラス》減価償却費で返済できます。減価償却した分、簿価がだんだん小さくなり、貸借対照表でのウエイトも、小さくなっていきます。

ところが、土地は減価償却できないのです。ということは、銀行への返済原資となるのは、純利益のみです。

とはいえ、返済は必要ですから、減価償却がない分、他に使うはずだった資金を返済にあてるしかありません。当然、その分だけ資金繰りは厳しくなります。財務体力は弱まり、貸借対照表が膨らみ、銀行の格付けにも響きます。

資金繰りを困窮させてまで、土地を買う必要はありません。本当に必要なら、借りればいいだけなのです。

貸借対照表に土地がある場合

B／Sを拝見して土地がある場合、「これは、何の土地ですか？」と尋ねます。すると、「いやあ、じつはもう使っていなくて…。本当は売りたいんけど、売れないんですよ」という返事が返ってくることがあります。

今どき、いざ土地を売ろうとしても、一等地でないかぎり、簡単には売れません。

たとえば、店舗を運営するのに土地を買って十数年以上たち、周辺環境が変わってしまった。それで、その地での店舗運営はやめて他へ移ったものの、土地は売れずに残った、というケースです。店舗でも、営業所でも、同じケースとしてよくあります。始めるときは、そこがベストであったとしても、時間が経過すると、周辺の環境は変わっていきます。それは、どうしようもありません。

おおむね、そのような土地の値段は下がり、含み損を抱えています。かといって、外部では買い手が見つかりません。そこで、「子会社に売ってしまいなさい！」となるのです。それでも、さまざまな手順があり、サクッとは売れないのです。それだけ、労力とエネルギーが必要になるのです。

店舗や事務所ならまだしも、土地の明細を見ると、「山林」とか「原野」という記載を見かけることもあります。それも「なぜ、こんな土地を買うの？」という土地です。

土地伝説を信じている経営者は、土地を手に入れることがお好きです。しかし、手放すときのことを考えていないので困るのです。結局は、財務体力を損ねる要因になるだけなのです。

「上がるから買う」のではなく、長期にわたる経営のことを考えて判断するべきでしょう。

また「いつまでも家賃を払い続けるより、買ったほうがトクでしょ」とおっしゃる経営者もおられます。買えばそのあとは、まったくお金がかからないかのように考えています。

そうでしょうか？

土地を買った際には、不動産取得税が購入価格の約４％かかります。その後、固定資産税は毎年かかります。約1.5％です。1.5％とはいえ、60年間、その土地を持ち続けたら、合計で90％です。購入時の不動産取得税と合わせれば、ほぼ100％に近いです。さらに、土地の価格が上がれば、固定資産税も上がります。

今、土地で困っている方々は、その価格が上がって固定資産税が上がっている方々です。個人も法人も同じ悩みを抱えているのです。

結局、土地を買ったとしても、国に固定資産税という名の家賃を払い続けているのと同じです。完全に自分のものになったとは言い難いのです。

もし、どうしても土地を持つ必要があるのなら、子会社で購入し、親会社が借りる形にしましょう。そうすれば、親会社で家賃を損金計上しつつ、家賃を受け取った子会社は、その家賃収入を原資として借入金を返済できます。

あるいは、親会社に資金があるのなら、子会社へ資金を貸し付け、そのお金で子会社は土地を買い、親会社へ貸し付ければよいのです。親会社から受け取るべき家賃は、借入金との相殺でも構いません。買うにしても子会社で購入し、資金調達は可能なかぎり銀行借入ではない形で対応してほしいのです。

そして土地の購入と同時に本社ビルなどを建設すると、ますます重たい資産になります。機械設備は7年前後で償却されていきますが、建物となると、償却期間は鉄骨・鉄筋コンクリートの建物で、事務所使用なら50年となります。

当然、資金調達はそんな長い期間で借りることはできません。建物で減価償却費が発生しても、銀行借入の返済原資にはまったく不十分です。そうなると、土地と同じく、純利益がほぼ返済原資となりますので、建物も自前で持たず、借りるか子会社で所有するということに徹してほしいと思います。

除却損を上手に使った例

関西地方で学習塾を経営している淀川アカデミー(仮称)は、おもに小学生、中学生を対象に学習塾を経営してきました。淀川(仮名)社長の考案したカリキュラムが評判となり、大阪エリアの難関中学、難関高校合格者数では、圧倒的な成績を残してきました。

やがて、淀川社長は、小学生未満の幼児を対象にしたインターナショナルスクールを設立しようと考え、1年かけて事業用地を確保しました。

そして、せっかく設立するなら、建物、設備もこだわり抜いたものにしたいということで、総額4億円かけて、インターナショナルスクールを建設したのです。

ところが、肝心の生徒が思うように集まらず、開校しても中途半端な運営になってしまうことが目に見えていたため、結局、建物設備は活用せずという状況が1年ほど続いてしまいました。その後、頭を抱えた淀川社長から相談の依頼が舞い込みました。

淀川社長「古山先生、この建物ですが、銀行から借金して、苦労して4億円もかけてつくりましたが、インターナショナルスクールの開校はさすがに諦《あきら》めました。それで、この建物、設備の売却に向けて動いています。しかし、色々な不動産業者を当たりましたが、なかなか買い手が見つかりません。どなたか、よい不動産業者をご紹介いただけないでしょうか?」

古　山「社長は、いくらで売りに出しているのでしょうか?」

淀川社長「5億円で売りに出しています」

淀川社長は、元を取ろうと建設費用よりも高い価格で売ろうと考えていました。

古　山「社長、その建物、全部、潰《つぶ》してしまいましょう!」

淀川社長「えぇ?!　どういうことですか?」

淀川社長の目は点になりました。

古山「そんな凝《こ》りに凝《こ》った建物設備は、2億円でも3億円でも、買い手がつかないでしょう。売ることばかり考えていると、時間ばかり経過するだけです。御社は、現在、営業利益が2億円出ています。今、すべて除却すれば、今期と来期、2年間法人税はゼロになりますよ。その分、キャッシュが溜まります」

これが、私たちがいうキャッシュフロー経営です。一見すると、損したように思えても、その分、40%は法人税が減るわけです。いわゆる「損して得とれ」ということです。

淀川社長は、せっかく時間と手間、お金をかけてつくり上げた建物設備を更地に戻すことに、ためらいはありましたが、その後まもなく、私たちの提案どおり実行に移しました。

1年後、淀川社長から手紙をいただきました。

「あのとき、アドバイスどおりに、除却を実行して本当によかったです。自分たちだけでは、決して考えつかなかった対策でした。おかげ様で、法人税の納税も減り、キャッシュフローは良くなりました」

資産を修繕費に変える

除却損と並んで、有効活用していただきたいのが修繕費です。

たとえば、地震、台風など災害にあった店舗を立て直すための投資は、修繕費となります。

一方で、災害以外の平常時に、現在の店舗、工場へ投資をする場合はどうでしょうか？

店舗や工場を魅力的なものにする、あるいは従業員がより働きやすくする、作業効率を上げるために改修投資が必要になる場合があります。

こうした改修投資の場合は、災害時の投資と違った判断になります。

この場合は、顧問税理士から次のように言われます。

「この投資をすると、店舗の価値が高まりますので、資産計上してください」

「この工事をすると、耐用年数が長くなるので、経費としては落とせないです」

しかし、経営者としては、修繕費で落とせるのであれば、落としてしまいたいものです。

何か良い方法はないのでしょうか？

ポイントは、エビデンス（証拠書類）を細かく分けることです。

先日も関西エリアでスーパーマーケットを経営している北野社長から次のような相談がありました。

北野社長「来月、店舗を改装する予定ですが、税理士からすべて資産計上しろと言われました」

古　山「この店舗は、比較的古めでしたね。オープンは15年くらい前でしたか？」

北野社長「はい、わが社の店舗の中でも2番目に古く、20年近くが経ちます。さすがに店内もくたびれてきたので、床の貼り換えなど、改修工事をしようと考えています」

古　山「投資額はいくらぐらいでしょうか？　床はどんなものに貼り換える予定ですか？」

北野社長「投資額は2千万円くらいかかります。床は今より高級な材質を使います」

古　山「わかりました。ところで、貼り換え予定の床は、これまで使ってきたわけですよね？　今回は、高級な材質の床に貼り換えるわけですが、これまでの床は相当傷んでいます。だから、今回の工事は、原状回復工事と、床の価値を高める工事に分けられますね。少なくとも、原状回復工事については、修繕費として損金で落としましょう。現在の床の状況、写真を記録しておいてください。それから、建設業者からの見積書、契約書、請求書をすべて、分けてもらいましょう」

北野社長「どうして分けなければいけないのでしょうか？」

古山「何も言わないと、改修工事一式といった書類が送られてきます。そうならないために、原状回復工事と改修工事の2枚用意してもらいます。税務調査のことを考えれば、細かく分けておいたほうが、後々説明がしやすいですよ」

北野社長「この店舗の駐車場、ほら、あそこですが、あれを先月に工事したんですよ。地面が歪《ゆが》んでいましたし、ラインも剥《は》げていましたのでね。しかし、うちの顧問税理士から、修繕費で落とせないって言われましたね。いや、うちの税理士は、元税務署長なんですが、なんというか、堅いんですよ…」

古山「社長、この工事は、まさに原状回復そのものですよ。当然修繕費です」

北野社長「いやいや、私だってそう思うんですけど、納得しないんですよ」

やっぱりどの会社でも、こうした修繕工事をめぐる争いというのはあるのです。

古山「工事業者に依頼して、見積書から契約書、請求書も原状回復という名目にしましょう。べつにこれは取引を偽装しているわけでも何でもないですよ。実際にそうなのですから」

アドバイスどおり、北野社長は現状回復という名目で書類一式を手配。そのうえで、この書類を税理士に見せたところ、あっさり「修繕費でいけますよ」となりました。もちろん、その後にあった税務調査でも何も問題ありませんでした。

修繕費で計上するためのキーワードは、「原状回復工事」です。

余談になりますが、エビデンスを細かくするということでいえば、「**少額減価償却資産の特例**」を上手に使っていただきたいです。

次のようなケース、どう処理されますか?

①パソコンとソフトを8万円で買った場合
②15万円の場合
③32万円の場合

まず①の「8万円で買った場合」ですが、1台10万円未満なら、すべて経費として落とすことができます。

次に②の「15万円の場合」ですが、10万円以上は、原則として固定資産に計上して、4年かけて減価償却します。

しかし、資本金が1億円以下の会社には、「少額減価償却資産の特例」があります。

これは、取得した資産が1台30万円未満であれば、全額償却できるという制度です。

では③の「32万円」の場合は、いかがでしょうか？

これは、さすがに全額償却はできません。

みなさん、「パソコン1台32万円」として、減価償却をおこないます。

しかし、32万円を次のように分けたらどうでしょうか？

パソコン本体29万円、ソフト3万円。

こうすれば、パソコン本体もソフトも全額償却できます。

20万円の機械を10台買ったら、機械一式200万円でなく、1台ずつ処理しましょう。

税務調査で見られる見積書、請求書に注意を払えば、節税のチャンスは広がります。

赤字は累損として10年繰り越しできます

大きな損失を出して所得（税引前利益）を赤字にすると、税務の世界においては、「欠損金」が発生します。

ある年に所得（税引前利益）が赤字になると、翌年以降で所得が黒字になっても、最大で10年間は、この所得を減らせる（＝税金が減る）という制度があります。

将来に繰り越す欠損金のことを「繰越《くりこし》欠損金」と呼びますが、これがなくなるまでは、税金は発生しないというわけです。

たとえば、ある年に10億円の繰越欠損金が出たとします。翌年以降で、毎期2億円の利益が出た場合は、5年間は税金を一切払わなくてよいということです。これを図で示したのが、次ページ第5表です。

この繰越欠損金は、税務特有の制度のため、損益計算書には載っていません(税務申告書に載ってきます)。この繰越欠損金を使うことで、大赤字を出したとしても、キャッシュフローを良くすることが可能となります。つまり会社にお金を増やすことができます。

この繰越欠損金を使ったキャッシュフロー対策は、実際にやってみないと、なかなか効果を体感してもらえません。

一方で、不動産の売却、あるいは高額退職金などで大赤字を出し、その期を含め、数年にわたって法人税ゼロとなったオーナー社長からは、その凄《すご》さ、キャッシュフローへの貢献を身をもって感じてもらえます。つまり、それくらい税金は高いのです。

私たちがお付き合いしている社長は、特別損失を使って赤字になると喜びます。

赤字を出しても、営業利益、経常利益がプラスであれば、銀行や格付会社からの評価が落

第５表　繰越欠損金の仕組み

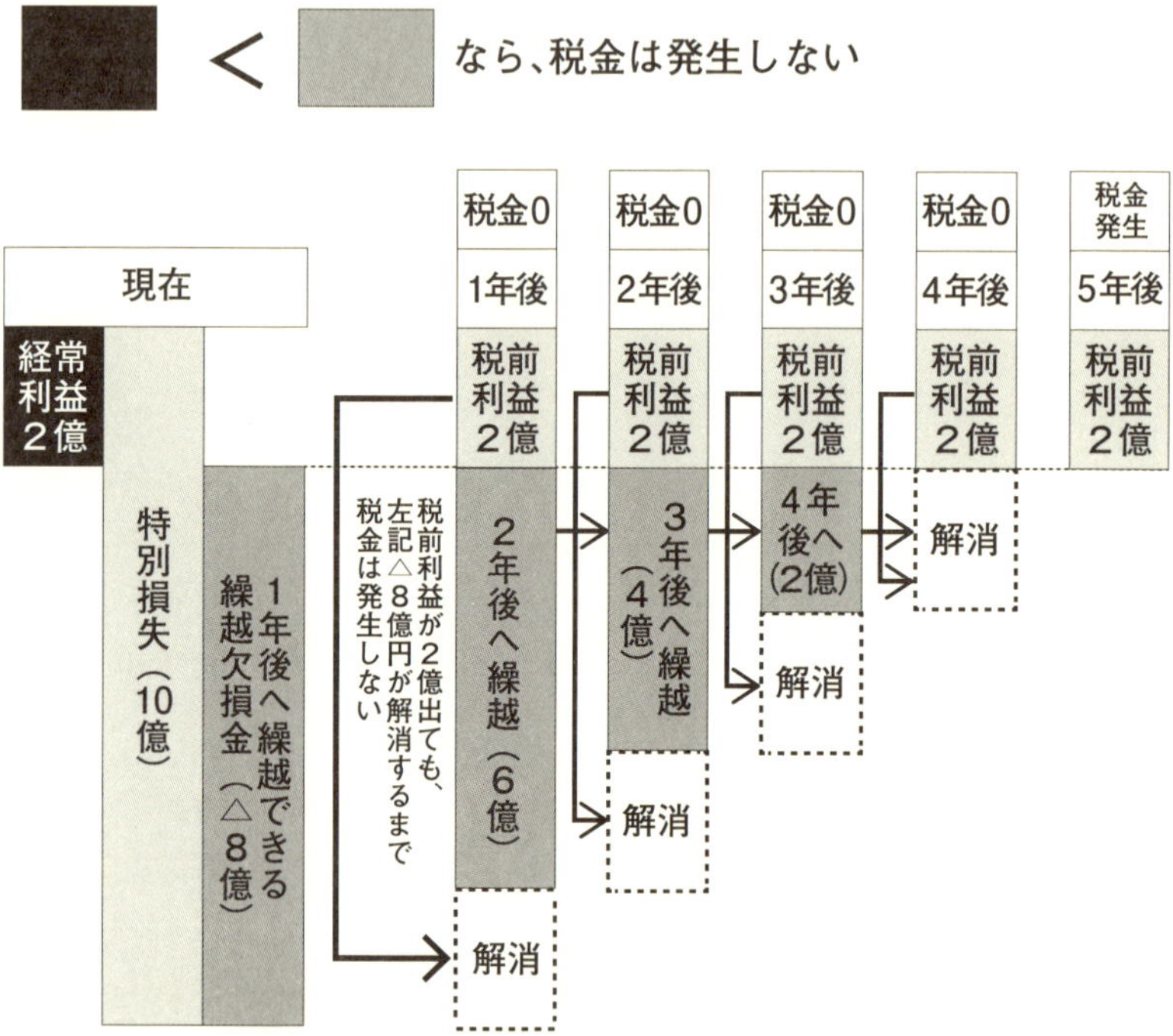

> たとえば、不動産を売却して、たくさんの売却損失を出せば、
> 翌年以降、法人税が発生しません。
> つまり、会社にお金がたまります。
>
> たくさんの売却損失は、「特別損失」にしておけば、銀行からの
> 評価も下がりません。

“大赤字”というと、悪いイメージがあるかもしれませんが、キャッシュフローの観点からは、繰越欠損金を上手に活用することがとても有効です。

ちず、一方で、納めるべき法人税を減らすことができると身をもって体験しているからです。

中には、「先生、とても残念です。もう何も落とすものがありません。きれいにしすぎました。ついに、法人税を納めるべきときがきました」と言う社長もいらっしゃいます。

ぜひ、読者のみな様も、積極的に特別損失による赤字を出して、繰越欠損金を使って、キャッシュを増やしてください。

②現預金を過剰に持たない

面積グラフを作成すると、左上の現預金が異様に多い会社があります。

「うちは現預金に余裕があります」と社長は言います。しかしながら、全体を拝見するとその分、短期借入金がしっかり計上されています。

要は、現預金があるというものの、ほとんどが借金なのです。

「どうして借りてまで現預金を持つんですか？」と尋ねると、

「何かあったときのために…」

「銀行から、万一に備えて持っておいても邪魔にならないと言われて…」

「借りられるときに、できるだけ借りたほうがよいという本を読んで…」

など、さまざまな理由が返ってきます。

しかし、借りてまで過剰な現預金を抱えても、

・毎月の返済は発生する
・毎月の金利支払いも発生する
・総資産が膨らみ、自己資本比率、総資産経常利益率など、銀行交渉に重要な経営指標を悪化させる

など、返って体力を弱めるばかりです。

銀行から借りて備えるのではなく、いつでも借りられる状態に備えて、平常時は借りないことです。そのほうが、金利での現金流出もなく、手残りが多いのです。

「マサカの坂」のときに銀行が本当に貸したいのは、そのような会社です。

日頃から借りまくって現預金を蓄えている会社に、それ以上貸したいなどとは、銀行は思

いません。貸すならそれなりの条件を加えて、ということになります。金利は上がり、保証協会への保証料も要求するでしょう。

それをまた社長は都合よく勘違いして、

「これだけ借りていてもまだ貸してくれる」

「うちはやはり銀行から信頼されている」

などと考えてしまいがちです。

いつでも貸しはがしやすくされていて、高い利息を払わされていることに気づいていません。

「**現預金は基本、月商の2分の1程度にせよ**」と言い続けています。ギリギリの現預金で回す資金繰りができていれば、その会社の経理財務担当はかなり優秀です。

借りてまで現預金を膨《ふく》らますより、はるかに難しい「マサカの坂」に備える筋トレが、日頃からできています。

「現預金は月商の何倍分あるのか?」

「その現預金のうち、借入金はどれくらいあるのか?」

経営者自らも確認してください。

20年の時を経て、総資産の7割を削った会社

東海地区で食品調味料を製造するオオシマフーズ(仮称)は、戦後まもなく創業し、3代目の大島(仮名)社長が継いでおられます。3代目として継いだのは2000年、2代目社長が会長となり、45歳で社長に就任されました。

当時の年商は32億円。貸借対照表の総資産も32億円だったそうです。社長就任後に初めて決算書を見せてもらうことができ、まず借入金の多さに驚きました。

大島社長も、「短期・長期借入金を合わせて22億円！こんなに借りていたのか！」と正直思ったそうです。

「たいへんな会社を継いでしまった…やっていけるだろうか…」

年商の半分以上の借入金額であり、総資産32億円のうち、22億円が借入金でまかなわれていたのです。大島社長が不安を感じるのは当然です。

社長就任時を振り返る大島社長がしみじみと語りました。

「古山先生、当時の決算書を面積グラフにしてみたのですが、見ます？」

「それはぜひ、見せてください」

こちらも興味津々です。それが、次の第6表の面積グラフです。

第6表　オオシマフーズの貸借対照表面積グラフ

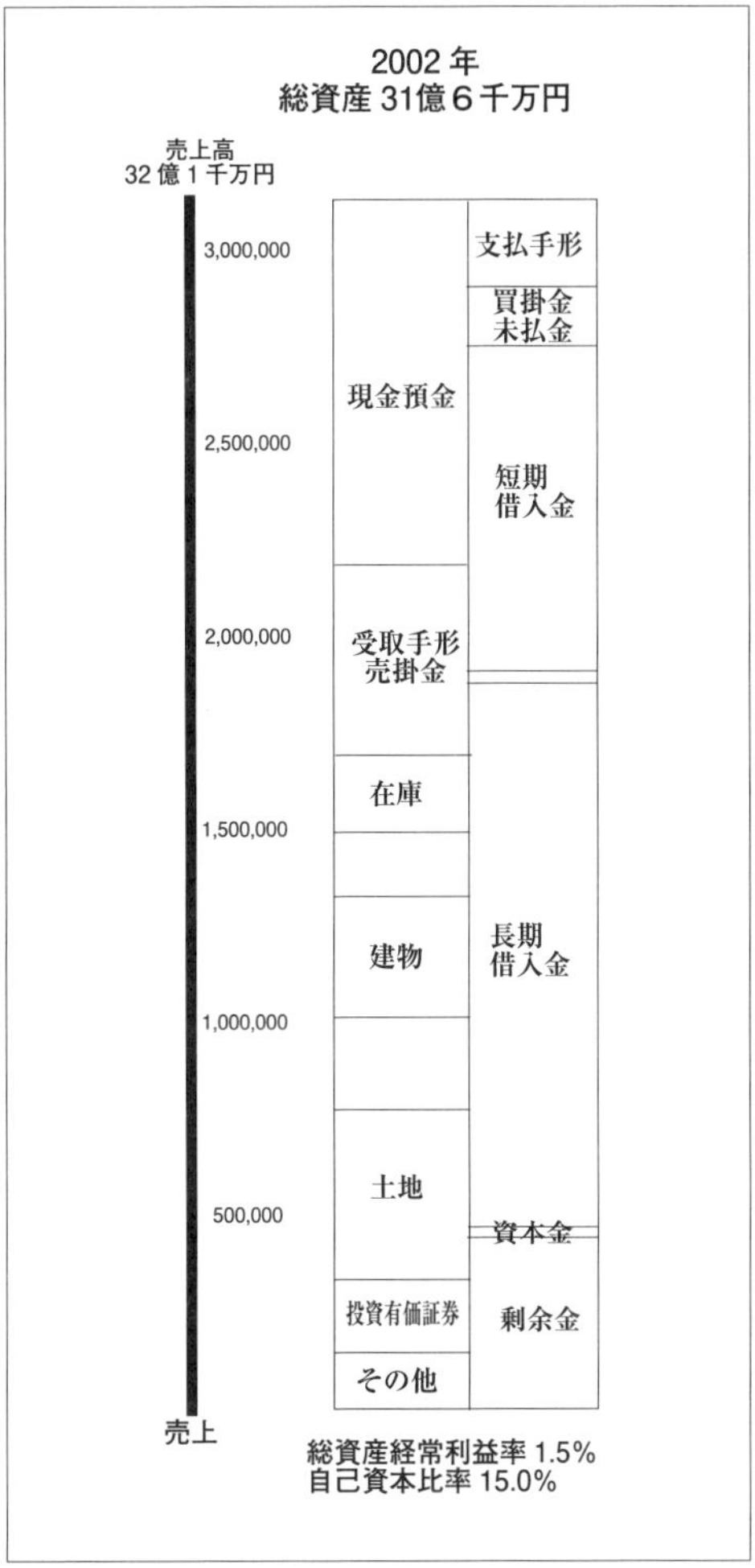

これを見て思わず言いました。

古山「うわあ、これはかなりの重症ですね。とにかく、こんなに現預金があるなら借入金を返せばいいものを、どうして放置していたんですか？」

大島社長「先代社長はそれこそ『銀行からは借りられるだけ借りておけ』とよく言ってい

ましたから、その結果ですよ。今から思えば、ＩＣＯさんがよく言う完全な〝銀行サマサマ病〟です」

古　山「先代から社長交代して、大島社長は借入金を返そうとしたんですか？」

大島社長「もちろんしましたよ。井上和弘先生の書籍『儲かるようにすべてを変える』（日本経営合理化協会刊）を読んだあとでしたから。そしたら会長からさんざん言われて、すぐにはできなかったんです」

古　山「会長はそのとき、なんて言われたんですか？」

大島社長「こんな風に言われましたよ」と、会長とのやりとりを再現してくれました。

会　長「ばかやろう！　この借入金があるから銀行は追加でいつでも貸してくれるのに、なんてことをしようとするんだ！　借りたものを早く返すなんて不義理なことをして、そのあと貸してくれなくなったらどうするんだ！」

大島社長「お言葉ですが、私はＩＣＯの本に書いてあることをしようとしているんです」

会　長「そんな、本当の経営を知らないコンサルタントが書いた本なんか信じなくてもいい！　俺の言うとおりにやればいいんだ！　借入金を返すより、もっと営業を強化して売上を上げることを考えろ！　それがお前の仕事だ！」

大島社長「それはもう、さんざんな言われ方でしたよ」

大島社長は、思い出すのもつらそうでした。日本経済が右肩上がりで、銀行優位の時代を経験してきた先代経営者にすれば、その当時、「たたむ・削る・変える」などという考え方は異端であり、とうてい理解できなかったのです。

大島社長「それに聞いてください。この現預金より、もっと大きな問題があったんです」

古山「えっ、何ですか？」

大島社長「このときの売掛金や在庫には、デタラメな数字が含まれていたんですよ」

古山「まさか、粉飾ですか？」

大島社長「お恥ずかしい話、そうなんです」

古山「なんでまた、そんなことをしていたんですか？」

大島社長「会長は『絶対に赤字決算はダメだ。そんなことをしたら銀行から見放される』と思い込んでいたみたいです」

古山「本当に典型的な銀行サマサマ病ですね」

誰にも言えないことを話せた安堵感からか、大島社長は堰《せき》を切ったように話を続けました。

大島社長「他にもあるんです」

古　山「まだあるんですか！」

大島社長「この際だからお話ししますが、固定資産のところに有価証券がありますでしょう」

古　山「はい、確かにありますね」

大島社長「これは全部、その借入をしていた銀行の株だったんです」

古　山「ええっ！　じゃあ、その株を買うために、その銀行からお金を借りていたんですか！」

大島社長「そうなんです。考えられない、とんでもない話でしょう」

古　山「銀行もヒドイですね。会長が銀行サマサマであるのをわかっていて、お金を貸してまで、その銀行の株を買わせたんでしょうね」

大島社長「そうだと思います。それに、会長は当時、その銀行の取引先で構成する顧客会の会長をしていたので断れなかったみたいです」

古　山「その銀行の株はどうなったんですか？　最近の貸借対照表にはありませんが…」

大島社長「株を買った数年後に、その銀行が破綻して紙くずになりました。残ったのは借金だけです。銀行はそうなるのをわかっていて売りつけたんだと思います。つくづく銀行というのは、自分たちのことしか考えていないなと思います」

この銀行株の一件から、会長は徐々に、後継者である大島社長に経営を任せるようになりました。自分が間違っていたことに気づいたのだと思われます。

大島社長はようやく、「たたむ・削る・変える」を実行できるようになっていったのです。

ＩＣＯではよく、「特別損失を計上して損を吐き出してください」と申し上げますが、オオシマフーズの貸借対照表は、特別損失のネタだらけだったのです。その損失を、10年、15年の年月をかけて処分していったのです。

粉飾決算で膨《ふく》れ上がった売掛金や在庫は、目立たぬよう少しずつ処分していきました。余分な借入金は返済し、含み損のある土地・建物は別会社を設立して売却しました。売掛金の回収が遅い売り先に交渉し、入金までの期間を縮めました。受取手形で支払う取引先には、売掛金での取引に変更を依頼し、これも回収期間を縮めることができました。

さらに貸借対照表の改善だけではありません。損益計算書の改善にも取り組みました。

多すぎる人員数をじわじわと減らし、売上金額は大きいものの、利益の出ない売り先には値上げを交渉する。値上げが通らなかったら取引をやめる。仕入れ価格の交渉をやり直して原価を下げる。配送コストがかかりすぎる遠方への売り先を見直す。ホームページを刷新して、新規顧客からの問い合わせがくるようにする、などなど、さまざまな手を打ち、変動費率を下げ、固定費を下げていきました。

大島社長の20年の戦いのあと、同社の貸借対照表面積グラフは次ページの第7表のように変わりました。

ご覧のとおり、総資産が劇的に縮みました。余分な資産はまったくといってよいほどありません。20年前と比べると、総資産は約7割縮んだのです。そのうえ無借金です。

売上高は32億円から19億円へと減ったものの、経常利益率は高くなり、収益性を示すROA（総資産経常利益率）は20年前の約10倍です。自己資本比率も15％から76％へと劇的に向上しました。

オオシマフーズは、これ以上ないといっていいほどの盤石な財務体質へと変貌したのです。

20年前の面積グラフと直近の面積グラフを比較して見ながら、大島社長は、

「20年前は、売上が大きいといっても、毎日が資金繰りとの戦いでした。これだけの借入金があれば当然ですよね。売上高は縮みましたが、今は無借金なので、資金繰りのことを気にせず、他のことに力を注ぐことができます。あの頃のわが社は、ムリに背伸びをした経営

第7表　オオシマフーズの貸借対照表 面積グラフの変化(2002年→2022年)

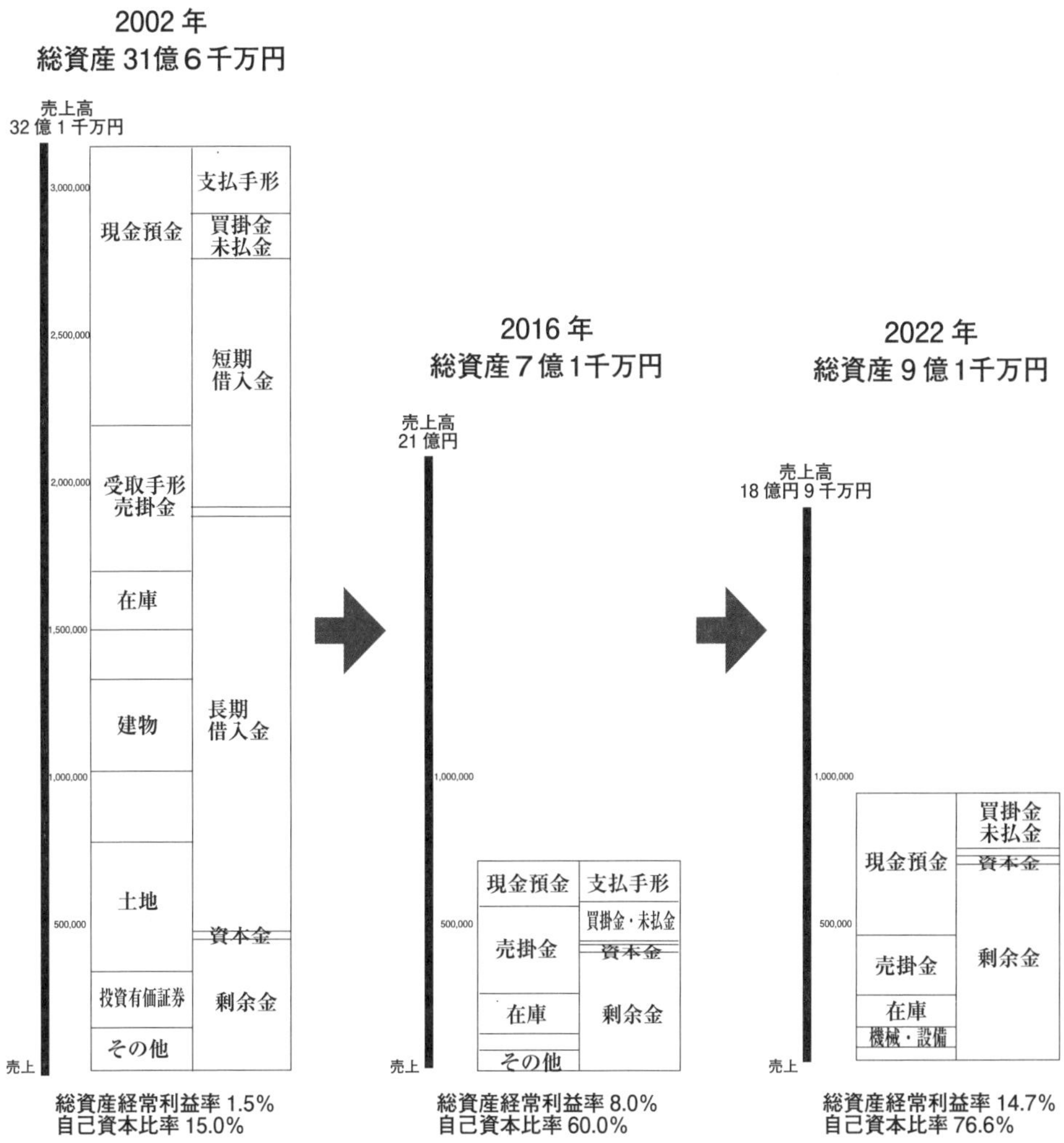

をして、自分たちを追い込んでいたとしか思えません」

大島社長がおっしゃるとおり、20年前と比べて売上高は大きく下がったものの、収益体質は良くなり、キャッシュフローも見違えるように改善されました。

古山「銀行は最近、どう言ってくるんですか？」

大島社長「それが不思議なもので、頻繁《ひんぱん》に連絡してきては、『お金を借りてください』と言ってくるんです。本当に先生が本で書いているとおりです。無借金の今のほうが、うるさく言ってきますよ。借りていないと借りられないなんてことは、絶対にありませんね」

大島社長は今、「たたむ」「削る」「変える」で生み出された潤沢な現金を、次代の新工場設立へ向けて活かし、後継者へ経営のバトンを渡す準備を着々と進めておられます。

なぜそんなにも現預金を持ちたがるのか

いろんな会社の貸借対照表を拝見すると、現預金が月商の2倍、3倍ある一方で、負債に長短借入金がどっさりあるというケースをまだまだ見かけます。

「なぜ、借金をしてまで現預金を抱えるのですか？」と聞くと、「何かあったときのために」と言われます。

しかし、借金をして過剰な現預金を抱えることだけが、その対策ではないのです。ICOでは、次のものを対策としておすすめしています。

当座貸越枠を活用しなさい

「何かあったときのため」の銀行調達は、通常の短期・長期の借入金だけではありません。「当座貸越契約」という融資方法もあるのです。

銀行との当座貸越契約で、すぐに借りられる上限金額を設定してもらいます。それが5千万円なら、上限5千万円までの金額を、企業側はすぐに借りることができます。少なくとも2~3日以内までには借りられます。

当座貸越契約をしていれば、普段から借入金を抱える必要はありません。取り急ぎの資金が必要なときだけ、銀行に連絡して、上限範囲内の金額で借りればいいのです。そうしておけば、普段から現預金や借入金の残高が必要以上に多いということはなくなります。総資産を小さくしておくことができるのです。

総資産が小さければ、自己資本比率、総資産経常利益率など、経営指標が良くなります。そして何より、余計な金利を日頃から支払うことはないので、金利での現金流出を減らすことができます。

ただし当座貸越契約は、銀行との契約の中ではハードルが高い契約です。「当座貸越契約をお願いします」と要望するところから始まりますが、「はい、わかりました」とすぐにはなりません。

銀行審査部を通して、当座貸越契約の承認が必要になります。さらにその際に、上限いくらまでなら当座貸越契約OKなのかが判定されます。そのあと、金利の条件設定に入ります。こちらが「1億円で上限設定をお願いします」と依頼しても、額を決めるのは銀行側です。もちろん、財務状況が良く、格付け（スコアリング）が高い会社ほど、スピーディーに当座貸越契約が決まり、条件もいいです。

逆に、当座貸越契約を申し入れて、銀行からNOの返事なら、財務状況が悪いと判断されている証拠です。つまり、大して信用されていないということです。そういう会社には、短期借入金で対応したり、定期預金をすすめてきたりします。

結局、借金をして現預金を過剰に抱えている会社は、銀行のいいように転《ころ》がされているだけです。早くそのことに気づき、他の手立てに変えてほしいものです。

倒産防止共済を活用しなさい

経営者に「何かあったときの何かとはなんですか?」とお聞きすると、災害、取引先の倒産による回収不良などを挙げられます。

そのような事態に備えるのが、「経営セーフティ共済」、通称「倒産防止共済」といわれるものです。政府系の中小企業整備機構が運営しています。

年額最高240万円、累計で800万円まで掛けられます。**全額を損金計上できます**。災害や取引先倒産、売上回収不良などが発生したときに、掛け金の10倍、最高8千万円までを、無担保・無保証で借りることができます。これだけでも、「マサカのとき」に役立つ商品です。

それに借りなくても、不測の事態のおりには掛け金を解約してすぐに返金してもらうことができます。コロナ騒ぎで緊急事態宣言が出されたとき、多くの顧問先が、解約で800万円を返してもらいました。子会社も含めて4社ある会社は、それだけで3,200万円でした。「大いに助けられました。入っていてよかったです」とのお声を聞きました。

解約したあとは、もう一度加入して、掛け金を積み上げることができます。申し込むには、インターネットで『経営セーフティ共済』を検索し、申込書をダウンロードして必要事項を記載し、ポストに投函します。記入例も詳しくあるので簡単です。

掛け金は解約すれば戻ってくるし、マサカのおりには、無担保・無保証で資金調達できるのです。その非常時の借入金にのみ金利はかかります。銀行借入で現金を抱えるときのように、平常時における金利での現金流出もなければ、総資産が膨張することもありません。

中小企業にとっては、いいことずくめの制度です。未加入の会社は、絶対に入っておくべき制度といえます。

生命保険を解約しなさい

コロナ禍に突入した直後、顧問先でパチンコホールを運営する会社が大打撃に陥りました。当初、パチンコ店がクラスターの原因になっているなどといった風評被害もあって、その業績被害は甚大でした。日銭が入る商売とはいうものの、導入した遊技機の支払い、銀行借入返済など、待ったなしの状態の支出がいくつもありました。

そのときに、生命保険を数本、解約しました。申し入れて3日で振り込まれました。その解約返戻金で、当面の資金繰りを切り抜けました。同時に、コロナ融資の手続きも進めて融資を受け、資金繰りの危機を乗り越えたのです。

その会社は、利益が出ていたころに、全額損金の生命保険をどんどん増やしていました。

解約返戻金の出口としてどう処理するのかということが課題でした。当初、先代の退職金支給時に全部解約して相殺する予定でした。そのおりにコロナ禍がやってきたのです。

業績が大赤字に入ることは明確だったので、保険解約金が営業外利益に計上されても、最終利益がマイナスになることは、はっきりしていました。まさに、「何かあったとき」に役立ったのです。

法人での役員生命保険は、会社の金融資産です。とくに損金計上した保険料は、貸借対照表には入らず、簿外資産となります。

現状は保険料の最大4割までが損金計上可能ですが、2018年以前は、全額損金計上の保険商品がたくさんありました。全額損金保険を活用したという方も多いと思います。それら損金計上の保険は、有効な簿外金融資産です。解約すれば、3日ほどで着金するのです。わざわざ銀行借入をして、現預金を日頃から積んでおく必要はないのです。そのような生命保険の簿外資産があれば、それでいいのです。

それこそ、マサカの坂のときに使えばいいのです。そのためには、自分の会社の生命保険の解約返戻金がいくらあるのか、すぐに確認できるようにし、把握しておいてください。

③回収期間を縮める

貸借対照表から面積グラフを作成すると、売掛金や受取手形の面積が大きく、パッと目につく会社があります。要は、売上の回収期間が長いのです。月商の3倍、4倍、それ以上というケースもあります。

回収期間が長いと、当然、その間の運転資金が必要になります。そのため短期借入金が増え、金利も支払わなければなりません。総資産も膨らみ、自己資本比率は下がります。

「回収期間を縮めてください」とお願いしても、「うちの業界ではなかなか」「以前にも取り組みましたが、ダメでした」など、簡単にはいきません。

あるいは、営業担当が、「回収を早めるなんて、そんなことを言って、売上が減ったらまずい」と考えて実際には満足な取り組みができていなかったということもよくあります。

経営トップが、「売上が減ってもかまわない！」と本気で伝えなければいけません。営業担当は本音のところ、お客様にお金の話をすることを嫌がります。

しかし、「回収期間の長い会社をランク付けして、改めてお願いに伺ったら、そのうちの数社は応じてもらえました！」などということが実際によく起こります。

とくに、回収期間が長く、取引額も大きい売り先だと、資金繰りにおける効果は大きく、それだけでも短期借入金が減少します。

加えて、今は大手企業にとって、下請けへの支払いが遅いということは、コンプライアンス遵守《じゅんしゅ》に反することとなるので、以前に比べて柔軟な態度に変わってきています。

いずれにせよ、「マサカの坂」に陥ったとき、回収期間が長い会社だと、通常の運転資金に加えて、さらに資金調達が必要になるケースが多いです。となると、借入金はますます膨《ふく》らみます。それこそ、「いつになったら返せるんだろうか…」くらいの金額に借入金が膨《ふく》れ上がってしまいます。そうなると、経営者は不安が先行し、判断が鈍《にぶ》ります。そのような状態に陥らぬよう、回収期間の短縮に真剣に取り組んでください。

売掛債権は、回収期間が長すぎると運転資金が必要になり、金利を食っていく資産になってしまいます。

「売掛債権回収期間」という経営指標があります。

（受取手形＋売掛金）÷平均月売上高＝○○カ月

売ったけれども、まだ使えるお金になっていない金額が月商の何倍あるのかという指標です。この数値が大きいほど、資金繰りが厳しく、運転資金を短期借入金で借りるなど、資金調達が必要になります。総資産は膨らみ、余計な金利も発生します。せめて1.5カ月以内にはしたい経営指標です。

ある会社でのことです。

「受取手形をやめて、まずは売掛金に変えてもらおう。月末締め後、手形で90日を、売掛金で60日にお願いしよう」と動きはじめました。

紙で発行する約束手形は２０２６年には廃止になります。そのことも含めて文書で伝えながら、社長みずから、先方の社長に条件変更の交渉に参じました。

すると、先方の社長が「えっ、今どきそんなことになっていましたか！　それは失礼しました。もう手形はやめて、月末締めの翌月末払いにさせてもらいます」と、考えていたよりも良い条件にすんなり切り替わったのです。

あとから聞くと、これまでにも営業担当者が、先方の担当者に条件交渉の働きかけをしていたそうですが、そんなことは先方の社長の耳に入ってもおらず、うやむやに済まされていたのです。

営業担当者は「取引を切られたくない」、先方担当者は「支払い条件を悪くする報告をしたくない」ということで、お互いに表面的なやりとりになっていたのです。

その売り先は、売上高の上位5社に入る取引先でした。その回収期間が縮まったのです。後日、資金繰りはどうかと、社長に聞いてみると、

「いやぁ、あそこの回収が縮まっただけで、資金繰りがいっぺんに楽になりました。他の取引先にも交渉をしていきます」

この例からもわかるように、「うちの業界では受け入れてもらえない」「前にもお願いしたけど、全然ダメだった」などと決めつけずに実行してみることが大事です。

世の中は変わってきています。今までは、なれあいの交渉で済まされていたかもしれませんが、下請法への対応を中心として、「支払いをもっと早くしなさい」という風潮が日本の

経営にも表れてきています。

外国人の投資家からすれば、日本の商習慣としてこれまで通用していた、できるだけ支払いを遅くするということが理解できないので、支払いが遅い会社は資金繰りに問題あり、となるのです。

日本や韓国以外の国では支払いが早いので、回収も早くなります。その分、総資産は小さくなります。商習慣的に、「持たざる経営」が成立しているのです。

その流れがグローバルスタンダード(世界標準)として、日本の商習慣も変わってきているのです。

④在庫を減らしておく

流動資産の中に、「在庫」いわゆる「棚卸資産」がある商売は多くあります。

しかし前項の売掛金と同様に、多ければ多いほど運転資金を必要とします。

メーカーだと、原材料、仕掛品、製品など、複数の勘定科目で貸借対照表に記載されます。

それらは全部「在庫」＝《イコール》「棚卸資産」です。当然、多ければ多いほど、原材料の業者に支払う金額は大きくなります。

また、仕掛品や在庫が多いと、売ってお金が入ってくるまでの期間が長くなります。その時間差（タイムラグ）を補うために、在庫が増えた分だけ、運転資金が必要になります。そうなってしまうと、短期借入金が増え、金利も支払うという状況に陥ります。在庫が多いと、

- **使わなかった材料の廃棄ロス**
- **使ったけれど歩留まりで発生するロス**
- **仕掛品・製品の不良ロス**
- **仕掛品・製品の廃棄ロス**

など、ロスも増えます。

また、保管場所の賃貸料、運搬費用、管理にかかる労務コストも増大します。

とにかく在庫はコストの塊《かたまり》、金食い虫です。在庫を減らして在庫の回転を良くすれば、ムダなコストが減り、お金の回りも良くなります。「マサカの坂」に陥ったとき、たくさんの

在庫を抱えている会社は、一気に売れなくなるので大変です。

さらに悪いことに、その在庫の支払いや、運転資金の借入金返済は、待ったなしでやってきます。

つまり、少ない在庫で運営できるようにしておくことは、「マサカの坂」への危機管理対応なのです。コロナ禍においても、春物在庫を大量に抱えていたアパレル会社がバタバタと倒産に追いやられました。消費が蒸発し、資金繰りのメドが立たなくなったのです。運転資金を融資していた銀行も、消費回復の見込みが見えない故に、短期の追加融資をしませんでした。

「銀行は、晴れの日に傘を貸し、雨の日に傘を取り上げる」という言葉の典型事例です。在庫が必要な業種の会社は、生き残りの生命線として、在庫圧縮に取り組み続けてください。

在庫には大きく3種類あります。

①ランニングストック…普段から動いている在庫
②スリーピングストック…日々は動かないが、ときどきは動く在庫
③デッドストック…まったく動かない在庫

①と②は極力減らし、③は随時処分する、ということを心がけてください。

特別損失にして廃棄する

季節商品やブーム商品の売れ残りが出てきたら、「セール品にする」「福袋にする」、それでも残れば「社内販売にする」といった流れが、今も世間の様子から垣間見えます。でも結局それなりに売れ残ります。そんなとき、「どうしても売れ残ったのなら、特別損失にして廃棄してください」と申し上げています。

しかし、「その会計処理は、どうすればいいのでしょうか?」という質問を、今もときおり受けることがあります。

「今はどのような処置をしているんですか?」と聞くと、

「この商品はもう売れないから処分しようという場合、棚卸表に書かないというやり方で処置して廃棄しています」と教えてくれます。

「その方法だけだと、原価に入るでしょう」と言うと、「そうなんですよ、だからわからないんですよ!」とおっしゃるのです。

「その原価から、廃棄分の額を棚卸資産除却損として、特別損失に振り替える伝票を一枚きればいいんですよ」とお伝えすると、「そうか！　振り替えか。わかりました！」となります。

月次決算のときか、年次決算のおりに、振替伝票を作成し、原価から特別損失に移動させればいいだけのことです。

単純な処理ですが、やったことがなければ、わからないものです。

廃棄分が原価に入ったままだと、その分、営業利益が小さくなってしまいます。銀行への交渉力を高めるためには、営業利益を減らしたくないので、廃棄商品などのコストは、特別損失に計上したいのです。

しかしそもそも、不良在庫が出ないようにしてほしいものです。売れ残ったら売り値を下げるという発想ではなく、「売り切り御免で在庫を残さない」という考え方に変えてほしいのです。

どのような業種であれ、必要以上に在庫を抱えて対応できたのは、ずっとデフレだったからです。あらゆるコストが上がってきた今後、これまでと同じ発想の作り方・売り方では、財務体力は衰える一方です。

在庫に対する考え方を、大きく転換させる時期にきています。

販売計画をうのみにしない

多くの場合、季節商品やブーム商品をどれだけ販売するかは、営業部門が販売計画を立てます。そしてその販売計画に基づいて、生産計画を立て、購買部門が発注をかけていきます。

そこで気をつけないといけないのは、販売計画をうのみにしてはいけないということです。営業部門が販売計画を立てると、「売りたい」願望が計画数値に反映します。販売時期が終わって結果を見ると、計画どおりに売れたということはほとんどないのです。

私もサラリーマン時代、季節ものの発注には悩まされました。販売計画どおりの発注ではロスが出るので、前年と前々年の計画と実績数値の乖離《かいり》を見ると同時に、直近の販売成績の動向を見ながら、発注・生産数の予測を立てていました。そのうえで、発注ロットを大きい数と小さい数で、見積を業者に依頼していたのです。

最初の発注ロットは、そこそこ大きくても構いません。しかし、販売時期の半分を経過すると、今度は最終の販売数の着地点を予測します。そうなると、大きなロットでは対応できなくなるので、あらかじめ、小さなロットでも見積をとっていたのです。ロットが小さくなると、当然、仕入れ単価は上がります。

しかし、大きなロットで注文しても、結局売れなかったら、残った分は全部ロスです。ならば、単価が高くなってもいいから、ロスを出さない発注に注力していたのです。

それでも多少のロスは出るので、最終的に出たロスは廃棄し、棚卸資産除却損として、特別損失に計上していました。

ただ、在庫を減らせば、ロスは減るのです。営業の販売計画をうのみにせず、在庫とロスは最小限におさえてほしいものです。


顧問先の設備工事業者の例です。

工事に必要な部品・資材は、各工事現場の担当責任者が発注します。その会社では、必要部品や資材を注文した際、納品後、必要以上のものは、半額で同じ業者に引き取ってもらっています。

たとえば、4個必要な部品があったとして、その部品の最小の発注ロットが6個だったとします。2個は余分です。でも、6個単位でしか発注できません。その余分の2個を、工事終了時に、納品業者に仕入れ額の半値、あるいはそれ以下で引き取ってもらうのです。

その会社がそのようなことをやりはじめたのは、ある経緯があります。以前は、2個余分があれば、それはまた別の工事現場で使えるから、という理由で、別の倉庫に保管していました。現場ごとに余分は出るので、倉庫はすぐにいっぱいになります。

しかし、その倉庫に保管していた予備の部品が使われることは、実態としてあまりなかったのです。結局、別の現場では、新たに発注していたのです。また、たまに倉庫にある部品を使おうとしても、「探すのに手間がかかる」「時間の経過で使えるものと使えないものがある」という状況だったのです。

結局、倉庫に保管していた予備部品を廃棄していました。

「そんなことなら、家賃を払って倉庫を借りても意味がないじゃないか!」となり、「在庫は残さない」という現在のやり方に至ったのです。要は、在庫を抱えると余計に高くつく、ということに気づいたのです。

残った部品や資材を、「また使えるから」という理由でどこかに保管しているという中小企業はまだまだ多いです。しかし結局はそのほうが高コストになっているということに、早く気づくべきでしょう。

過剰な在庫は子会社へ売却する

前述したとおり、在庫は大きく3種類に分かれます。常時動いている「ランニングストック」。ときどき動く「スリーピングストック」。ほとんど動かない「デッドストック」の3つです。

しかし1年に1回くらいしか売れませんというのなら、それはもう「デッドストック」です。なのに、「デッドストック」に該当するようなアイテムを、在庫として大量に抱えている場合があります。それだけで、棚卸資産が増え、総資産が大きくなります。

「これはもうほとんど動かない」というデッドストックがあるのなら、その在庫を自社で抱えず、子会社へ売却すればいいのです。

「いくらくらいで売却すればいいのでしょうか?」とよく聞かれますが、目安は売価1割弱程度です。

たとえばアパレルです。

インターネットで調べれば、買取相場がわかります。おおむね、「定価の10%程度」と記載されています。それが世間の取引相場なら、その画面を保存し、その相場をもとに、「この価格に決めました」とすればよいのです。

他にも、銀行が不良債権をサービサーへ売却するのは、その不良債権額の10%なので、もしインターネットで買取相場を見いだせないものなら、不良在庫金額の1割程度でかまいません。

売却すれば、1割を回収できて棚卸資産売却損を計上できるのです。そして、子会社へ売却しても倉庫にそのまま置いておき、売れたときにまた子会社から仕入れればいいのです。そうすれば、デッドストックは子会社で抱えたまま、その在庫がたまに売れたら仕入れて、販売することができます。

「在庫はなくしたいが、どうしても発生します」というのなら、在庫の財務基準を明確にするべきです。「1年以上滞留している在庫は売却することを原則とする」といったことでよいのです。

何らかの社内規定を基準に定期的に処理をしているということであれば、節税のためという臭いは薄れます。「いつか売れるから」という理由で何の処置もせず、放置することだけは、やめてほしいものです。

⑤長期貸付金

長期貸付金とは取引先や子会社、役員などに対して、決算日の翌日から1年を超える返済期限で貸し付ける貸付金のことで、貸借対照表では固定資産として計上されます。

本来は貸付金なので、毎年返済が進んで残高が減っているというのなら、まだ問題はありません。ところが、返済がまったく進んでおらず、貸したお金がそのままの金額でずっと貸借対照表に記載されたままということがあるのです。

そのようになると、取引銀行が決算書を見ればすぐに、「管理がずさんな会社だな」とわかります。銀行交渉のための格付け(スコアリング)にも影響します。

もしもそのような停滞している長期貸付金があるなら、何らかの形で清算するべきです。役員に貸し付けているのなら、退職金や賞与、月額報酬などで清算していく。子会社へ貸し付けているのなら、その貸付債権を別の子会社へ譲渡してしまう。このような方法が考えられます。

いずれにせよ、「持たざる経営」を進めるうえでは、長期貸付金を処分して身ぎれいな決算書にしてほしいのです。

中小オーナー企業では、ガバナンス（法令統治）意識に欠けている経営者がまだまだ多く、会社のお金を事業に関係のないことに使うという、とんでもない社長は実際にいるものです。次に挙げる事例は、先代が使うお金を長期貸付金として資産計上している会社が、どのように解決したかの事例です。

世代交代をきっかけに、持たざる経営へシフトした会社

東海地区でおもに農業や河川の治水に関わる水回り工事を営む川北工業（仮称）は、年商9億の会社です。創業者の川北（仮名）氏は会長となり、娘婿が社長、その妻で会長の長女が副社長でした。

川北社長と妻の副社長は、私たちICOのセミナーにたびたび参加されていました。副社長は経理を担当されており、セミナー参加がきっかけで経営相談を受けることとなり、決算書を見せていただきました。

川北工業の事業において、大きな設備を使うことはありません。どちらかというと、道具

や器具を使って工事をおこないます。大きな設備を使うような場合は外注業者を活用します。そのため貸借対照表にも、機械設備や在庫はありません。ところが、貸借対照表を見ると、その資産の多さに驚き、開口一番言いました。

古　山「何ですかこれは？　土地と建物なんて、御社の事業で持つ必要ないでしょ。それに、回収も遅いですね。受取手形と売掛金で、月商の４カ月分くらいありますよね。さらに、何だかわからない長期貸付金もあるじゃないですか」

川北社長はつらそうな表情で答えました。

川北社長「いやあ、セミナーに通っていながら、お恥ずかしいかぎりです。何もできていないんですよ」

続けて奥様の副社長が話されました。

副社長「今もそうなんですが、会長が実権を握っていて、セミナーで勉強したことは何も手を付けさせてくれないんです。何を言っても、『そんなことしなくてもいい』で終わりです」

古　山「会長はおいくつですか？」

副社長「今年で75歳になります。まったくもって元気です。会長も社長も代表権がありますが、実質は会長だけが代表みたいなものです」
娘婿の川北社長は、うなずくしかありませんでした。中小企業の場合、後継者が社長となったとしても、先代が会長の立場で勤務されているかぎり、社長としての実権を発揮できない会社が多いものです。社長が娘婿という立場であればなおのこと、義父である会長に物申すなど、恐れ多くてできないのです。

古山「ところでこの、長期貸付金は何ですか。7千万円くらいありますよ」
社長に尋ねましたが、経理担当の副社長がわれ先にと答えてくれました。

副社長「会長への仮払金の清算がたまっているんです」
古山「7千万もですか？　どうして清算しないんですか？」
副社長「何度言っても言うことを聞かないんです」
古山「何に使ったお金ですか？」
副社長「たぶん株と骨董品です。ガラクタみたいなのがたくさんありますから」
古山「そんなこと、社員がしていたら横領じゃないですか」
副社長「そうなんです、会社のお金は全部自分のサイフみたいに思っているんです」
古山「長期貸付金がこんなにあると、銀行からすれば使途不明金が多いずさんな会社という評価になりますよ」
川北社長「そうだと思います。そのせいだと思いますが、いくら交渉しても金利は高いし、担保も個人保証も外れないんです」
古　山「会長はまだ代表取締役ということは、退職金はまだということですよね？」
川北社長「そうです」
古　山「なら、退職金と引き換えに長期貸付金を清算しなくてもよいということにして、使途不明な長期貸付金を消してしまいましょうよ。どうせ本人は今さら清算して払う気もなければ、そのお金もありませんよ」と言うと、副社長の表情が変わりました。
副社長「そんなことできるんですか！」
古　山「できますよ。なんなら私が会長に言いましょうか？」
娘婿の川北社長からは言いづらいだろうと思い、そのように提案しました。すると副社長が強い決意の表情で、
副社長「それは私が言います。会長は社長には強いですが、娘の私には弱いところがありますから」
その言葉を信じて、副社長に大役を担ってもらうことにしたのです。

えてして、男性経営者は息子には強いものの、娘には弱いところがあります。その根本には「娘には嫌われたくない」という気持ちがあるのかもしれません。

それに川北工業の場合、会長が経営の実権を取り下げて、長期貸付金の問題を終わらせれば、財務は劇的に変わっていくのではないだろうかと感じたのです。社長も副社長も、私のセミナーに繰り返し参加し、貸借対照表を小さくすることの大切さや、その方法を学んでおられたのですから。

2週間ほど経過したあと、副社長から電話がありました。

副社長「古山先生、会長を納得させました。先生の言うとおり、『長期貸付金を退職金で清算するから、返さなくてもいいです。そのかわり、経営からは完全に身を引いて、社長と私に任せてください』と会長に言いました」

古山「会長はそれですんなり納得されたんですか？」

副社長「はい。私もかなり演技しながら言いましたから」

古山「演技ってどういうことですか」

副社長「会長は昔から、私の涙に弱いんです。それはわかっているので、手元にハンカチを用意しておいて、ちょっと泣いているようなフリを見せながら、訴えるように言ったんです。それが効きました」

その言葉を聞いて、会長の娘である副社長の強さとしたたかさに、感心させられました。

副社長「それに、私からその提案をして、会長は助かったみたいな感じでした。実際に、自分としては、貯めこんだ長期貸付金をどう処理したらいいか、わからなかったみたいです。それを退職金と引き換えに帳消しにできるというのが気に入ったみたいです」

なるほど、と思いました。結局、会長は臭いものにはフタをするという考えのもと、未清算の長期貸付金に触れないようにしてきたのです。それどころか、貸借対照表そのものから目を背《そむ》け続けてきたのです。その解決方法に光が差した、それもかわいい、わが娘からの提案で、ということで納得できたのだと思います。

こうして、川北工業の長期貸付金は完全になくなりました。会長の退職金はおよそ1億5千万円。そこから税金を差し引き、未清算の貸付金の約7千万円をさらに差し引いて、残りの数千万円が会長の手元に渡りました。

会社としては、1億5千万円の退職金のうち、実際にお金が出ていくのは貸付金約7千万円を清算して差し引いた金額のみです。その金額なら手元の現預金で対応できたのです。

それに、退職金は特別損失として損金計上できます。その年度の法人税はゼロとなり、予定納税も返還されました。同社にとっては1億5千万円の損金計上は大きく、約1億円は繰越欠損金となりました。それでも同社の自己資本比率は20％超を維持していたのです。

その決算処理を終えた後、社長と副社長にお会いしました。

古山「これでまず、長期貸付金が消えて、ちょっとはすっきりとしましたね」

川北社長「おかげで来期も法人税は払わずにすみそうです。これまでに学んだ特別損失を退職金で計上することができて、これでようやく胸を張ってセミナーに参加することができます。ありがとうございます。これを機に、できることは全部進めていこうと、副社長と話をしました。その際にはまた、アドバイスをお願いいたします」

その言葉のとおり、その後、同社は「持たざる経営」へと大きく舵を切りました。

- **在庫をギリギリまで減らす**
- **売掛金の回収期間を縮める交渉をする**
- **受取手形の売り先に掛け合い、売掛金での現金払いに代えてもらう**

・支払手形での払い方を見直し、倒産の原因となりうる手形払いをやめる
・土地・建物を子会社へ売ってオフバランスをする
・金利を下げる。担保・個人保証を外す

これらのことを社長と副社長の2人が中心となり、ICO式財務体質への改革を推し進めました。2人ともセミナーや書籍で学んで「持たざる経営」への理解もしていたので、あとは実践するだけでした。それも、1人ではなく2人で理解して動いたので、その改革スピードはとても速かったのです。

現在の同社の財務体質は劇的に変わりました。実質支配の経営トップが代わるだけで、こんなにも変わるものなのか、とこちらが驚くほどです。長期貸付金の処理をして、現社長と副社長の体制に完全移行して約5年で、文句のつけようのない財務体質へと生まれ変わったのです。

副社長「古山先生が話していたとおり、銀行の態度が完全に変わりました」
古山「どう変わったんですか？」

第8表　川北工業の6年後の貸借対照表 面積グラフ

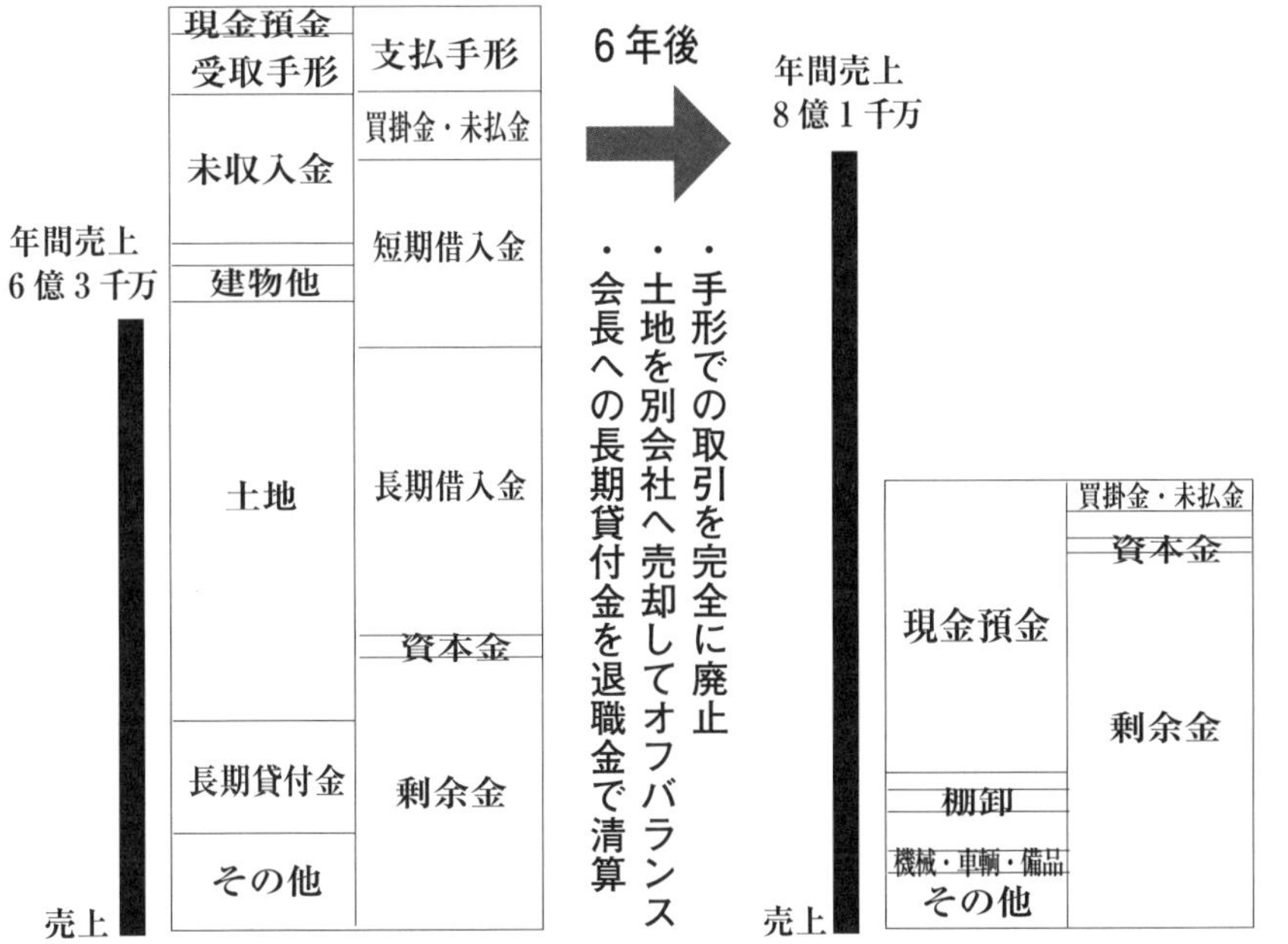

自己資本比率 31.9%
総資産回転率 0.7 回転
総資産経常利益率 1.2%

自己資本比率 87.5%
総資産回転率 1.7 回転
総資産経常利益率 10.9%

副社長「無借金になった今のほうが、銀行が『借りてください』と言ってきます。『うちは個人保証もしないし、担保もなしじゃないと借りないですよ』と言うと、それで全然、問題ありません、と言うんです」

古山「で、どうしたんですか？」

副社長「今は借りる必要がないからと言って、当座貸越の枠をつくってもらいました」

当座貸越とは、5千万円とか1億円とか、いつでもすぐにお金を借りることができるよう、借りる金額の枠を決めて契約しておくことです。当座貸越で借りたお金は、短期借入金の扱いとなるのです。

副社長「金利もタイボ＋《プラス》スプレッドで、今までとは比べ物にならない低金利です。こっちが驚きました。やっぱり決算書が変われば、こうなるんですね。よくわかりました」

川北工業の自己資本比率はそのとき88％でした。このような盤石な財務体質の会社には、銀行は是が非でも取引を継続し、融資枠を獲得しておきたい。財務体質が強い会社であれば、いつか何らかの大きな投資も期待できます。そのときに融資をできる足掛かりとして、まずは当座貸越契約という形で、銀行は食い込んでおきたいのです。

川北社長と副社長が「持たざる経営」へシフトできたのは、未清算の長期貸付金を消して、先代から後継者へ権限を完全に移行したことがきっかけでした。先代が実権を握っているときは、「持たざる経営」に取り組みたくても、できなかったのです。

「持たざる経営」の実現で、同社は総資産が縮まり、いわゆるキャッシュリッチな財務体質へと生まれ変わりました。そのおかげで、社内システムをデジタル化することができ、生産性が上がり、従業員の給与を上げて人材確保することで、人材不足を乗り切ることができました。激しい環境変化に柔軟に対応できる財務体質へと生まれ変わったのです。

2. 軽くしたいのはアセット（資産）だけではない

①人を減らして労務コストを軽くせよ

悪化する労務環境

『少子高齢化が進んで人材資源は乏しくなる』と以前から口先では言っていたものの、こんなにも深刻化してくるとは思っていなかった中小企業が多いです。

とくに、コロナ禍の影響で高齢の労働人口が減る、出生数が年々減って新卒の労働人口が減る、円安の影響で日本に働きに来る外国人労働者が減る、といった三重苦です。

日本の労働人口は激減しているのです。この厳しい労務環境は、ますます悪化すると考えるべきです。

たとえば、新卒の労働人口です。２０２３年時点で新卒採用で就職活動をする若者の多くは、２０００年前後に生まれた人たちです。２０００年の出生数は、約119万人です。この出生数でも現在、各社新卒採用に苦しんでいるのです。

しかも出生数は減り続けています。２０１０年は約107万人、２０２２年は約77万人。ということは、10年後、20年後には、新卒採用の若者は今よりも2割、3割と減っていきます。その激戦時代において、中小企業での新卒採用はさらに悪化するのは間違いありません。

一方、高齢の労働人口もどんどん減ります。２０２２年時点で65歳超の労働人口は約900万人です。10年後、20年後には、高齢化が進んで確実に減ります。

唯一増える可能性があるのは、外国人労働者です。しかし、どの業種でも外国人労働者を同じように雇用できるかというと、事業内容によって異なります。雇える会社と雇えない会社に分かれてくるのです。加えて、人口が減るということは、客数も減るということです。

コモディティである大衆商品でさえ、その国内消費量は激減していきます。そのような時代においては、マス(大衆)を相手にした商品は、かなりのシェアを確保しないかぎり事業としては成り立ちません。それは大企業がやることです。中小企業のやることではないのです。

とはいえ、少子高齢化で客数は減っても、お客様はいます。しかもその要望(ニーズ)はますます多岐にわたります。少顧客環境における、多品種少量化の時代です。

その要望(ニーズ)を商品化して世に出せば、中小企業も大きく稼ぐことができるのです。それには、人をできるだけ雇わずに、その商品・サービスづくりを実現させることです。

会社において、『人は宝』と言います。確かにそうです。しかしこれまで、『宝』と言いながら、それに見合う仕事をほとんどさせてこなかったのも事実です。

会社において、『宝』としての輝きを放つ仕事をしてきた人は、ほんのひと握りです。多くの人は、運ぶ、作る、売る、事務をする、などといった、付加価値の低い仕事を担ってきたのです。それを『宝』と言ってきたのは、「人を安く使う」ための経営者の都合よき方便にすぎません。その方便がもはや通用しない時代になってきました。

これからは「人を安く使う」ことができない**超人手不足の時代**です。労務コストは最大の固定費です。その労務コストが急騰する荒波が襲ってきているのです。その荒波を乗り越えるには、少しでも人を減らして重荷を軽くすることが必要です。

賃金は上げざるをえず、賃金以外の費用も上昇する

2023年の春、日本はこれまでとうってかわって急激に賃上げが起こりました。約30年間、デフレの中で給与は大きく上がりませんでした。それがデフレの終わりとともに、大手企業の初任給から各都道府県の最低賃金まで、一気に上昇しはじめたのです。

労務コストはまだまだ上昇します。賃金を大幅に上げなければ、採用の応募さえない状況です。加えて、「今の収益状況では、賃金を上げるにも限界がある」という中小企業がまだま

だ多いのです。

まず、労務コストというと、給与・賞与のことだと思いがちですが、それだけではありません。たとえば、法定福利費も労務コストです。社会保険、雇用保険、労働保険等の各種保険料です。

給与や報酬の○○％という形で有無を言わさず支給額が決まります。いずれも財源が不足しているので、まだまだ上昇します。おおむね給与支給額の約15％程度になります。名称の聞こえはいいものの、税金とほぼ変わりません。

採用にかかるコストも労務コストです。

条件が良くないのに、高額の募集広告費を払っても、応募者が来ません。条件を整え、ホームページを磨き、掲載媒体を考慮し、書き方を考えなければなりません。広告なのですから、他社より目立ち、見る人に刺さるような内容にします。

人材紹介の手数料もそうです。派遣社員や各種資格者など、やむを得ずに人材紹介を活用する会社も多いです。しかしこの手数料が高くつきます。それでいて、いい人材に当たるのは、10人に1人くらいの感覚です、とみなさんおっしゃいます。

無事に採用しても、定着が悪い会社だとすぐに退職します。それでまた募集広告をうち、人材紹介を受けます。これを繰り返してばかりではお金がかかる一方です。

ということは、定着してもらうための、福利厚生や教育などにコストをかける必要があります。今の時代、定着せずにまた募集すると、そっちのほうが時間もお金もかかるのです。

加えて、間接的な労務コストもあります。

通勤交通費、駐車場代、健康診断、ロッカー、制服などなど。これらのコストもじわじわ上昇します。値上げが進んでいるから当然です。

賃金は上げざるをえず、賃金以外の費用も上昇します。そのような経営環境になってきたのです。これは変えようがありません。環境に合わせてどう対応していくのか、労務コストの考え方を抜本的に見直す時代に突入しました。

小売・サービス業はデジタル化で人を減らしなさい

米アップル社のアイパッド登場後、タブレット端末がさまざまなシーンで使われるようになりました。

巷《ちまた》でよく見かけるのは、コンビニやスーパーです。在庫確認&発注のため、店員が端末を持って各棚の商品チェックをしている光景をよく見かけます。

紙に手書きすることなく、初期データをダイレクトに活かせます。手書き工程を減らせる分、労務コストを削減できます。

居酒屋、ファミレス、回転ずしなどの注文端末もそうです。スタッフがオーダーをうかがう必要がなく、その分の労務コストを削ることができています。

客側も使う機会が増えて、タブレット操作にかなり慣れてきました。それに、スタッフをタイミングよく呼ぶという手間やストレスがなくなり、ついつい多めに注文してしまうということもあります。要は客にとって、注文しやすいのです。

各店舗のレジにも、タブレット端末が浸透してきました。大型レジに比べて導入コストもランニングコストも低く、各種データやそのグラフを、ネットを通じて、ほぼリアルタイムで閲覧できます。経営陣は遠隔地にいて、各店舗の業績をすぐに確認できるようになりました。

スーパーマーケットやコンビニであれば、セルフレジが増えています。初期の頃に比べると、最新のセルフレジはバーコードの読み取り精度が高いです。バーコードを近づけただけで、ビニールのしわをのばさなくても確実に速く読み取ってくれます。どんどん進化しているのがわかります。これも客側は慣れてしまえば、こちらのほうがスムーズに会計が進むので便利です。
衣料のユニクロの店舗では、全商品にＲＦＩＤと呼ばれるＩＣタグを取り付けています。複数の商品をカゴに入れて読み取り位置に置けば、瞬時に会計金額が表示されます。かつての会計よりも格段に待ち時間が短くなったことは、客として利用していても大いに実感できます。

要は、自分の会社ではそのようなタブレット端末やＩＣタグを有効活用できる場面はないだろうか、と考えてほしいのです。

ある食品製造販売業の工場で、社長に言いました。

古山「工場内の各ラインにタブレット端末を置いて、棚卸の入力や、生産計画と実績の確認とかに、使えばいいじゃないですか」
社長「いやぁ、あれは工場内の隅々までWi-Fiの無線が飛んでいないと、ダメなんですよ」
古山「じゃあ、飛ぶように無線環境を整えたらいいじゃないですか？」
社長「それが結構、お金がかかります」
とにかく、「お金がかかるので、もうしばらく様子を見て…」という発想が、この例だけでなく、あちらこちらで出てくるのです。

資金に余裕がある会社の社長の発想

何らかの設備投資をする際、経営者はイニシャルコストとランニングコストを考えます。イニシャルコストは初期導入費です。ランニングコストは維持費です。

多くの中小企業の社長は、初期導入のコストを気にします。高いし、金がないし、投資効果が不確実だからです。だから、

「もう少し様子を見てから検討しよう」

「もう少し初期導入費が下がってからにしよう」

「これだけお金をかけて投資効果が不確実なのは、ちょっともったいない」

といった発想に陥ります。

しかしこれは、いわば貧乏人の発想です。

資金に余裕がある会社はこの発想が違います。

「ライバルがやらないうちにやってみよう」

「いつかはしないといけないことなら、早いうちにやろう」

「うまくいかなくても、今なら優遇税制も使えるし、始めるなら今のうちだ」

これこそ、キャッシュリッチな企業の発想です。

このような発想でデジタル化を進める会社は、さらに新たなシステムやツールが出れば、すぐに取り組みます。そのときには最初の体験例があるから、新たなシステムやツールを早く使いこなしていきます。そしてどんどん進化し生産性を上げていくのです。あとから急に始めても、すぐに追いつけるものではありません。

ところが、財務的にはキャッシュリッチなのに、貧乏人の発想から抜け出せないという中小企業があります。

これは非常にもったいないです。お金が潤沢《じゅんたく》でなかった頃の発想から抜け出せないのです。たとえキャッシュリッチであったとしても、貧乏人の発想では、稼いだお金を囲い込むだけになります。それではやがて来る環境変化には、すぐに対応できません。結局、高いランニングコストで人が対応することになります。当然、生産性は落ちていき、以前ほど稼げなくなっていきます。

貧乏人発想の会社は現状、多くのことを人海戦術でおこなっています。しかし労務コストが上昇した現在、そのほうがお金はかかっているのです。それが今後も続きます。それもどんどん高くつくようになることに気づかないのです。お金の使いどころをわかっていないのです。

コスト削減に繋《つな》がるデジタル技術もツールもあるのに、それを十分に活かせていない。それが多くの中小企業の現実です。原料費、運賃、光熱費、労務費が軒並み上昇する中で、デジタルツールの活用は必須です。遅れている会社は、そのツケをどんどん先延ばししているのです。今一度、社内の業務でデジタルツールを活用できる場面がないか、確認し、行動を起こしていただきたいと思います。

付加価値のない業務に人手を使わない

繰り返しますが、日本では少子高齢化がますます進み、労働人口はどんどん減っていきます。給与を上げて採用したくても、人がいないのです。その流れはもう始まっています。

しかし、そんな時代を乗り越えるべく、新たな取り組みを始めた中小企業もあります。

来年の稼働へ向けて準備を進めている、ある会社の最新の物流倉庫を視察しました。大きな空間に床はほぼ、コンクリート打ちっぱなしです。

「床の塗装などはこれからですか？」とお聞きすると、

「いや、もうこれ以上は何もしません。」とのことでした。

その倉庫は、ＡＧＶと呼ばれる、自動搬送ロボットが縦横無尽に移動して物品移動をおこなうという倉庫です。

記事やニュースでご覧になられた方も多いと思いますが、アマゾンの物流倉庫で動いているラックごと移動させる搬送ロボットです。アマゾンは10年以上前からこの仕組みなのです。

社長いわく、「物の移動はすべてロボットがやります。人は配置しますが、手元に搬送された物品を届け先の箱に入れる、それだけです。箱に入れた後も、自動梱包されて、出荷場までロボットが搬送します」とのことです。

人は定位置にいるだけで、そこにロボットが物品を運んでくるのです。そしてまた、ロボットが運び出すのです。

「人が倉庫の中を歩き回って物品を取りに行く、運ぶ、ということがないので、効率がよいですし、倉庫内に人が動くための通路を確保する必要もありません。そのために空間を最大限に有効活用できます」とは、その倉庫を使う社長の言葉です。

このような自動搬送ロボットがない時代は、いかに人が効率的に動くか、ということに各社が知恵を絞っていました。

大きな倉庫を、人が一筆書きで動いて移動歩数を減らす。

頻度の高いものは取りやすい場所に置く。

そのために位置決めをし、表示を大きくしたり、棚や通路に番号や記号を明記していました。そんな時代はもう古いのです。人が潤沢にいて、皆が元気で走り回れるからこそできたのです。

自動搬送ロボット視察の際はテスト稼働でしたが、1メートル四方程度のラックを複数の自動搬送ロボットが運んでいる様子を拝見させていただきました。

人が動く通路が必要なく、作業終了時はラックが詰めて置かれるだけなので、場所の有効活用がかなり進みます、とのことでした。

また、充電必要時は搬送ロボットが自動で充電ステーションに移動します。搬送ロボット間の情報交換も随時おこなわれており、最速で動ける、近場にいる搬送ロボットが稼働するように、システム化されているのです。

自動搬送ロボットなら、物品が増える状況に合わせて、ラックやロボットの台数をじわじわと増やしていくことができます。大きな自動ラックでは、そうはいきません。最初にかなり大規模な設備投資が必要になってきます。その点でも、自動搬送ロボットなら投資資金をおさえて対応できるのです。

その倉庫を運用する社長が続けておっしゃいました。

「うちの倉庫にはリフトマンがいません。『運ぶ』ということはすべて搬送ロボットがやりますので」

倉庫は、1階と3階に分かれていました。自前で所有しているのではなく賃貸です。

「1階と3階の移動はどうするんですか?」とお聞きしたところ、

「それも自動搬送ロボットがやります。ラックを3階から降ろす場合、搬送ロボットがラックごとエレベーターに乗って、ラックだけを置いて、エレベーターから出ます。ラックだけがエレベーターで1階に移動します。1階にエレベーターが着いて扉が開くと、1階で待っていた別の搬送ロボットがエレベーターに入ってきます。ラックをエレベーターから出して、出荷に必要な場所へと運びます」

そのようなことが搬送ロボット間で自動連係して稼働するということでした。誰かが操作することなく、出荷ラックを必要な場所へ運ぶという作業目的のもと、搬送ロボットの内蔵AIが相互連係して最適ルートで運ぶのです。だから、リフトマンはいらないのです。

言うまでもなく、リフトマンがいると、何かとコストがかかります。

・人件費がかかる
・作業服やロッカー、駐車場もいる
・現場のことを学ぶまでの時間が必要になる
・労災事故や破損事故が起こりうるので、各種安全対策がいる
・「暑さ対策」「寒さ対策」が必要になる
・健康診断など、福利厚生が必要になる
・とにかく人がいない時代なので、採用コストが大きい

『運ぶ』ということを全部、自動搬送ロボットで済ませれば、これらのコストがかかりません。これだけで、物流コストにかなり大きな差が出ます。

人手不足はますます深刻化します。深刻化するほど、労務コストは当然、上がります。『運ぶ』

ということ自体はお客様にとって付加価値のないことです。ロボットが使える時代になるほど、「人件費が上がっているので、その分の値上げをお願いします」という値上げの理由は通らなくなります。

「人手不足でも、うちはリフトマンがいないので、困りません」といったことが言えるよう、今のうちから将来を見据えた投資をしてほしいのです。

「機械は高いから」といった時代はもう過去のことです。これからは、「人のほうが高くつく」という時代です。機械よりも高くつく人間が、モノを運んだり動かしたりしていては、絶対にライバルに勝てないのです。

これらのような新たな技術を取り入れておくには、今後可能になる技術革新を早くから知っておく必要があります。国内や海外を問わず展示会へ足を運ぶ。それも社長だけではなく、現場を知る課長・部長クラスの管理者も、実際に自分たちの目で見ると、危機感を覚えて動くのです。そこにお金と時間を惜しまず使うのです。

無人でもできる仕事を社内にどれだけ増やせるかどうかが、生き残りの大きなカギとなるのです。

②資料・文書類はデジタル化する

ノンペーパー・ノンライティング

中小企業の実務の実態を拝見すると、いまだに昭和の人海戦術がそのまま残っていたりします。インターネットやシステム活用が当たり前の今、人海戦術で労務費を垂れ流していては生き残れません。中小企業こそ、ノンペーパー（紙無し）・ノンライティング（手書き無し）を進めていくべきです。

次ページの第9表に、どこの中小企業でもありがちな、「手書き」と「紙」の主だったものの例を一覧にしました。ひとつずつチェックし、自社で該当するものがないか、確認してください。

ひとつでも該当するものがあれば、ノンペーパー（紙無し）・ノンライティング（手書き無し）となる、ＩＴ・デジタル対応に切り替えてください。

受発注はオンライン中心とし、紙をファックス送信して電話確認する作業をやめる。

第９表　アナログ病チェック表

		YES	NO
1	勤怠管理は、紙のタイムカードを使っている		
2	給与明細は、紙で印刷したものを手渡している		
3	受注・発注は、ファックスや電話の活用を中心におこなっている		
4	在庫管理は、紙の棚卸表に数字を書いている		
5	外部への請求書は、紙で印刷したものを郵送している		
6	会議の資料は、紙で印刷したものを使用している		
7	社内稟議は、紙で印刷したものに捺印して回している		
8	社内の情報回覧に紙で印刷したものをファイルに綴じて回している		
9	会議室や社有車の運用管理は、紙に記載しておこなっている		
10	社員の行動予定は、ホワイドボードや紙に書いておこなっている		

YESの数	５個以上	重度のアナログ病会社　すぐに改善しなさい
〃	３個～４個	時代に合わせてそれなりにデジタル化が進んでいる会社
〃	２個～１個	デジタル化がほぼ定着している会社
〃	なし	低労務コストを実現できている超優秀なデジタル会社

在庫管理はバーコードを活用して手書き作業をなくす。

会議資料はパソコンを活用して、紙の印刷や準備作業をなくす。

会議室や行動予定、情報回覧等は、インターネット上のクラウドシステムを活用する。

等々、これらだけでも労務コストを大きく減らすことができるのです。

しかし、このようなことを提案すると、必ず反対勢力が出てきます。

「うちの規模だと手作業のほうが早いしコストも大して変わりません」↓

コストが大して変わらないのなら、なぜ新しい方法に変えないのか。

「インターネット活用にして、情報漏洩などありませんか？」↓紙なら完璧なのか？　紙の方が漏洩・紛失・改ざんしやすいのではないか？

「中小企業ではまだ、そんなに進んでいないんじゃないですか？」↓いつになったらするのか？　まわりがみなやってからでないと変えないのか？

とにかく、反対勢力の方々はああだこうだと言い立てて、今のやり方を変えようとしないのです。結局、変えることが面倒くさいのでしょう。新たなやり方に変えるには、それなりの労力をともないます。試験段階は、アナログとデジタルの両面で取り組み、二重手間も発生します。

しかし、多くのことがそうであったように、一度変えてしまえば、その利便性を感じます。もとのやり方に戻そうなどと、誰も言わないのです。それに、手書きや紙ベースの手作業には、直接的なコスト以外に、アナログであるがゆえに発生するコストもあります。

ある会社を訪問したときのことです。

事務所の女性スタッフが、失敗したコピー用紙の裏に、大量の領収書をのりで貼り付ける作業をしていました。それも他の人が見やすいように、領収書を少しずらしたり、折ったりしながら、1枚の紙にバランスよく貼っていたのです。私は言いました。

「きれいに貼りますねぇ」

その女性スタッフは言いました。

「そうなんです。きれいに貼り終わると、すごく気持ちいいんです」

しかし、この作業は業績の向上にまったく繋《つな》がらないのです。作業者が自己満足するだけです。

一方、別の会社でのことです。事務所に行くと、ある女性が複合機の前で何やら作業をしていました。何をしているのか聞きました。

「紙の領収書をスキャンしてデータ化して保管しています」

ちなみに以前はどうしていたのかも聞きました。

「前は領収書を1枚ずつ、のりでコピー用紙に貼り付けていました。今から考えたら、何をしていたんだろうと思いますね」

複合機のガラス面に紙の領収書を並べるのも手間はかかります。それでも、1枚ずつ紙に貼るよりはよほど生産性がいいです。

スキャンした領収書はどうするのかも聞きました。

「捨てています」

よって、保管の手間も場所もいらないのです。大量の書庫に過去の資料を保管している中小企業がまだあります。保管も手間ですが、定期的に一部を処分するのも手間とコストがかかります。

手書きし、紙を使うことで付加価値が高まり、売り値を上げて、売上総利益が増えるなら、何も言いません。しかし、そうでないのなら、ノンライティング(手書き無し)・ノンペーパー(紙無し)に取り組み、今後も上昇する労務コストを削減する方向に進めてほしいと思います。付加価値が上がりもしないことに、労務コストをかけている余裕など、中小企業にはないはずです。

③デジタル化で付加価値のない作業を減らす

中小企業のデジタル化は遅れている

機械化、デジタル化など、これまでも技術革新によって多くの仕事が消えていきました。

私が子供の頃の昭和40年代は、電車の改札にはそれぞれに切符を切る人が配置されていました。それがいつの間にか自動改札機になり、切符切りの仕事は人がやらなくなりました。考えてみれば、そのような仕事は他にもたくさんありました。

映画館のチケットも今はすべて自動券売機です。窓口の切符売りの人は完全にいなくなりました。高速道路の料金所も、かつてはすべてに人が配置されていました。しかし今は9割がETC対応です。いずれもそれぞれの世界には、その筋のベテランと呼ばれる人がいました。しかし、機械やシステムにはかないません。みな、他の仕事へと移っていったのです。

いつの時代においても、人がする必要はなくなったという仕事があります。それは、機械やシステムは初期投資やメンテナンスはいるものの、人がやるよりも正確で早く、教育や福利厚生の必要もないからです。結局、技術革新によって機械化・デジタル化できるようになれば、そのほうが安くできるし、トラブルも少ないのです。

だから少なくとも、すでに可能になっているデジタル化技術は、すぐにでも取り入れてください。

タイムカードを電子化し、給与明細はメール配信にする

中小企業のデジタル化は遅れていると書きました。その代表的なひとつが、タイムカードと給与明細です。

ある会社で、懐かしいものを見ました。旧型のタイムカードです。表は青、裏は赤でデザインされたものです。

古山「えっ、いまだにタイムカードなんですか？」
幹部「そうなんです。事務の山田さん（仮名）がいつも準備してくれます」

旧型のタイムカードは、名前や社員番号を両面に手書きしていました。

古山「しかし、100人分くらいあるでしょ」
幹部「100人を少し超えています。山田さんがいつもきれいに名前と社員番号のハンコを押していますよ。職人芸的ですよ」

社員の名前はハンコを作って押し、社員番号もハンコで押し、○年○月の部分もハンコを押しています。

そうです。旧型の勤怠管理では、タイムカードの準備作業というのがありました。総務でタイムカードを準備し、月末までに各事業所に配ります。月初を過ぎると、各事業所から打

刻済みのタイムカードが総務に届きます。休日は、管理者が公休とか有給、と記載していま す。そして、各人の勤怠時間の計算を始めるのです。

打刻モレがあると、いちいちその事業所の管理者に電話をして確認するのです。

その会社では、いまだに旧型のタイムカードで管理をおこない、勤怠時間は毎月、勤務時間を別途パソコンに入力し、昔ながらの計算作業をおこなっていたのです。

すでに勤怠管理を電子化している会社にすれば、「まだ、そんなことをしている会社があるんですか？」くらいの遅れ方ですが、実際には、まだまだそのような会社が、あちらこちらに存在します。

現在多いのは、ＩＣカードをかざすタイプか、指をあてる生体認証型の２つです。

勤怠時間はその時点でデータ化されます。そのデータを総務に転送し、そのまま時間計算もおこないます。タイムカードの準備も職人芸も不要、勤務時間の計算も不要、が当たり前の時代です。

「勤怠管理　システム」と検索すれば、いくらでも候補が上がるし、かかりつけの社労士に相談すれば、教えてくれるはずです。

加えて、タイムカード同様に遅れているのが、給与明細のメール配信です。先日ある会社で、

幹部「うちもようやく給与明細をメールで送信するようになりました」

古山「えっ！　まだ手作業でやっていたんですか！」

その会社は多店舗展開する飲食店です。事業所が分散している場合、紙の給与明細を本人に届けること自体が大変です。

「その人はもう辞めました」

「正式異動はまだ先ですが、すでに勤務地が変わっています」

「いつまでも本人が取りに来ない明細をどうしたらいいですか？」

などなど、店舗からさまざまな問い合わせがあります。その都度、明細を届けるためだけに労力がかかるのです。なんの付加価値にも繋《つな》がりません。手間がかかるだけです。

それでも、「80名～90名くらいだと、人手のほうが安くつきます」と言う幹部がいるのです。

しかしそれは、慣れている人がやればの話です。担当が代わるたび、育成のコストもかかります。それに、紙の給与明細の場合、まるで月次の恒例行事のように、明細発送の準備作業があります。総務も人事も数名がかりで、明細の中に連絡事項の紙を入れて封をしたり、店別・部署別に、配送の仕分け作業に取りかかります。

在籍人数が数百名規模になれば、かなりの労務コストがかかるのです。メールで送信すれば、このような作業コストは不要です。

「どのように進めればいいのでしょうか?」と聞かれます。

給与計算ソフトを扱う会社なら、明細のメール配信はいまどきどこでも対応しています。「まだこれから」というのなら、まずは自社の給与計算ソフトを扱う業者に尋ねてみてください。

勤怠管理は最もデジタル化しやすい業務です。これからの人手不足時代に、付加価値のない作業を人手でするのはもったいない。加えて、アナログ対応の場合、給与明細の用紙や、タイムカードの在庫を抱える必要があります。在庫チェックや発注業務も必要になります。置き場所も必要になるのです。

品質チェックのデジタル化

メーカー、製造業が常に考えるべきは、生産性の向上です。

みなさんそれは承知しておられます。しかし、そのわりに中小企業の工場は、生産性向上のためのデジタル技術活用が、大いに遅れています。

工場を見学させていただくと、製品の出口あたりで、入念にその製品をチェックしている人をよく見かけます。製品に異物混入や傷などがないか、品質チェックをしているのです。あるいは別の工場では、ラインの途中であっても、座ったままじっと動かず、流れる製品を見つめている人もいます。

古山「あの人は何をしているんですか?」

社長「異物混入や傷がないか、チェックしています」

一方、次のような工場もあります。

古山「このラインは人がほとんどいないですね。流れている製品の品質チェックはどうされているんですか?」

社長「今はカメラでチェックしています。画像認識の精度が上がっているので、この速さでも対応できますよ」

古山「高かったでしょ?」

社長「高いですけど、即時償却が使えるし、人がやっているとチェックのバラつきがありますから」

自社に工場があるのなら、その工場はどちらのタイプでしょうか？

人が品質チェックしていると、

・熟練が必要になる
・交代要員が必要になる
・体調によって精度にバラつきが生じる
・労務コストが年々上がる

などの不具合があります。

今、人はどこでも不足しています。常識から考えても、不足しているものを使うのは、高くつきます。しかも、少子高齢化は進行中なのです。労務コスト上昇の傾向は、ますます高まります。いかに人を使わない工場にするかが、メーカーが令和の時代を生き抜いていくカギとなるのです。

人を使えば、法定福利費や福利厚生などを加味すると、1人あたり年間500万円くらいの労務コストにはなるはずです。しかもその人件費投資をしても、バラつきが生じてクレームがさほど減らないのです。

それなら、カメラを導入して画像チェックに切り替えたほうが、よほどコストに見合う投資になります。しかも今なら、機械設備は即時償却の優遇税制が使えます。単年度で全額償却が可能です。当然、上乗せされた減価償却は、特別減価償却費として、特別損失に計上します。そうすれば、営業利益や経常利益は下がりません。まずは1カ所でもよいので、人による品質チェックを、機械設備に変えてください。

キャッシュレスで現金を減らしなさい

「小口現金をやめましょう」と言い続けております。

たとえば、店舗が多い会社が小口現金があると、

①店舗での日々の現金管理や、本部での小口補充や小口精算業務が発生する

②店舗が多いほど、現金が余分に必要になる

③不正・横領の温床になりやすく、社内監査などが必要になる

④税務調査での調査対象になりやすい

⑤〝小口で買えばいい〟という意識が働き、不要な買い物が増える
⑥〝会社のお金だからいいか〟となり、コスト意識が薄れる

これらのことが、小口現金をやめてほしいおもな理由です。何ひとつ良いことがないのです。「小口現金をやめようとしても、現場や先代トップの了解がなかなか得られません」と愚痴をこぼしていたサービス業の後継者が、「ようやく小口現金をやめることができました！」と言ってきました。

古山「それはよかった！　どうして今さらできたの？」と聞きました。
後継者「いやぁ、恥ずかしながらコロナ禍のおかげなんですよ」
古山「どういうこと？」
後継者「感染リスクを下げるため、現金を触ることを減らしましょうという流れで、やめることができたんです」
古山「いわゆる、非接触型に変えましょう、みたいなもんですね」
後継者「そうなんです」

その会社では小口現金をやめて、必要なときは現場の者が立て替え、支出依頼書を作成して本部へデータ送信する形にしました。精算の支払いは、給与支給と同時にします。現金を触ることも、現場の者が経理のところに精算依頼書を持参することもなくしたのです。

古山「その後、どうなりました?」

後継者「いつもICOのブログや本で書かれていたとおり、まず、現場での買い物が減りました。やっぱりみんな、自腹はイヤなんですね」

古山「コスト削減になってよかったじゃないですか。現場からクレームとか、聞こえてきましたか?」

後継者「このご時世なので、誰も反対しませんでした。コロナ禍前は、『そんなことされたら困る!』とか、さんざん文句を言っていましたけどね」

と、ようやく小口現金をやめることができ、ホッとされていたのです。

不正の心配もなければ、管理コストも減ったのです。感染リスクも確かに軽減しました。

このように、以前はできなかったけれど、環境が変わったらできるようになったということがあるのです。

小口現金をやめるには

もし今も小口現金がある会社は、すぐにやめるべきです。

先の事例だけでなく、それだけで「経費が下がりました」という事例がいくつもあります。

地域で多店舗展開をされている小売店の社長が、

「手元資金を確保しておきたいので、なかなかできなかった、小口現金を廃止しました」

「ようやくやりましたか！　それでどうなりました？」

「経費が見事に減りました」

「よかったじゃないですか！　それで店は何か文句言ってますか？」

「それが、とくに何事もなく、文句も出なかったんです。結局、小口現金があるから、余計なものを買っていたんです。そのことがよくわかりました。今までなんだったんだっていう感じです」

この会社ではこれまで、過去の流れで小口現金を店舗ごとに数万円、当たり前のように置いていました。しかしそれは結局、必要なものを買うためではなく、本当に必要ではない買い物に使われていたということです。

「自腹で買うのはイヤだけど、会社のお金だからまぁいいか」

従業員をそういう気持ちにさせていたのです。

小口現金をやめて、本当に必要なものは立て替えて買ってもらい、後日その立て替えた本人に振り込む形にしました。しかし、申請がまったくあがってこず、その分、経費が減ったのです。しかも、小口現金の管理業務がなくなり、経理担当は大助かりです。

「固定費が減った」ということは、いわゆる「損益分岐点売上高が下がった」ということです。今後の厳しい経営環境を考えれば、やるべきことは、損益分岐点売上高を下げておくことです。原価や固定費が上がろうとも、営業利益を残せるコスト構造に、収益体質を変えておくことです。

「うちの事業所はそういうわけには…」というのはこれまでの古い考え方です。

小口現金がなければないで、従業員は考えてなんとかするものなのです。

①従業員の一時立て替え払いにし、本部へ申請・精算する。あるいは、給与時に振り込む形にする
②現金払いが習慣となっている業者へ、振込での支払い、クレジットカード払いなどの方法を交渉する

③アスクルなど、請求書が発行されて後日引き落としになるような業者を活用する

小口現金があるということは、現金の保管場所が複数に点在しているということです。現金の保管場所が増えるほど、管理の手間が増えます。また、それだけ多くの現金が必要になります。管理コストの削減や不正・横領の原因を排除すべく、世間的にも小口現金はとりやめる企業が増えているのです。

「持たざる経営」は、土地、建物、在庫、売掛金などだけではないのです。現金も、持たざる経営に必要な要素なのです。

株主の人数を減らすことも「持たざる経営」のひとつ

「持たざる経営」を実践している会社は、株主の人数も少ないものです。

たとえば、株主が約400人の会社がありました。普通の中小企業です。戦時中の国策によって複数の会社を統合させられ、やむを得ずそうなったのです。株主名簿を初めて見たとき、私も思わず声が出ました。

「株主が400人ですか！」それに対してその会社の専務が言いました。

「株主総会の収集通知を出すのも、返事を確認するのも、かなりの業務量ですよ。株主の少ない会社がうらやましいです」

その会社はその後、株主数を減らすことに注力し、ようやく50人を切ったのです。それでも、普通の中小企業に比べたら、あまりに多すぎる株主人数に頭を悩ませておられたのです。400人の株主はおおげさでも、株主が10人以上に分かれている、という中小企業は多いものです。聞けばその多くが、過去の負の遺産です。

「祖父の時代に、兄弟がもめないようにと均等に分けて、今も分散したままです」

「創業時のメンバー7名が株式を持っていて、それぞれの相続で株主が増えていきました」

「先々代が後継者の相続税を減らすためにと、親族一同に少数ずつ贈与して、株主が増えたままになっています」

などなど、事情はさまざまですが、いずれも出口なき対策です。一時のためにおこなったことが、今となっては大きな経営課題となっているのです。

株主が多いと困るのは、先に書いた業務量が増える、ということだけではありません。最も困るのは、事業承継における株式対策です。とくに株価が高くなっていて、後継者が支配権を得るために必要な株式を買い集めるには、数億単位の資金が必要という場合です。

後継者がそんな大金を持っているはずがありません。

そこでまず、株価を下げる施策を打ちますが、ここではテーマが違いますので、詳細はＩＣＯの別の書籍に委ねますが、事業を継続し続けるうえで、後継者への株式対策はいつか必要になります。

またそれは、Ｍ＆Ａによる売却かもしれません。いずれにしても、株主が多すぎる会社は、事がスムーズに進みません。

そうならないように、株主を多く持たない。時間をかけてでも株主を集約して、経営トップの意向に従う、ごくごく身内の株主だけにしておいてください。

4章

継続的に稼ぐ形を作りながら儲けの核心を見つけて磨く

【第2ステップ】見抜く・仕組む・仕掛ける

稼ぎ続ける形にするべく「見抜く」「仕組む」「仕掛ける」

第3章のステップ1「たたむ・削る・変える」を実践すると、多くの場合、税引前利益が赤字になり、法人税が減ります。中小企業の社長はみなさん驚きます。お金が残ることにも驚きますが、税金で出ていくお金がどれだけ大きかったのかということにも驚くのです。この時点で社長は気づきます。

「なるほど、赤字になって税金が減ればこんなにもお金が残るなんて。赤字はダメだと思っていたけれど、こんないいことはないじゃないか」

「他にも何かあるんじゃないだろうか…」

とくに、自己資本比率が30％を越えているような会社であれば、多少の赤字が出たところで財務的に何ら悪影響はありません。

そのような会社の社長の多くは、税引前利益が赤字となって税金が減るとそのうまみを覚え、今度は積極的に赤字になる要因を探そうとします。そうして、貸借対照表にこれまで蓄積されていたムダな資産が削《けず》られていくのです。「たたむ・削る・変える」をどんどんやりたくなるのです。

しかしこの段階では、単発的な施策にすぎません。資産のムダが削《けず》れてしまえば、その後はそう毎年、赤字を計上できるネタは、貸借対照表にはなくなってしまうのです。

そして、大きな赤字を出したあとに繰越欠損金が発生しても、その欠損金はおおむね数年でなくなっています。３章で述べたとおり、繰越欠損金は、損益計算書の最終利益である純利益が大きなマイナスとなったとき、中小企業ならそのマイナスを最大で10年間繰り越せる、法人税の仕組みです。

繰越欠損金のマイナスが残っているうちは、単年度の純利益がプラスでも、法人税は発生しないのです。利益が出ても税金が発生しないなど、社長にとって、これほど助かるものはありません。

しかし、繰越欠損金がだんだんなくなってくると、社長はこう考えます。

「このままだと、来年あたりから法人税が発生してしまう。なんとか減らす方法はないだろうか…」となり、節税マインドが高まります。

損益計算書や貸借対照表など、決算書を見る目も高まっていきます。また、節税だけでなく、節税で残ったお金をどのように使うのかということを考えはじめる機会となります。

そうして今度は、ステップ２の「**見抜く**」「**仕組む**」「**仕掛ける**」という段階へとつながっていくのです。一時的な節税ではなく、稼ぎ続けるためにはどうすればよいのか、という思考へとスイッチが入っていくのです。

どの会社にも、それまで事業を継続してきたのであれば、それなりの売りモノがあるはずです。その売りモノ＝商品力をさらに高めるには、お客様が本当に欲しがっている「**真のニーズ**」を「**見抜く**」ことが必要になります。

時がたてば、お客様のニーズも変わります。従来のニーズに合わせた売りモノは、急激に落ちることはないものの、じわじわとその稼ぐ力が衰えていきます。以前ほどの利益が出なくなっていくのです。

経営において新しいメシの種は、儲かっているときにこそ、取り組むべきことです。稼ぎ頭《がしら》の力が衰えてきてからでは遅いのです。

とくに多くの中小企業において、事業承継のタイミングに差し掛かっています。後継者が先代の売りモノに依存していては、これからの経営環境を生き残ることが難しい。そのような中小企業が多いのです。

ステップ1の「たたむ・削る・変える」でお金が残る体質へと転換できたのであれば、今度は継続的に稼ぐ形をつくるべく、まずはお客様にとっての「真のニーズ」を見抜いてほしいのです。それが、これからの儲けの核心となるのです。

- **これからの時代、お客様がわが社に求めるものは何なのか**
- **これまでの売りモノだけでいいのか**
- **今の仕事の前後で新たな売りモノとなるものはないか**

自分の会社が関わる業界の今後を考えれば、お客様は何を一番欲するのかを考えて、「見抜いて」いただきたいのです。

稼ぐ形においても同じです。

自社の売りモノを磨いて提供し続けるには、継続的にお金が必要になります。「先代から引き継いだ会社の形はこのままでいいのか、稼いだお金を残す形は他にあるのではないだろうか…」

これからの経営を担《にな》う後継者は考え直す必要があります。自分の会社が稼ぎ続けるようにするため、新たに「**仕組む**」ことが必要なのです。

・本体となる会社だけで、子会社はいらないのか
・もう少し会社を分けたほうがいいのではないか
・すでに会社を分けているが、今のままの取引や資産の持ち方でいいのだろうか
・現状のような人員構成・労務環境でいいのだろうか
・わが社の商品力を磨くには、新たな専門部署と人材が必要ではないだろうか

すべてが右肩上がりの経済環境ではない現在、これまでどおりの経営スタイルでは、同じように稼ぐことが難しい時代です。

また、稼いだお金が残りにくくなってきている中小企業も多いです。過去のやり方やしがらみに捉われることなく、これからの時代において継続的にお金を稼いで残せる形へと、「仕組んで」ほしいのです。稼ぎ続けるために進む方向を明確にするのです。本体となる会社がよりスリムになり「持たざる経営」がさらに進むよう「仕組む」のです。

そして、自分の会社のこれからの売りモノを見抜き、稼ぎ続けるための経営の形を仕組んだら、売りモノを磨くための「**仕掛ける**」に取り組みます。

・企画開発部門を強化し、専門人材を雇う、または契約する
・M&Aで必要な会社を買う
・機械設備・システムを最新のものにする
・従業員のモチベーションが上がる処遇・福利厚生・教育を取り入れる

「仕掛け」をするにもお金がかかります。ただし、うまくいくこともあれば、それほどうまくいかない場合もあります。すべての「仕掛け」が思惑どおりに当たることはないのです。だから、多少の失敗があろうとも、流出したコストを吸収できるくらいの収益体質が必要です。加えて、稼いだお金の流出を最小限にするように仕組まれていることが大切です。「見抜く・仕組む・仕掛ける」で、次代の経営を成功させるため、継続的に稼げる形づくりに取り組んでほしいと思います。

子会社を増やし、機能を分ける

第1章でご紹介した、キノシタ商事は、「たたむ・削る・変える」で総資産圧縮(オフバランス)をしてお金が残る体質へと変化したあと、次ページ第10表にあるように4つのグループ会社

第10表 子会社をつくり、グループ内でお金を回す

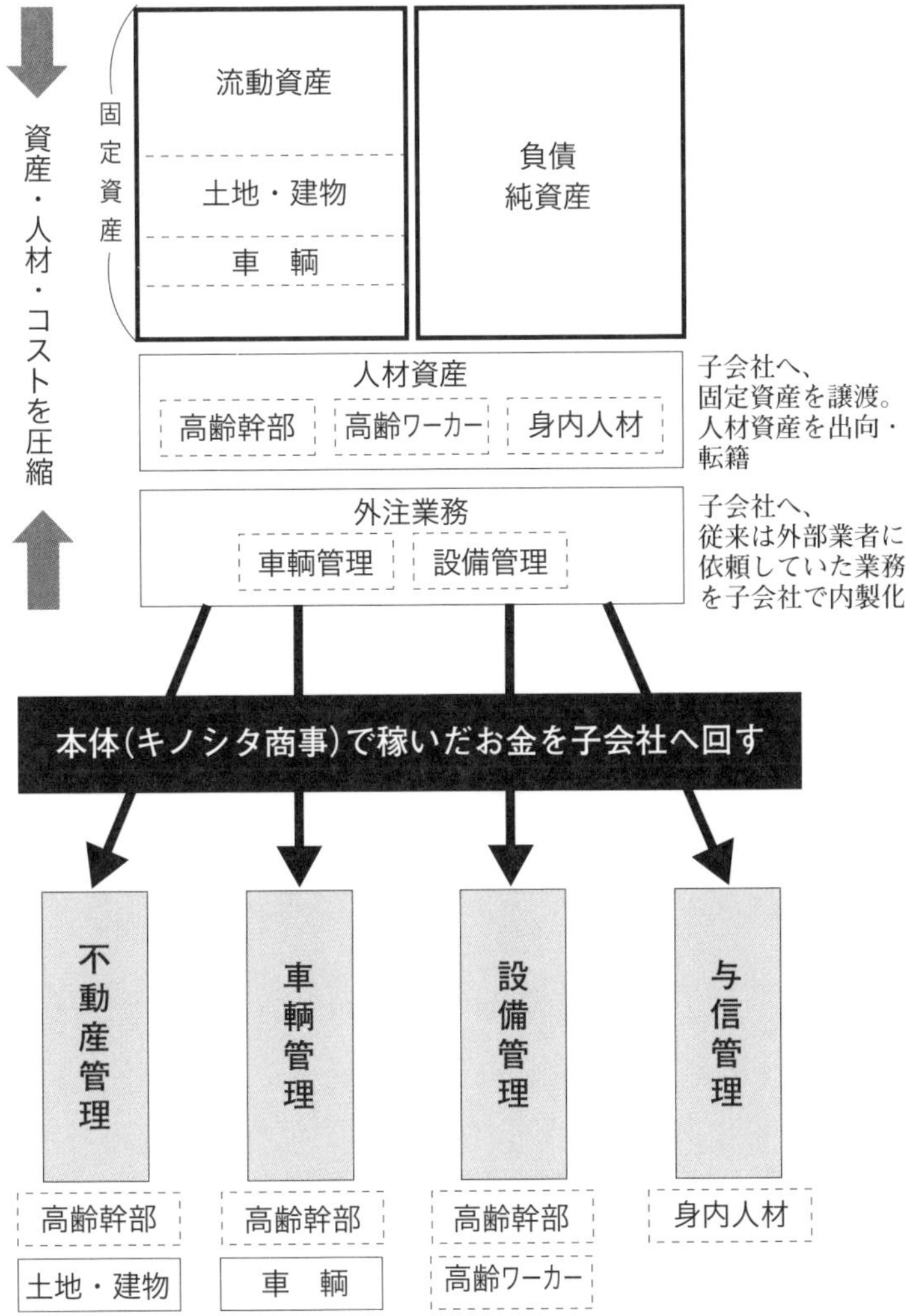

を作りました。

本体となるキノシタ商事が稼ぐお金をグループ内でうまく回す。あるいは、必要な経費をグループ会社へ分散させる。そうすることで、税金として流出するお金を減らしたのです。

キノシタ商事のように4つのグループ会社があれば、交際費なら1社で800万円、4社で3，200万円の損金計上枠ができることになります。今回の交際費はA社で計上し、次の交際費はB社で計上する、ということも可能です。その交際費がなぜA社なのか、という大義名分は、グループ内の会社であれば、いくらでも考えることができるはずです。

中小企業が加入できる倒産防止共済も、4社あれば各社で加入することができます。

1社で年間最大240万円の掛け金が損金計上可能です(掛け金累計で800万円が上限)。4社あればそれだけで、年間960万円にもなるのです。累計で800万円になった倒産防止共済への掛け金は、解約すれば全額戻ってきます。戻ってきたときは利益計上となりますが、いつ解約するかはコントロールできるので、出口対策も対応しやすいのです。

葬祭事業をされている私の顧問先で、会社を大きく4社に分けている会社があります。年商は15億円程度です。

A社……葬祭ホールの土地・建物を持つ不動産管理会社
B社……お葬式を受注して運営する、お客様の窓口となる会社
C社……お葬式に必要な人材を派遣する会社
D社……お葬式に必要なお料理を提供する仕出し料理の会社

お客様からのお葬式の代金がB社に入ります。B社はA社に毎月の家賃を払い、C社に人材派遣費用を払い、D社には仕出し料理の利用料を払います。

かつては葬祭ホールの土地・不動産もすべて外部からの借地・借家でした。業績向上とともに、A社を設立し、徐々にグループですべての不動産を抱えるようになっていきました。A社は4社の中で唯一、銀行借入金が発生する会社です。借入金の返済が回るよう、家賃を設定し、B社から支払われているのです。

A社に続いて設立したのが、D社の仕出し料理会社でした。それまでは外注していたのを、グループ内で依頼できるように変えました。そうすることで、料理内容も独自のメニューで、近隣ライバルの葬祭ホールと大きく差別化することが可能になったのです。お客様がお葬式

をどこにお願いするかといったときに、都心以外の地方では、料理内容が接客サービスに続いて、高いウエイトを占めています。

それに、地方の葬祭事業の場合、お客様は近隣の葬祭ホールに参列する機会が多く、それぞれの料理内容も把握しています。すると、異なる葬祭事業者であっても、料理の外注先が同じ仕出し業者でメニューも同じ、ということがありがちなのがわかるのです。

そういったメニューを経験しているお客様だからこそ、「自分がお葬式をするなら、よそと違うお料理を出してくれるところがいいな」となるのです。要はライバルとの差別化のため、D社という仕出し料理の会社を作られたわけです。

D社はライバル会社の外注は受けません。同じグループである、B社の仕事しか受けないのです。

さらに、お葬式に必要な人材を派遣するC社を設立しました。もともとはお葬式を運営する会社であるB社にいた従業員は全員、C社に転籍してもらいましたので、現在B社にいるのは取締役と受注を受ける数名のみです。固定資産もありません。受注の本体となるB社の総資産は極めて少なく、「持たざる経営」を実現しています。

銀行評価においては、お金が外から入ってくる、本体となる会社の財務体質が最も重要です。その点においては、申し分のない財務体質となっているのです。

つまり、外部のお客様からお金が入ってくるのは、お葬式の受注窓口となるB社のみです。あとの3社には、B社で稼いだお金が流れていきます。そうしておけば、B社に大きく利益が出すぎないようコントロールしやすいのです。

この葬祭会社の場合は、ひとつの会社から3つの機能を切り離しました。受注運営会社、人材派遣会社、不動産会社、仕出し会社の4社に分けることで、本体となる受注運営会社の「持たざる経営」を実現しつつ、稼いだお金の流出を最小限にコントロールしているのです。

そしてグループのどこかにお金が残る形となったあとは、本来の売りモノを磨くことに注力しました。お葬式の単価は、家族葬が増えるとともに、どんどん低下傾向にあります。しかしそれでも、お葬式は参列人数が少なくても内容の良いものにしたい、少々高くてもいい、というお客様もおられるのです。地方になればなるほど、「〇〇さんのお葬式は立派なもんだった」と、すぐに噂が広まります。逆の場合もそうです。

狭い世界であるが故、見栄や体裁を気にします。そのような「多少高くなっても良いお葬式がしたい」というお客様のニーズと、地方ならではの顧客心理を見抜き、サービス内容を充実させ、スタッフの接客サービス向上にお金を使いました。

また、地域の方々との接点を大切にすべく、有料のゴルフコンペや温泉旅行ツアーなどを企画して友好関係を構築し、その費用は販売促進費として、4社のうちの利益が多い会社に主として計上できるようコントロールもしたのです。

要するに、4社に機能を分けてお金が残るように仕組み、高めるべき自社の商品力を見抜き、その商品力を磨くべく、さまざまな企画を仕掛けているのです。その地域に特化した経営であるが故、ずば抜けた売上高にまではならないものの、強い財務体質を維持する形が、しっかりとでき上がっているのです。

キャッシュリッチになり、グループ会社へ貸しつける

「たたむ・削る・変える」が進行し、子会社を作り、会社が複数になると、ひとつの会社にお金が貯まってくることがあります。それはとくに、本体となる会社で大きな赤字を出したあとに、お金が貯まっていきます。その貯まったお金をグループ会社へ貸しつけて有効活用

していくことも、「持たざる経営」の第2ステップでは有効となります。

東海地区で鋳物製品を受託する株式会社長瀬鋳造(仮称)は、年商約25億円の老舗鋳造メーカーです。

日本国内の鋳物製品の需要は、経済成長以降、縮小を余儀なくされていました。多くの国内工場が海外に移転することも、鋳造メーカーにとっては大打撃でした。多くの鋳物工場が会社をたたむ中、長瀬鋳造はいち早く海外で鋳物製品を製造できる外注企業を100%子会社として設立し、海外需要をも担うという独自の経営スタイルで生き延びてきたのです。

日本の鋳物需要は縮小したものの、海外での需要はまだまだあります。大きな工場や焼却炉など、発展途上国からの注文が後を絶たない状況となりました。その多くは海外で設立した100%子会社で請け負い、その配当金を親会社である長瀬鋳造へと送金しているのです。

配当金が無くても、長瀬鋳造は利益を十分に出していました。そのため、配当金も含めて利益がどんどん増えるものの、税金をどんどん支払うという状況になっていたのです。

「利益が出るのはいいが、こんなにも税金を払うのはどうもばからしい…」

3代目である長瀬社長(仮名)はそう感じていたのです。

そこで、不動産管理会社を作り、長瀬鋳造が保有する土地・建物をすべて、不動産管理会社へと売却することを提案しました。バブル時期に購入した土地だったので、土地は大きな含み損を抱えていました。

工場建物も建設から20年以上が経過しており、売却損が出る鑑定評価だったので、売却後、1億5千万円の売却損となりました。その年度の税引前利益が約2億円でした。そこから1億5千万円を損失で圧縮し、最終利益は5千万円となりました。例年に比べて法人税が大きく減り、加えて、事前に納付している中間納税も半分以上が還付返金されてきました。そのとき初めて、長瀬社長はこう感じたのです。

「そうか、税金を減らせば、こんなにもお金が残るのか」

こうなると、長瀬社長は次の手を打ちたくなります。奥様である副社長に退任してもらい、退職金を支払うことにしたのです。月額報酬をしっかりと取り続けており、取締役としての就任期間も30年になるので、計算すれば、退職金は2億5千万円となったのです。

そのお金も銀行から借りる必要もなく、支給できるだけの現預金が、長瀬鋳造には残る体質になっていたのです。

そして奥様が受け取った退職金のほとんどを、会社に入れてもらいました。具体的には、長瀬鋳造が少人数私募債を発行し、奥様がその全額を引き受ける形にしたのです。

少人数私募債は、会社が発行できる社債のひとつです。官公庁への届出は不要で、取締役会の決議だけで発行できます。返済は5年後や7年後の一括償還と設定できるので、毎月の返済が不要です。償還期限となったときも、返済できない財務状況であれば、新たな少人数私募債を発行して更新することも可能です。

さらに、3%～5%の金利を設定することもできます。銀行のように、人から預かったお金を貸すのではなく、自分のお金を貸すのです。その程度の金利設定は十分にできるのです。

貸借対照表では固定負債に入りますが、銀行の評価としては、自己資本とみなされます。少人数私募債は、経営破綻時の弁済順位が低い、劣後債です。そのため、出資性が高い、資本性借入金とみなされるのです。

長瀬社長が奥様に退職金を2億5千万円支給したものの、そのお金のほとんどは少人数私募債の引き受け金として、長瀬鋳造に戻ってきました。しかし、2億5千万円の赤字が出たので、またも大きく税金が減りました。長瀬鋳造は瞬《また》く間にキャッシュリッチになったのです。

そこで、積み上がった現預金をグループ会社へと貸しつけました。今度は不動産管理会社が少人数私募債を発行し、長瀬鋳造が引き受ける形で、お金を貸しつけたのです。不動産管理会社はそのお金で第2工場の土地を取得し、建物を建てました。そしてその第2工場では、海外の鋳造工場ではできない高度な技術が必要となる鋳造品のみ、生産を引き受ける工場としました。長瀬鋳造はその第2工場の土地・建物を、不動産管理会社から借りることにしたのです。

海外工場は、高度な技術までは必要ないが、数をたくさん作れる工場とし、日本国内のおひざ元の工場は、難度の高い高度技術を要する特注品専門の会社とすることで、長瀬鋳造は独自の強みを磨いていきました。長瀬鋳造にとって、やはり磨くべきは技術であると見抜き、高い技術を発揮できる工場となるよう、設備を整え、人材を整えたのです。そのような方向へと明確に進むことができたのは、本体である長瀬鋳造が「たたむ・削る・変える」でキャッシュリッチになることができたからです。

「微差が大差になる」で商品力を高め、地域一番店を維持している会社

兵庫県で15店舗のB級グルメ店を展開するハッピープリンス(仮称)は、県内でも限定した地域にだけ出店するドミナント戦略で強みを発揮していました。

同じようなメニューを扱う大手チェーンの店舗がそのエリアに出店してきても、定着せずに数年で撤退していくのです。いずれの店舗も県内のみならず県外からも大勢の客が押し寄せる大繁盛店です。

創業から約30年、その地における地域一番店という地位を維持し続けています。ハッピープリンスは、その地域の人たちにとっても、「おらが町の有名店」として誇り高きブランドにまで成長していたのです。

創業者である長嶋会長(仮名)と初めてお会いしたのは、ICOのセミナーにご参加いただいた約15年前です。失礼ながら、私も当時はこの店舗に行ったことがありませんでした。メニューを見せていただくと、数えきれないくらいのアイテム数でした。

古山「たくさんありますねぇ!」と長嶋会長にお聞きすると、こう言われました。

長嶋会長「そう見えますでしょ」

古山「どういうことですか?」

長嶋会長「たくさんあるように見えますが、基本のメニューにトッピングが異なるメニューが多いので、実際には少ないんです」

古山「しかし、ボリュームのわりには値段が安すぎませんか?」

長嶋会長「古山先生、大手に勝とうと思ったら、大手ができないことをするしかありません。それが、絶対的においしい味とボリュームとお得感。それに加えて、お店の楽しさです。うちは15店舗が全部、コンセプトが違うので、内装もデザインも全然違うんです。どのお店に行っても、違う楽しみを感じていただけるようにしています」

古山「確かに、それは大手外食チェーンにはできませんね」

長嶋会長「うちはそういった、大手がやらない小さなことの積み重ねで、この地域で一番の地位を確保し続けているんです。取り組んでいることは本当にわずかな、微差なことばかりです。でも続けていると、その微差が大差になるんです。私たちが長年取り組んできたことは大手はマネもできないし、今さらしたとしても追いつきません」

ドミナント（集中）戦略で地域一番を維持し続ける長嶋会長の言葉に大いに感心させられました。余計な場所には店舗を持たないという集中戦略も、「持たざる経営」のひとつの形といえます。

そしてなにより「**微差が大差となる**」という考え方こそ、中小企業が大企業に勝つための戦略のひとつです。

同社は、微差を積み重ねることで、商品、店舗、接客といった店舗運営の各要素を磨き、そのすべてを強い商品力に仕上げたのです。長嶋会長はじめ、取締役と主要なスタッフで常にミーティングをしながら、微差を生み出すアイデアを考え続けているのです。

同社は、持たざる経営【ステップ2】「見抜く・仕組む・仕掛ける」を実践されていました。

その長嶋会長からある日、相談の連絡がありました。

長嶋会長「古山先生、助けてほしいことがあるんです」

古 山「どうしたんですか?」

長嶋会長「うちの15店舗はほぼ全員、アルバイトです」

一般的に、外食店は少なくとも正社員が2割、あとの8割がアルバイトという人員構成です。それが同社の場合、アルバイトばかりの店舗が多く、正社員は大型店舗に数名在籍しているだけです。極力、正社員を雇わない経営です。これは驚異的です。

アルバイトばかりでもリーダー的存在がいて、店舗運営と管理を担っているのです。正社員よりもアルバイトのほうが労務費を抑えることができ、その抑えたコストをメニューの原価につぎ込んでおられるのです。メニューに自信がなければ、怖くてなかなかできないことを実践しているのです。

古 山「そのアルバイトがどうかしたんですか？」

長嶋会長「これまで、当社はアルバイトが多いので法定福利費が少なかったんです。ところが来年から法律が変わって、うちのアルバイトの多くが社会保険の対象になって、法定福利費が発生するんです」

古 山「なるほど、政府は社会保障費が不足しているので、なんとかして社会保険の対象者を増やそうとしていますからね」

長嶋会長「そうなんですよ。試算したら、このままだと法定福利費が年間2，500万円ほど増えてしまうんです！」

古 山「わかりました。まずは各店舗の人員の状況と、店舗別の試算表のようなものがあれば、いただけますでしょうか。対策を考えてお伝えいたします」

長嶋会長「助かります。よろしくお願いいたします」

長嶋会長が変わると言っていた法律は、社会保険適用拡大に関する法律改正でした。従業員の人数によって、これまでは社会保険対象外だった従業員も、勤務時間数など一定の条件に該当する人は全員、社会保険適用になるという法改正です。

そうなると、社会保険は労使折半なので、従業員が半分、会社が半分の負担になります。会社も負担が増えて大変なのですが、従業員もイヤなのです。今さら社会保険に加入して手取りが減るよりも、今のままがいいのです。

私は店舗別の資料などをいただいて対策を考え、長嶋会長に連絡しました。

古山「会長、いい案ができましたよ！」

長嶋会長「えっ、本当ですか！」

古山「会社を3つに分けましょう！　従業員の人数が条件ですから、その条件には当分は該当しないように、分けてしまえばいいんですよ」

長嶋会長「そんなこと、できるんでしょうか？」

古山「できますよ。15店舗をそれぞれ見ていくと、地域で3つに分けるのがよさそうです。エリアごとに会社を分割するというのは普通におこなわれることですから」

その後、ハッピープリンスが100％出資の形で、2つの新しい会社を作りました。

その2つの会社に5店舗ずつ、事業そのものを無償譲渡しました。譲渡した店舗はいずれも年数を経過している店舗なので、店舗内装や設備の簿価はほとんど残っていません。加えて銀行借入金もなかったので、事がスムーズに運びました。

その店舗の従業員には、それぞれの会社へと転籍いただき、その結果、1社で15店舗だったのが、5店舗ずつ、3つの会社で運営するという事業編成にしました。会計処理は3社に分かれますが、従来から経理処理を依頼していた会計事務所が、そのまま引き受けてくれました。


すべての処理が終わったあと、長嶋会長はおっしゃいました。

長嶋会長「当初3つの会社に分けたら何か問題が起こるかと心配しましたが、その必要はありませんでした。従業員も取引業者もみなさん協力してくれて、すべてうまくいきました。これでしばらくは、社会保険の心配はしなくてもよさそうです」

長嶋会長は、深々と頭を下げてお礼の言葉を述べてくれました。

古　山「いいえ、それは会長が作ったお店がどれも、従業員からも、取引先からも、お客様からも、大切に思われているからですよ。そうでなければ、こんなにうまくいかなかったと思います。会長がこれまで積み上げてきた微差が、ここでも活きたわけです」

同社はそもそも、店舗はすべて借り物で、持たざる経営を実践されていました。もしもその店舗が業績不振になったら、その店舗は閉めて他の場所に移る、ということを頭に描いて、出店されてきました。銀行借入金も、最低限度で収まるように注意を払い、損益計算書の面でも、とにかく自慢のB級グルメ商品にお金をかけられるように他のコストはとことん削っていました。広告もお金を出しては、絶対にしません。そのかわり、取材依頼があれば、サービス精神満点で応じておられました。

このように、持たざる経営の【ステップ1】の内容を実践されてきたのです。その土台があって、商品売価が安いものの圧倒的な商品力で常識外れの集客数を維持し、強い収益体質を維持されていました。その地域にだけある繁盛チェーン店というのは、ところどころで見かけます。しかし、ハッピープリンスはその中でもずば抜けて、強い商品力を見せつけてくれるローカル外食チェーンなのです。

ワーカー人数を減らし、工場企画の人員強化で商品力を高めた会社

会社経営にとって、労務費は最大のコストです。失われた30年が終わり、少子高齢化で労働人口が減る中、労務費は急激に上がりはじめました。

同じ上昇でも、「金利ある世界」よりも「賃上げある世界」のほうが、中小企業にとっては深

刻なのです。そのような経営環境の中、数十年にわたって労務コストを最大限に効率化することに注力し続けてきた会社があります。

それは北関東エリアに本社を置くメーカー、北関プロダクツ（仮称）です。農業や水産業で使用する機械器具を取り扱い、年商は約100億、中原社長（仮名）は創業家の4代目トップです。売り先は全国のホームセンターなどの量販店と海外への輸出販売が主体です。

北関プロダクツは、私どもICOの長きにわたる顧問先で、約20年その現場を見てきました。驚くのは、工場内の様子が毎年変わっていることです。進化し続けているのです。

「レイアウトが変わる」「人数が減る」「ロボットが作業をする」「ロボットが運ぶ」などと、毎年必ずどこかが変わっているのです。5年前、10年前とほとんど変わっていない製造現場が多い中、なかなかできません。

古山「よくもこれだけ毎年、人員が減ったり、ロボット化・機械化が進みますね。減った人員はどうされているんですか？」

中原社長「工場の中で減っているのは全員、派遣で仕事をしていただいているワーカーの方々です。半年とか1年の契約で仕事をされている人ばかりなので、現場は人数が減るだけです」

北関プロダクツは、工場に多くの人数がいても、ほぼ派遣社員です。工場だけではありません。管理部門もそうです。これは、先代がオイルショック(昭和40年代)で急激な業績悪化を経験された経緯から、そのような体制に変えてきたのです。

不測の事態が起こった際、正社員ばかりだと大変です。業績が悪化したからといって、簡単には人員削減できません。早期希望退職を募る、リストラをするにせよ、手間もコストもかかるのです。

突然の経営危機に陥っても、労務費を減らして変動費化できるようにと、期間契約である派遣社員中心の従業員構成に切り替えたのです。

中原社長「そのかわり、人員を増やしている部署もあります」

古山「どこの部署ですか?」

中原社長「工場企画と商品企画の部署です。工場企画は工場のどこをどう変えたらいいのか、どこの何を機械化・ロボット化すればいいのか、どのような社内システムがあればもっとムダを省けるか、といったことを常に研究提案している部署です。商品企画は、お客様や販売店の声をもとに、既存商品の改良や新商品を企画開発する部署です。その部署は多くが正社員で、給与も年収が1千万円以上の人がほとんどです。だから工場企画部のおかげで毎年のように、新しい機械設備やシステムを導入できるんです」

古　山「そうですね。しかもこの6～7年は、毎年のように即時償却制度を使って全額償却していますよね」

中原社長「はい、いつも即時償却制度の対応で、ICOさんにはお世話になっております」

即時償却制度は、安倍政権のアベノミクス時代に取り入れられた、中小企業の設備投資を促すための画期的な優遇税制です。2年ごとに更新されながら、今も運用されています。（現在の期限は、令和7年3月末迄）

余談になりますが、私たちICOでは、「時限立法である即時償却を活用してください」と言い続けています。設備投資をおこなった際に、単年度で全額を一気に償却できる優遇税制です。

優れた税制なのに、中小企業では思ったほど活用されていないのが実態で、私たちICOとすれば、こんなにいい制度を使わない手はないとすすめているのです。

全額を単年度で償却するということは、全額を一気に損金計上することです。今ではなくなってしまった生命保険の全額損金計上と考え方は同じです。

「全額損金の保険がなくなって、節税策がなくなった！」と嘆くのであれば、即時償却制度を活用すればいいのです。

たとえば、耐用年数7年の設備を購入すれば、通常の減価償却費は、最初の1年分です。1年分を損金計上し、残りの金額は資産計上となります。貸借対照表に記載され、翌年度からあと6年間、減価償却費を計上し、資産計上の額が減っていきます。

これを即時償却すれば、導入した年度に全額を損金計上します。通常の減価償却よりも、6年分を多く減価償却費として、先行的に損金計上できるのです。上乗せ分の減価償却費は特別損失として計上すれば、営業利益や経常利益には影響ありません。税引前利益が減るだけです。

先行的に損金計上した減価償却費は、いわば簿外資産です。貸借対照表には記載されません。とはいえ、たとえばM&Aで資産価値を算定する際には、その簿外資産となった即時償却分を資産として再計算します。貸借対照表からは消えているけれど、その資産はあるもの、として計算するのです。決算書内には持っていないけれど、持っているものとして、算定されるのです。

設備投資を即時償却し、固定資産を簿外資産として持つ。これも持たざる経営のひとつの形なのです。

この制度設立時から、北関プロダクツは存分に即時償却を活用してきました。設備投資時に全額償却したものの、貸借対照表にはない、隠れ資産が10億円近くまで膨れ上がりました。

ワーカーの人材は減らし、売上総利益を高めるための施策を考えて実践する部署の人材は増やして、工場企画の部署へ徹底的に労務コストを注力しているのです。

その結果、北関プロダクツは売上総利益はもちろん、営業利益、経常利益もメーカーとしては素晴らしい数値を上げています。また高い売上総利益があるからこそ、売り先に対しても強気の交渉ができるのです。

「売るモノはないけれど売りモノはある」で営業マンをゼロにした会社

関西圏で、おもにチルド品（冷蔵品）の物流輸送業を営む、株式会社青山冷蔵物流（仮称）は現在、年商約500億に迫ります。

青山社長（仮名）に初めてお会いしたのは20年近く前で、年商は約100億円でした。しかしその当時の青山冷蔵物流は借入金が多すぎて、もはやどの銀行も、新たな投資のための追加融資や借り換え融資はしてくれない、といった危険な状況だったのです。

冷蔵品の物流事業は、冷蔵倉庫を必要とするので、投資をするにも多額の資金が必要となる事業です。しかし、青山社長はそこからコツコツと返済をしながら借入残高を減らしました。「たたむ・削る・変える」にも取り組みました。借入金は多いものの、経常利益は数パーセント出ており、「たたむ・削る・変える」でお金が残る体質にじわじわと変えていくことで、資金繰りは少しずつではあるものの、楽になっていったのです。

資金繰りが楽になれば、考える余裕も少し出てきます。青山社長は顧客の声に耳を傾けながら、真のニーズを考え続けました。青山冷蔵物流の顧客は、大手スーパーマーケットであり、大手外食チェーンがおもなお客様でした。そのお困りごとは何だろうと現場で働くお客様の声に向き合いました。すると、次のような声が多く聞こえてきたのです。

「運んでもらっても、あとの作業に手を取られるから大変」
「納品のときに誰かが鍵を開けたり対応しなきゃいけないから大変」
「運んでもらう前の倉庫の品質管理が不安」

といった声を聞くことで、モノを運んだ後や運ぶ前に、お客様のさまざまなお困りごとがあることに、青山社長は気づいたのです。

「わが社は運送事業なので、売るモノはないけど、売りモノはあるな」と、数々の現場の声から、青山社長は自社の売りモノとなるサービスを見抜いたのです。

それは、運んだ後に荷主の荷物を「仕分けする」「棚に並べる」などといった後工程を取り込むことでした。あるいは、従業員が誰もいない時間に配送スタッフが鍵を開けて倉庫に納品し、必要あれば店舗スタッフが出勤時に作業しやすいよう整頓しておく、運ぶ前の商品をお預かりし、品質管理を要望どおりにおこなう、といったことなどを進めていきました。

中小企業は、**本業の前と後を仕事にせよ**という言葉のとおり、荷物を運ぶ前と後の機能・サービスを青山冷蔵物流の売りモノとしたのです。

「たたむ・削る・変える」で資金繰りにゆとりが出てきたことをきっかけに、見抜いた売りモノ磨きにお金を投入し続けました。

その一方で必要になるのが、ドライバーの数と質です。２０２４年問題などと騒がれたとおり、日本のドライバー不足は深刻です。しかしながら同社は、ドライバー確保には困っていません。ドライバーの採用と定着のためにも、売りモノ磨きと同じく、お金をかけ続けているのです。

・ホームページを充実させて応募者に安心してもらう
・同業他社よりも若干高い給与水準にする
・運転に不安があれば練習できるよう、訓練施設を設ける
・ドライバーをサービススタッフとして捉え、接遇・身だしなみの教育をおこなう
・充実した福利厚生で、ドライバー全員が一体感を得られるように仕掛ける
・自動車教習所をM＆Aで買い取り、トラック運転免許を確保しやすくする
・運転記録を電子化し、安全運転実績を評価に反映しやすくする

このような施策を矢継ぎ早に打ち、ドライバーの採用・定着・質の向上において、ライバルとは比べ物にならない水準にまで到達しました。お客様が求める、荷物を運ぶ前と後のサービスが充実し、そこに関わるドライバー全員の質が他社よりも抜きん出ている状態となったのです。

売りモノ磨きが進み、ドライバーの質が上がることで、青山冷蔵物流には、お客様から仕事を依頼する声が次々に集まりはじめました。そこまで対応してくれて、なおかつドライバー

の質も申し分ないという同業他社がないからです。

荷主企業にとっては、荷物を運んでもらうだけの会社ではなく、協力企業として欠かせないパートナーとなったのです。顧客からの信頼がどんどん高まり、何も営業活動をしなくても、仕事がどんどん舞い込む状況にまでなりました。荷主の会社にとって、なくてはならない、手放すことのできない協力会社にまで進化したのです。

青山社長は胸をはって言いました。

「うちには営業マンがいないんです。営業活動をしなくても、お客様からお声がかかります」

このような状況になると、価格面でも交渉しやすくなり、利益も残しやすくなりました。

そのお金を今も、形としては存在しない、サービス向上やドライバーの質向上という、お客様が求める売りモノ磨きに注ぎ込み続けています。同社は、決算書には表れない見えない資産を磨くことで、営業活動をしなくても売上高が伸び、利益も伸びるという会社になったのです。

ある日、青山社長から相談がありました。

青山社長「銀行を通じて、荷主の親会社から、そのグループの物流会社を買ってくれないか、と言われています。この会社を買えば、売上高としては約100億程度、増えることになります。その会社の実状はある程度把握しています。経常利益が数パーセント出ているのも知っています。そこに、うちがやっているようなドライバー教育やサービス提供を取り入れれば、もっと利益を出せる会社になります。売り値からしても、いい買い物だと考えています」

その親会社は上場会社でした。上場会社には必ず、グループ内の事業を整理するという時期がやってきます。今後の経営リスクとなりそうな会社を売却し、儲かる事業のみを残すのです。そうすることで、グループ全体の体質改善をおこなうとともに、株主の支持を得続けようとします。青山社長に声がかかった上場会社にとっては、その物流会社が売却対象となったのです。

古山「それで社長はどうしたいのですか?」

もう買う気になっている青山社長に、あとは何が気になっているのかをお聞きしました。

青山社長「じつは、この案件を紹介していただいた銀行に、M&Aの仲介手数料を払うことになるのですが、その金額が異常に高いんですよ」

古山「いくらなんですか?」

青山社長「6千万円と言っています」

古山「えぇっ、この売り値の案件でそれは高すぎですよ！」
青山社長「ですよね。このM＆Aの案件、ICOならいくらで請け負っていただけますか？」
古山「うちなら1，500万円で請け負いますよ。その銀行に、1，500万円で請け負ってくれる会社があると言ってみてください」
青山社長「わかりました。ただ銀行がもし『じゃあ、そちらで請け負ってもらってください』と言ってきたら、請け負ってもらえますか？」
古山「もちろん、請け負いますよ」
といったやりとりを、とあるゴルフ場のソファで15分程度おこないました。
数日後、青山社長から電話が入りました。
青山社長「古山先生！先日のとおり銀行に話したら、1，500万円で請け負ってくれることになりました！」
私も内心驚きました。まさか銀行が提示金額の4分の1で、すんなり了解するとは。少なくとも、「さすがに1，500万円は厳しいですが、3千万円でいかがでしょうか」などと銀行は言ってくるのではないだろうかと考えていたので、まさかの展開でした。
M＆Aの仲介手数料として、銀行はいかにいい加減な値段をふっかけてきているのかが、改めてよくわかりました。その銀行にしたら、1,500万円の仲介手数料が入り、M&Aに関する青山冷蔵物流への融資も獲得することができるのです。カネ余りでなおかつ金利では稼げないという厳しい環境の銀行にとって、ふっかけた仲介手数料が減ろうとも、十分に納得できる内容だったと思われるのです。

青山社長は、ゴルフ場のソファで約15分相談しただけで、4,500万円もの節約ができました。

青山冷蔵物流がM&Aで物流会社を買った結果、貸借対照表には買った会社の株式価格が、グループ会社株式として、無形固定資産に計上されることになりました。

買った会社が保有する、トラックや倉庫、人材はすべて、その株式の中に含まれています。青山冷蔵物流にとって、新たに買った物流会社は、持っていないようで持っている存在として、貸借対照表に反映されることとなりました。それでいて、売上高は約100億円伸びることとなったのです。

青山社長は初めて出会った20年前、私にこうおっしゃいました。

「運送会社の社会的地位を上げたいんです。テレビで何か事件があったときに、会社員◯

○○○ではなく、トラック運転手○○○○と報道されます。トラック運転手も会社員なんです。なのにわざわざ〝トラック運転手〟と言われるのは、社会的地位を低く見られているような気がするんです」

その言葉どおり、今や運送事業はロジスティクスと呼ばれるようになり、社会的地位も変化しました。社会インフラを支える、いわゆるエッセンシャルワーカーの存在の地位は、この数年で大いに高まりました。

医療、衛生、交通、物流、電気・ガス・水道など、社会インフラを整えるために働く人たちの存在です。とくにコロナ禍において、その人たちの存在があることで不自由のない生活ができるということが、社会的に広く認知されることになったのです。

しかしそれは、青山社長のような想いをもつ経営者が、自分たちの役割を全《まっと》うするため、自社の経営に真剣に取り組み続けてきたからこそなのです。

斜陽産業の中にあるニーズを見抜いて営業黒字を継続する会社

世の中には、伸びる事業ばかりではなく、斜陽産業と呼ばれる業界も多数あります。

しかし、ではその斜陽産業はやがてすべて消えてなくなるのかというと、そうではありません。斜陽となっても、需要がゼロになるわけではないのです。
私たちの顧問先にも、斜陽産業でありながら、独自の売りモノで今も生き延びている会社がいくつもあります。

和歌山県で石材業を営む株式会社石青《せきせい》(仮称)は、墓石を中心とするご商売です。創業90年で年商は約3億円です。5代目を担う青島社長(仮名)は、38歳で社長に就任しました。今から約20年前です。そのときすでに斜陽産業となっていた墓石事業で、どうやって経営を継続させるのか、大いに悩まれたのです。

昭和40年代頃までの日本は、マンションよりもまだまだ一戸建てやアパートなどが主流でした。一戸建てであれば、玄関や小さな庭、家のまわりなどの部分に、石材を使った箇所が多くありました。

そのような住宅事情もあり、石材屋という商売はあちらこちらにあったのです。懐《なつ》かしき昭和のテレビドラマ「寺内貫太郎一家」の主人公も、石材屋のお話でした。それくらい、石材屋というのはどこの街にもたくさんある、身近な商売だったのです。

そして共通するのは、石を扱う商売だけに、硬くて頑固一徹な店主ばかりということでした。それゆえ、時代の変化には対応しづらいという側面があったのです。

石青《せきせい》が事業を営む地域においても同様でした。多かった同業ライバルも、住宅環境の変化に対応できず、減っていきました。石青《せきせい》は、3代目の時代にそのような環境を見抜き、住宅関係の仕事をやめて、墓石事業だけに絞り込んだのです。とくにバブル期に差し掛かったころは、墓石も立派なものが多くなり、同社は繁盛したのです。

とはいえ、今度は墓石需要が減少してきました。

まず、バブル経済がはじけて、大きな墓石を使うようなお墓が減りました。さらに、少子高齢化がじわじわと進む中、「大きなお墓から小さなお墓にする」「身寄りがいないので墓じまいをする」という流れが出てきたのです。

そのような時代に差しかかる中、5代目の青島社長は代表に就任しました。それから約20年、一度も営業赤字に陥ることはなく、ずっと黒字経営を維持されています。

ただ、先代からの株式の承継がうまく進んでおらず、私は青島社長の相談を受けることとなったのです。

青島社長「古山先生、うちは斜陽産業ですけれど、過去にはよく儲かった時代がありますし、今も赤字にはなっていないので、株価が高いままなんです。それに、株式の約半分を私の母親がまだ持っているんですが、もう80歳を越えています。この母の株式をどうすればいいでしょうか？」

4代目がお亡くなりになったあと、その株式の約半分を5代目が、残りの半分を4代目の奥様が相続されていました。株式の保有率で44%でした。残りの56%を青島社長が相続されたのです。すべて普通株式でした。

とはいえ、56%では、特別決議を可能とする、全議決権の3分の2にも至りません。お母様との関係は良好であるものの、そのまま放置しておくわけにはいかない状況だったので、私は、種類株式を活用することを提案しました。

古　山「青島社長、お母様の株式を種類株式に変えて議決権を無しにして、どなたか非同族の方に譲渡してもらいましょう」

青島社長「種類株式は古山先生のセミナーでお聞きしたことを覚えています。議決権を無しにするのと、他にもありましたよね？」

古　山「よく覚えていますね。そうです。議決権を無しにするのと、配当優先を付けるのと、取得条項というものを付けて、相続などで株式が分散しないようにします。何かがあれば、会社がその株式を買い取ります。その相手が非同族の方であれば、お母様から譲渡するときも額面で譲渡できますし、会社がその相手から買い取るときも、額面で買い取ることが可能です。ただし、非同族の方でないと、株価は高い評価になってしまいます。どなたか非同族の方で協力いただけるような人はおられますでしょうか？」

青島社長「今、私の知人が監査役を引き受けてくれています。親族ではないので、この方でどうでしょうか？」

古　山「なるほど、その方がいいですね。会社に関連のある方が望ましいですから。6親等までは同族扱いになりますが、まったく違うということですね？」

青島社長「はい、全然違います」

となり、お母様が持つ普通株式を、種類株式に変えて、監査役の方に譲渡されたのです。その監査役の方が退任すれば、その株式は会社が額面で買い取る形です。もしも万一、事故や病気でその監査役の方が亡くなられたとしても、親族に相続されることはなく、会社が額面で買い取ることとなります。（ここでは種類株式についての詳細を語りませんが、気になる方は、井上和弘の書籍『承継と相続　おカネの実務』か、福岡雄吉郎の書籍『社長の賢い節税』（ともに日本経営合理化協会刊）における種類株式の項をご参照ください）

種類株式の活用で事業承継の問題を解決したあと、私は青島社長に伺いました。

古　山「しかし、少子高齢化はますます勢いよく進んでいるし、墓じまいの話もよく聞く中で、よくずっと黒字で維持できていますね」

青島社長「そうなんです。でも、当社は変化に対してわりと柔軟に対応する社風があって、そこが地域の同業他社とは違うのかな、と感じています」

古　山「青島社長はたとえば、どんなことをされてきたんですか？」

青島社長「私が社長に就任した20年前は、もう新しいお墓がどんどんできる時代ではなくなっていました。なので、私はお墓のリフォームを地域のみなさんに提案したんです」

古　山「お墓もリフォームするんですか？」

青島社長「そうなんです。雑草が生えにくくしたり、お墓のまわりの古い囲いを新しいものに変えて見栄えが悪くないようにしたり。そうなればみなさん、お墓参りにも行きやすい気持ちになるみたいです」

古　山「なるほど。他にもあるんでしょうか？」

青島社長「そうですね、いち早くホームページを作成して、今も随時更新しています。他にも、公共の記念碑や町の石碑などの仕事も受けることで、地域の中でのブランドイメージが上がったみたいです」

古　山「この本社工場の土地はどうなっているんですか？」

青島社長「ここの土地は、先生のセミナーで勉強して、別会社へ売りました。そのとき、特別損失での赤字は出ましたが、営業利益と経常利益は黒字でした」

青島社長は、着々と「たたむ・削る・変える」を実践されていたのです。そして、お墓を取り巻く環境を考え、お客様のニーズを見抜き、お墓のリフォーム事業という、新たな売りモノに取り組んできたのです。

青島社長「もうひとつ、古山先生のセミナーで勉強して実践したことがあります」

古　山「なんですか？」

青島社長「うちは今、従業員がゼロなんです」

古　山「えっ、ゼロですか。確か数年前は10人くらい、墓石を削ったりする職人さんがおられましたよね？」

青島社長「いました。その方たちは今、個人事業主になっていただき、必要なときに請負契約でお願いしています。墓石の商売は、一年中、安定的にある仕事ではないので、ずっと社員として抱えておくのは、会社としては生産性が悪いんです。なので、数年かけてみなさん個人事業主になっていただきました。そのかわり、仕事をお願いするときは、結構高い値段でお願いすることにしています。石材職人は少なくなっていて、うち以外にも仕事はあります。だから、本人たちも他の仕事を受けていて、それで十分なんです。古山先生が言っておられたとおり、労務費という固定費を変動費に変えたんです」

石青《せきせい》は正社員で抱えていた石材職人を全員、一旦退職していただいて、請負契約へと切り替えたのです。もちろん、退職金も払いました。そのおかげで、会社としての固定費は大きく下がりました。

このように、社員を持たないというのも「持たざる経営」のひとつの方策ですが、そうするにしても、全員の退職金を払うという財務的な体力がないとできないことです。同社は経営への考え方は柔軟ですが、財務はきわめて盤石でした。だからそのような思い切ったことができたのです。ここでも、それまでの「たたむ・削る・変える」をはじめとする「持たざる経営」への取り組みが活きているのです。

青島社長は言いました。

「これで固定費が大きく減ったので、今のような環境でも、うちはまだまだ残っていけそうです。石材屋というのは昔からそうなんですが、どこか親分肌みたいなところがあって、仕事をもらうにしても、どこか上から目線でものを言うみたいなところがあるんです。それに石頭《いしあたま》で頑固者が多いせいか、新しい取り組みなどしない会社も多いんです。そういう会社が、事業をやめたり、倒産したりしました。自然とライバルが減ってきて、気づいたら、この地域で生き残っているのはもう数えるほどです。だから、斜陽産業になっても、うちはこの地域の中でなら、やっていけてるんです」

同社が事業をされているのは、県内でも人口が多い地域です。それに斜陽産業とはいえ、まだまだお墓がなくなるわけではないので、何らかの需要があります。その変化に目を向けて、お客様が欲しいものを見抜き、地域の中で一件一件、細かな要望に応えながら、生き残っておられるのです。

経営は、規模を追わなくていいのです。どのようにして長く経営を続けることができるのかが大切なのです。

固定資産を削り、減価償却と除却損でお金を残すように変えた病院

北関東で180床の入院ベッドを持つ中堅クラスの病院、関東新病院(仮称)は、今から約15年前、年商約30億円でした。株式会社なら社長にあたる西田理事長(仮名)は、創業者の2代目でした。先代である創業者が理事長の座を退かざるを得ない事態が起こったことを機に、2代目理事長として急遽《きゅうきょ》、勤務先の病院から呼び戻されたのです。

西田理事長が2代目として就任した際の貸借対照表の総資産は約45億円、そのうち銀行借入金が約23億円でした。年商30億円からすると、平均月商の10カ月以上もの銀行借入金がありました。

そのときの貸借対照表面積グラフが、次ページの第11表です。

借入金は、年商の半分を越えるとかなりの危険水域です。それが10カ月を越えているというのは、経営の生命を絶たれるほどの危機的状況です。銀行の金利も2%、3%は当たり前、といった高金利でした。

創業の理事長は銀行交渉で金利を下げるなど、まったく実行されたことがなかったのです。そのため、経常利益が出ていても、借入金の元金を返すのがやっとの状態でした。建物の修繕や補修などは、あと回しになっていました。

第11表　関東新病院の貸借対照表面積グラフ

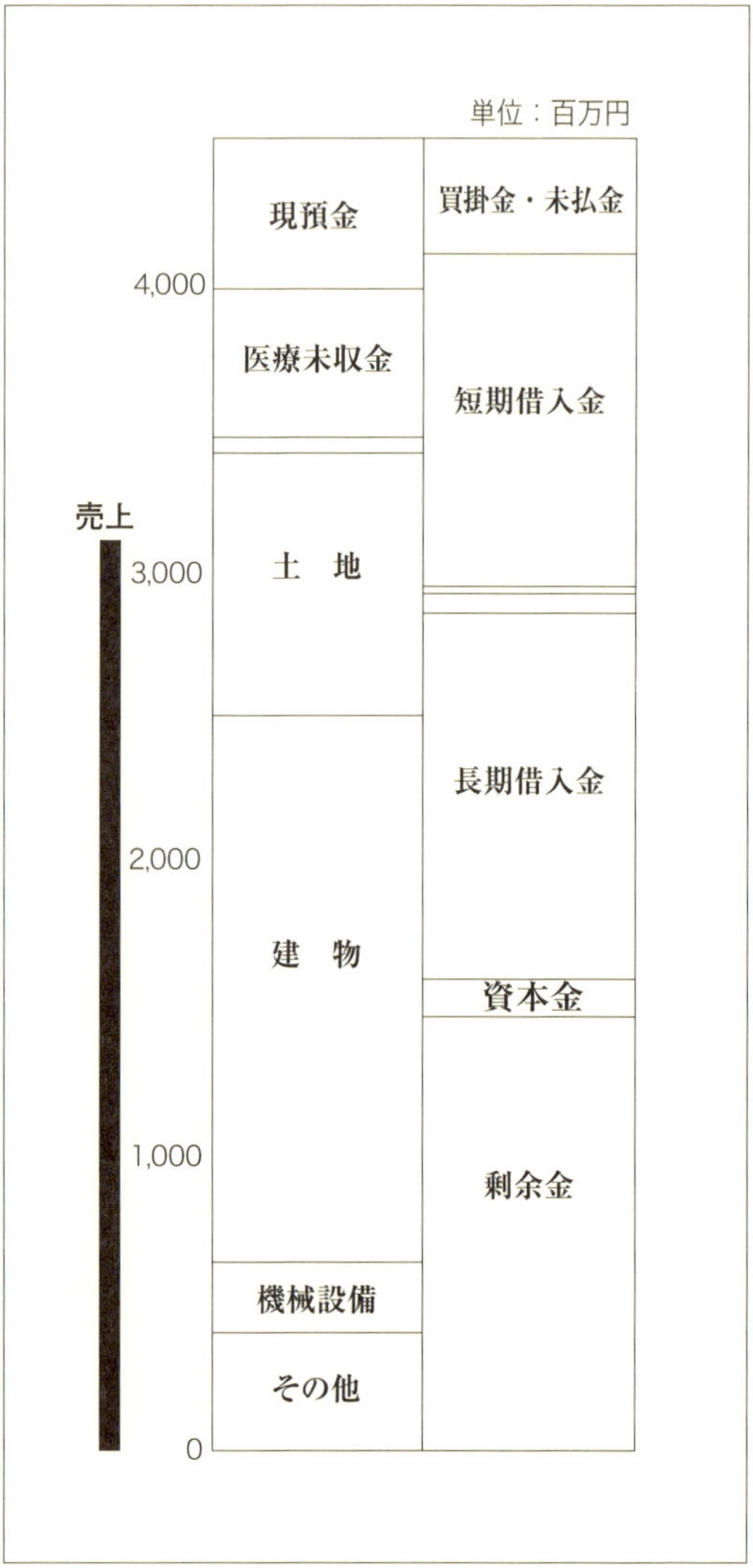

一方、貸借対照表の資産を確認すると、含み損のある土地・建物や機械設備が総資産の半分以上を占めていました。病院という事業は固定資産の塊《かたまり》なのです。創業者はそのことに何の疑問も感じず、相手の言い値で土地・建物、その他の医療設備を購入していました。

病院の理事長とは不思議なもので、モノを買うときに「値切る」ということをしない方が多いのです。売るほうはそのことがわかっていると、あえて少し高い値段で値付けをしてきます。それでも交渉せずに、言い値で買ってしまう理事長を何人も見てきました。関東新病院においても、何を買うにしても、そのような買い方を先代がしてきたのです。結果、資産計上されている土地、建物、設備など含み損を多く抱えていました。

２代目の西田理事長は、ＩＣＯ式の経営手法を学び、「たたむ」「削る」「変える」ことへの理解がある、珍しいドクターでした。だから、「このままではやっていけない」とわかっていたのです。

西田理事長は強く決意し、銀行交渉で金利を下げる、別会社を作って含み損のある土地・建物を売却し、その会社に賃貸料を払って借りる、ということに取り組みはじめました。

まずは金利交渉です。

理事長「今の残高を借り換えて金利を下げてもらおうとしたんですが、銀行の提案を見ると、ちょっと下がっただけで、これではあまり効果がありません」

古 山「それは今、借りている銀行ですか？」

理事長「そうです」

古山「理事長、それでは下がりません。金利を下げるには、交渉の対抗馬が必要です。仕入れ交渉と同じなんですから」

理事長「そうですよね」

古山「今、理事長のところに取引したくて連絡してくる銀行はありませんか？」

理事長「あります。ただ、別の県の銀行なんで、それでどうかなと思ってあまり相手にしていなかったんです」

古山「理事長、そんな銀行がいいんですよ！」

理事長「えっ、そうなんですか？」

古山「そうですよ。他府県の銀行がこの地域で融資先の顧客を獲得するには、金利を下げたり融資条件を緩めるしかないことを、本部もわかっているから、そんな条件でも通るんです」

理事長「そうか！　そうですよね！」

古山「その他府県の銀行にお願いするときは、『今借りている銀行は金利を下げてくれないから借り換えをしたい。その金利はタイボ＋《プラス》スプレッド、個人保証も担保もなし、繰り上げ返済あり、でお願いします』と言ってみてください」

理事長「わかりました。そんないい条件をお願いして大丈夫でしょうか？　それなら結構ですとか言われないですか？」

これまでとはあまりにも違いすぎる好条件に、西田理事長は心配になったのです。

古　山「何を言っているんですか。借入金が多いとはいうものの、自己資本比率は30％あります。それに銀行は病院となら条件を緩めてでも取引したいんです」

理事長「えっ、どうしてですか？」

古　山「だって病院は売上の7割は国から入ってくるじゃないですか。他の業種のように大きな貸し倒れとか、発生しないんです。だから、銀行にすれば安全な貸し先なんです。銀行だって、危ない会社に貸すよりも、安全な病院に貸したい。それに、医療機器や改装の設備投資も見込めるから、銀行にとって病院というのは優良顧客なんです」

理事長「なるほど、その条件で交渉してみます」

ここで申し上げた、タイボ＋《プラス》スプレッドというのは、金利の銀行用語です。タイボは、東京の銀行間同士での日々のお金の貸し借りによって決まる金利です。Tokyo InterBanking Offered Rate の頭文字をとってタイボと呼ばれています。

日本経済新聞の金融欄に毎日、前日のタイボ金利が掲載されています。

そしてスプレッドは、上乗せする金利です。タイボが0.2％で、スプレッドが0.3％なら、タイボ＋スプレッドは0.2％＋0.3％で0.5％となります。

通常は銀行員しか使わない用語です。この用語を経営者から言われると、「どうしてそんな言葉を知っているのだろう」と銀行員はドキッとします。それだけでも、交渉相手となる銀行員を警戒させる効果が十分にあるのです。

西田理事長が銀行交渉に取り組んだ結果、銀行借入の条件は劇的に良くなりました。２％～３％だった金利は大きく下がり、数年後には0.3％～0.4％程度に下がりました。20億円以上の借入金があったので、１％下がればそれだけで、２千万円の効果があるのです。

加えて、個人保証と担保はすべて外れ、繰り上げ返済も有りになりました。さらに、借り換え時に返済期間を再設定し、毎月の返済金額を下げました。毎月の元金返済を減らし、金利を下げ、返済できるなら繰り上げ返済で一気に返す、という契約に変えていったのです。

そして次は、含み損のある土地・建物への対応です。

含み損の多い土地・建物を順次、子会社へ売却し、子会社からの賃貸契約に切り替えていくことにしました。

理事長「子会社に売却するのがなぜよいのか、いまいち理解ができていません」

古 山「子会社に売る土地・建物は含み損がありますよね」

理事長「はい、あります」

古 山「その土地・建物を子会社へ売る場合、帳簿価格よりも安く売ることになります」

理事長「そうなりますね」

古 山「その帳簿価格と売った値段の差が「固定資産売却損」となります。損益計算書でいえば、マイナス要因です。といっても、特別損失での計上なので、営業利益や経常利益には影響しません。税引前利益だけが下がることになります」

理事長「なるほど、税引前利益が下がって、法人税の節税になるんですね」

古 山「そのとおりです。貸借対照表の自己資本は現状30％ありますから、売却損を計上しても、そう大して自己資本比率は下がりません」

理事長「なるほど、わかりました。あと、土地と建物を売る子会社ですが、入院ベッドの横に置く有料テレビを病院に貸している別会社がありますので、それを使えばどうでしょうか？」

180床もの中規模の病院ともなれば、病院で必要なものを売ったり貸したりする株式会社を抱えていることがよくあります。仕入れ会社のような存在です。関東新病院も、同じことをされていたのです。

ただ、特別損失を計上するオフバランスに活用するには注意点があります。そのことを西田理事長に確認しました。

古山「ところで、その別会社の株主はどうなっていますか？　西田理事長のご親族で100％保有されていますか？」

理事長「はい、私の身内で100％持っています」

古山「身内で100％、株式を保有していると、グループ法人とみなされて、売った側の病院は節税効果が使えなくなるんです」

理事長「どうすればいいでしょうか？」

古山「身内で100％でなければよいので、全体の5％を親族以外のどなたかに持ってもらいましょう」

理事長「100％でなければいいのであれば、1％を誰かに持ってもらうのではダメでしょうか」

古 山「誰でもそう思いますよね。ただ、1％だけ身内以外の人が株式を持って土地・建物を売却し税効果を出したとしたら、ちょっと節税目的の臭いが出すぎます。それに1％だと、その別会社が銀行からお金を借りるときにも、銀行内の審査で引っかかりやすいんです。5％以上持っていたら、上場会社であれば大量保有者の扱いになるので、5％以上にしてくださいと銀行員から教えてもらいました」

理事長「古山先生、普段あれだけ銀行の悪口を言っているのに、教えてもらうこともあるんですね」

古 山「いくらでもありますよ」

理事長「でも、その5％の株式は、誰に持ってもらうのがいいでしょうか?」

古 山「財務改善を一緒に実践してくれている、木下経理課長がいいんじゃないですか」

理事長「そうですね。お願いしてみます」

古 山「その5％の株式を持つためのお金は、理事長が個人的に木下課長に貸す形で、渡してあげてください。それで、木下課長が退職時に株式を会社に売り渡したら、貸したお金を返してもらえばいいのですから」

理事長「なるほど、わかりました。そのように進めます」

西田理事長は含み損のある土地・建物を別会社へ売却すべく進めていきました。しかし、最初は何かと障壁が現れます。

理事長「別会社へ売る土地・建物の値段は、どうやって決めればいいでしょうか？」

含み損のある土地・建物を売って資産を減らすオフバランスを初めて実行する経営者は、みなさん、売買価格をどうやって決めればいいのか、そこで必ず躓《つまず》きます。

まず土地・建物の売買価格は、不動産鑑定士に依頼をします。不動産鑑定士は国家資格で、各市町村の固定資産税算出のための評価をしています。そのため不動産鑑定士から評価を得た価格は、強力な証拠（エビデンス）となります。

古　山「知り合いの不動産屋がいたら、不動産鑑定士を紹介してください、と言えば、必ず紹介してもらえます。それに、不動産鑑定士は鑑定依頼の目的を心得ています」

理事長「どういうことですか？」

古　山「不動産鑑定士は必ず、『安く売りたいのか、高く売りたいのか』を聞いてきます。その目的に応じて、ある程度の采配《さいはい》をした価格で評価してくれます。売却損をたくさん出したいのなら、できるだけ安く評価してくださいとお願いすればいいんです」

理事長「そうなんですか！」

古　山「不動産鑑定士もお仕事ですから、ある程度、できる範囲の中で顧客の要望を聞いてくれます」

理事長「じゃあ、その鑑定価格で別会社に売ればいいんでしょうか？」

古　山「いやいや、鑑定価格より1割程度下げても問題にはなりません。鑑定価格はあくまでも参考価格であり、その価格を元に、売る側と買う側の交渉で売買価格は決まるのですから。それが普通の売買取引です」

理事長「わかりました！」

西田理事長は教えたとおりに、土地・建物を別会社へ売却し、固定資産売却損をどんどん計上していきました。するとある日、西田理事長はしみじみとおっしゃいました。

理事長「売却損を出して節税できると、お金がなんだか増えてきました」

経営者は、なんだかんだ言っても、お金が増えると嬉しいものです。西田理事長はオフバランスの効果をつくづく実感されたそうです。

古　山「そうでしょ。オフバランスで含み損のある資産を吐き出すと、稼いで残るお金が増えるんです。じゃあ、そのお金を何に使いますか？」

理事長「そうですねぇ…やはり医療設備ですかね」

古　山「そうですよ。増えたお金で設備を入れますよね。そうしたらまた、減価償却費が発生してお金が残るんです。で、使わなくなった設備は簿価が残っていても廃棄するか中古で売るかすればいいんです。そうすればまた、固定資産除却損や売却損が出て、残るお金が増えます」

理事長「そうか、除却損や売却損を使いながら、新たな投資もして、減価償却費を増やせばいいんですね」

古　山「そのとおりです」

さすがにドクターは理解が早いです。

古　山「それにもうひとつ、お金が残るようになった要因があるんです。わかりますか？」

理事長「いやあ…、なんでしょうか？」

古　山「子会社から土地を借りる家賃を払っていることです」

理事長「それがどうしてお金が残ることに繋《つな》がるんですか？」

古　山「家賃を払うということは、病院と別会社の全体で見れば、土地を減価償却しているのと同じなんです。会計上、土地は減価償却ができません。だから病院で土地を持つと、そのために借りたお金を返済する返済原資が生まれてこないんです。損益計算書でいえば、法人税を払ったあとの純利益で払うしかないんです」

理事長「そうか、子会社とはいえ、同じグループなので、全体で見れば土地の返済原資を家賃の形で生み出しているということですね」

病院という事業は、いわば設備産業です。設備産業の場合、「通常の減価償却」「新たな投資による減価償却」、それに「古い設備の廃棄による除却損」。この3つがお金を残す最大の肝となります。

オフィスビルを構えて賃貸する、不動産賃貸業でも同様です。減価償却と除却損をうまく活用する会社ほど、カネ回りが良いのです。加えて、新たな投資で生産性が良くなる、商品力が高まる、という効果もあります。つまり事業の収益性が高まるのです。

西田理事長は、減価償却と除却損を繰り返せば、稼いだお金がより多く残り、病院として

第12表　関東新病院の貸借対照表 面積グラフの変化

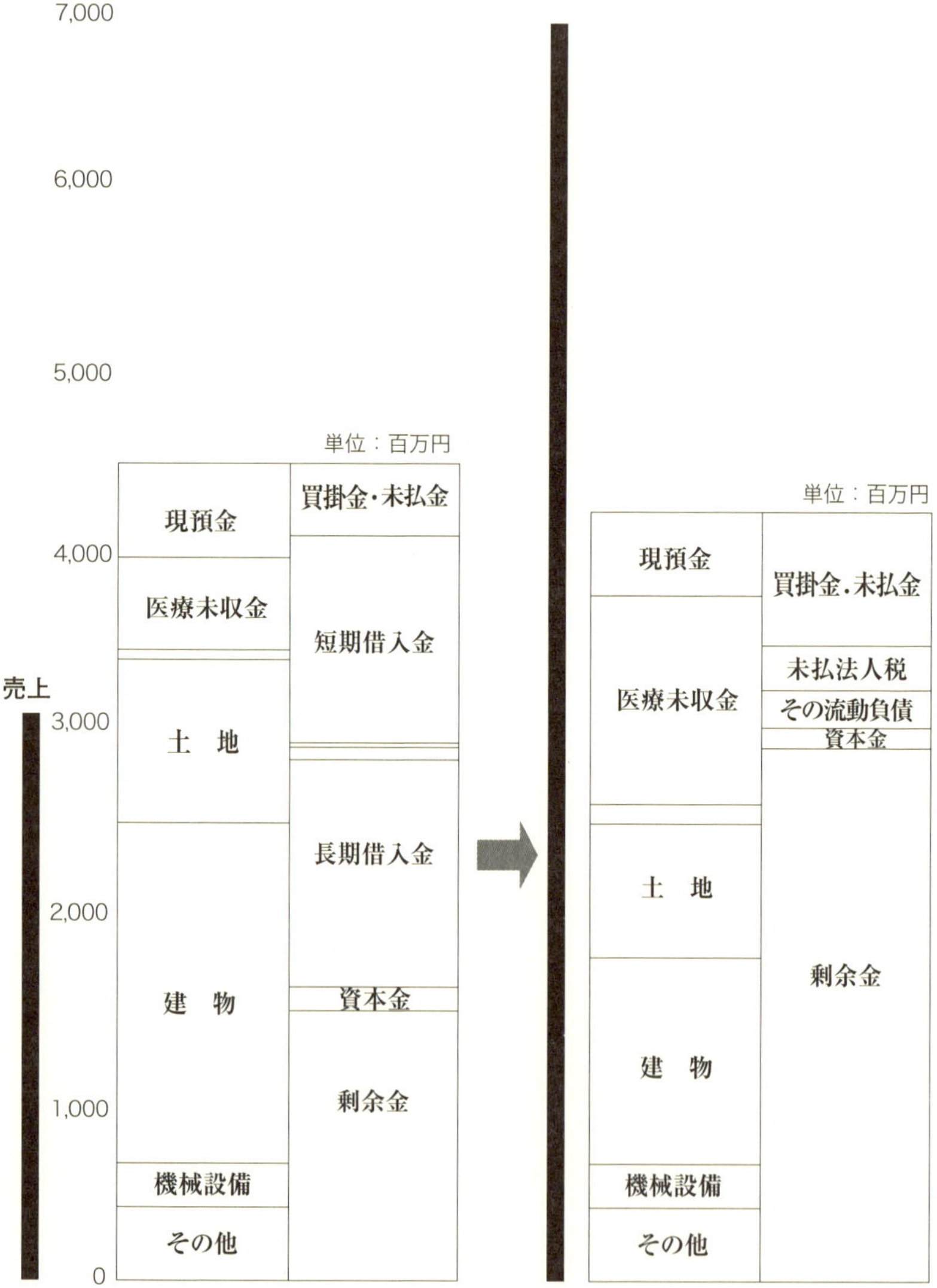

提供できるサービス力が高まることを身をもって体験し、どんどん実行されました。

その結果、県内でもトップクラスとなる営業利益率と経常利益率を誇る病院となったのです。前ページの第12表は、同病院がどう変わったかを表す貸借対照表面積グラフの推移です。除却損による特別損失を多く計上することで、税引前利益はさほど大きくありませんが、病院経営における、お金の残し方と使い方を心得た関東新病院は、圧倒的に強い財務基盤を誇る病院へと10年、15年をかけて、生まれ変わっていきました。

西田理事長いわく、「他の病院は減価償却と除却損を活かす意味がわからないのか、最終の純利益を大きくしようとしています。うちは違います。営業利益と経常利益は大きくし、最終利益は赤字でもいいという考え方です。そこが決定的に違います」

減価償却に注目（減価償却で稼ぐ）

販管費明細や製造原価報告書の内訳を眺めると、「減価償却費」という金額が多いことに気づきます。これは、「建物や設備の価値が、１年間でこれだけ減りました」ということを表した金額です。

たとえば、１億円の設備を買って、すぐに使い始めました。

さて1年後、この設備はいくらでしょうか？

金額ではよくわかりませんが、わからないと困ります。それを解決するために考えられたのが「減価償却」です。

設備は、長く使えば、やがて価値がなくなります。これを専門用語で「償却する」といいます。

つまり、「帳簿上で、固定資産の価値を何年にもわたって、少しずつ減らしていき、償却させる（ゼロにする）こと」を減価償却というのです。

この1年間で減った価値を「減価償却費」で表すのです。

価値が減るといっても、実際にお金は出ていきません。あくまで、決算書上で、価値を少しずつ減らすのです。

減価償却費の計算方法は簡単です。

建物なら、取得金額を、決められた年数（「耐用年数」といいます）で割るだけです。取得してから償却（価値ゼロ）までの、理論上の期間です。

減価償却費＝取得価額÷耐用年数

となります。

耐用年数は、鉄筋コンクリートの建物は50年、車輌は5年と、税法であらかじめ決まっています。これは、「利益が出過ぎたから、減価償却を増やして利益を抑えよう」というように、わざと利益を動かすことを防ぐためです。

減価償却費は、販売費および一般管理費（販管費）だけでなく、製造原価報告書にも出てきます。

- **販管費…本社建物や営業車輌など**
- **製造原価報告書…工場建物、生産設備など**

それぞれ、計上されています。

ちなみに、先ほどご説明した耐用年数ですが、ときどき、耐用年数が本来のものより長く設定されていることがあります。

耐用年数は、税法で定められていますが、現実は、税理士事務所が「この設備なら、○年かな」ということで設定しています。

使えるお金を増やす(キャッシュフロー)ことを考えると、**減価償却費は、耐用年数を短く設定したほうがよい**ということです。

もちろん、法を逸脱してはいけませんが、本来、5年で設定できるものが、10年とか15年で設定されているという、もったいないケースもあるのです。

これはなぜかというと、税理士事務所は、顧問先のキャッシュフローを増やすということを熱心に考えていないからです。

ですので、新品の固定資産を買ったら、税理士任せにせず、耐用年数が適切に設定されているか、確認していただきたいのです。

なお、減価償却費の例外は、「土地」と「少額アイテム」です。

「土地は、時間が経っても、価値が減らないもの」と考えるため、減価償却はおこなわないルールになっています。

その一方で、10万円以下の消耗品などについては、使った瞬間、全額がまるまる費用になります(減価償却をおこないません)。

減価償却費をいかに増やすか?

これが中小企業の経営にとって、とても大きなテーマとなります。

そこで考えていただきたいのが、「**特別償却**」です。

とくに特別償却は、通常の減価償却費に加えて、特別に減価償却費を上乗せできるという制度で、特別償却をおこなうと、より多額の経費(損金)が計上できるため、法人税が抑えられます。そして、その分、資産残高が増えるのも抑えることができます。

ときどき、古い設備を使い倒して、減価償却費をほとんど計上せずに、「利益が出た!」と喜んでいる会社がありますが、そういう会社は、当然ながら、法人税をたくさん払うことになります。

それなら、少しでも将来につながる投資をして、法人税を減らしたほうが、会社にとってはプラスになると思います。

小売業でも、製造業でも、不動産業でも、中長期的に考えるのであれば、やはり設備投資は欠かせません。とくに、2025年3月末までに取得、稼働させる設備については、「**即**

時償却」といって、5千万円でも、5億円でも、一気に減価償却が計上できます。
本書の執筆時点では、２０２５年以降も、この制度が延長されるかどうか、まだわかりませんが、毎年12月頃に顧問の税理士先生に確認してください。

改めて、強い会社になるには、次のようなサイクルを回し続けることなのです。

経営力を強化する（生産性を高める）ための設備投資をする

↓

30％割増の特別償却（２０２５年3月末までは100％即時償却）を使う

↓

手元にお金を貯める（社外流出を防ぎ、投資したお金を早く回収する）

↓

貯めたお金で、次の期にさらに投資する

この流れを繰り返すことで、他社より強い企業になれるのです。

中小企業ではどこも、「いい人材がいない！」と嘆いています。そして、ちょっと仕事に慣れたかと思えば、すぐにやめていってしまいます。

そうした中、仕事の生産性を上げていこうと思えば、機械化、システム化に力を入れて、できるだけ人の頭数を減らすべきです。

この意味で、経営者が、規模拡大のための投資ではなく、経営力をアップさせる、あるいは身の丈に合った成長をするために投資をおこない、その投資に対する減価償却を増やすということは、とても価値があると考えます。

そして、この特別償却（即時償却）は、名前のとおり「特別」に減価償却費を上乗せできる制度であり、この制度が使える期間（2025年3月末）が決まっているという点で、損益計算書上では、特別損失として表示できます。

これまで多くの会社の相談に乗ってきましたが、特別償却（即時償却）については、意外に使われていないというのが実感です。これは、本当にもったいないことだと思います。

この理由については、「顧問税理士が情報提供をしない」、あるいは「ご存知ない」、さらには「知っていても手伝ってくれない」ということがあります。

ＩＣＯグループの顧問先の例でいえば、決算業務をしてもらう税理士先生がいるのですが、細かい制度の仕組みはご存知なく、特別償却（即時償却）といった、最新の税制については、私たちがお手伝いするというケースが多いです。

なお、減価償却は、通常は月割で按分《あんぶん》ですが、特別償却はたった1日でも使えます。たとえば、３月決算の会社であれば、２０２４年3月31日に使い始めれば、特別償却が使えます。

それから減価償却を増やすコツというものもあります。それは、「見積書」です。たとえば新たに工場、事業所、店舗を建設するという場合を考えます。こうした場合、投資金額は大きく膨《ふく》らみます。

しかし、何も工夫をしなければ、そのほとんどが、「建物」として処理されてしまうため、減価償却の期間（耐用年数といいます）が、超長期（30年～50年）になってしまいます。これでは、減価償却費の金額が少なくなってしまいます。

そこで、建設会社から出てきた見積書を工夫して、建物でない部分は「建物附属設備」等として処理できるような見積書にするのです。

建設会社からすると、「総額で○億円の工事金額」と考えているだけで、その内訳をどう処理するかは、あまり関心がありません。

しかし、建物を取得した側からすると、「建物」で処理するのか、「建物附属設備」で処理するのか、あるいは、「機械設備」で処理するのかで、減価償却の年数はまったく変わってきます。

ポイントは、3つです。

①建物の工事金額を減らして、建物附属設備を増やす
②現場管理費は、建物の項目ではなく、建物附属設備の項目に入れる
③特別値引は、建物附属設備からではなく、建物からにする

これをすることで、耐用年数が長い建物と耐用年数が短い建物附属設備の金額が変わります。

また、「値引き」についても、建物附属設備にかかる費用を値引きしてもらうのではなく、耐用年数が長い建物を「建物値引」として値引きしてもらうのです。そうすることで、短い耐用年数の減価償却をより有効に活用することができるのです。

【稼ぐ資産の持ち方①】常に最新設備を保有してライバルへの優位性を確保する

会社で持つ資産は、稼ぐための手段です。しかし、その稼ぐ手段である資産をどのように持つのか、ということには、知識と工夫が必要です。

つまり、どのように稼ぐ資産を持つかで、稼いだお金の残り方が変わってくるのです。どうせなら、稼いだお金から税金などの流出がない形で残したい、中小企業の経営者なら、そう考えるはずです。

東海地区でダンボール箱製造業を営む前川(仮名)社長は、私たちにとっても学び多き、資産の持ち方をされる経営者です。

前川社長の考え方をひと言でいうと、「常に最新設備を保有してライバルへの優位性を確保する」ということです。

ダンボール箱を作るには、大きく3つの工程があります。

①ダンボール箱の原反《げんたん》を作る
②必要なサイズに打ち抜き、箱にできるように貼り合わせる
③文字やバーコードなどを箱のオモテ面に印刷する

前川社長の会社では、1台で①～③を全部できる機械を導入します。しかも、常に最新の機械です。

古山「最短で、買ってからどのくらいの期間で買い替えたんですか？」
前川社長「買ってから1年ですね。1年後でも、生産性が良くなるなら、迷わず買い替えますよ。それに、1年前の機械なら、設備業者に言って買い手を探してもらえば、すぐに見つかりますすから」

製造業の機械設備なら、償却期間が7年程度のものが多いです。普通は買い替えるとしても、償却期間を終えてからです。ところが前川社長は、1年から数年で、あっさりと買い替えてしまうのです。

「結局そのほうが、お金が残るんですよね。生産性は上がるし、減価償却は新たに発生するし、早くに売却したら簿価がそれなりに残っているので売却損が出るし、売却したお金は入ってくるし。もう、いいことずくめです」と、前川社長は結論づけておられます。

実際にその機械を見て驚きました。

とにかく人員が少ないのです。紙の原反を機械でセッティングしたあと、ほぼ無人で各工程を自動コロコンで運搬されていきます。

操作パネルには、その日の生産計画が示されており、驚くことに約130社分のダンボール箱を生産することになっていました。それぞれのサイズも、ダンボールへの印刷内容もバラバラです。

古　山「この機械1台で130社分ですか。サイズも印刷内容も違うのに、できるんですか？」

前川社長「できます」

古　山「段取り替えとか、どうなるんですか？」

前川社長「この最新の機械は手間がかかる段取り替えはありません。それに、うちは数十枚単位の小口の注文が多いんです。だから、このような段取り替えの不要な機械はかなり助かります。生産性が上がりますから」

古山「どうして数十枚単位の小口注文が多いんですか？」

前川社長「枚数でいえば、このあたりは畑が多い田舎なので、農協で使う量がいちばん多いです。しかし、枚数が多いのは結局、相見積もりをされて値引き要請も激しいので、機械がどれだけ稼働しても、あまり儲からないんです。それより、ライバルが嫌がる小口枚数の注文をどんどん受けて、生産性が上がるようにするほうが、よっぽど儲かりますよ」

ダンボールそのものは、どこにでもある商品です。ダンボールそのものの品質でライバルと大きく差をつけるということは容易ではありません。前川社長が経営するダンボール会社では、生産能力で優位性を持ち、生産性を絶えず向上させることで、ライバル以上に利益確保できる投資戦略をとられているのです。

同時に、前川社長は貸借対照表を読めて、減価償却費の活かし方を心得ている経営者です。減価償却は、損金計上です。多ければ多いほど、課税対象である、税引前利益を小さくできます。税引前利益が小さくなるほど、法人税でのキャッシュアウトが減り、稼いだお金がより多く残ります。前川社長はそのことを実体験から理解されているのです。

資産をいかに早く償却させるかの発想を持たない経営者

一方、中小企業の経営者には、まったく別の考えを持つ方がおられます。「うちの機械はもう償却が終わっています。だからこの機械を使うほど、利益が大きくなるんですよ！」と自慢げに語るご高齢の経営者がいます。

しかし現場の方に、実際はどうなのかをお聞きすると、「いやあ、ロスは多いし、チョコ停はするし、メンテナンスもしょっちゅうしなきゃいけないし、何より生産能力が低いから時間はかかるし、何もいいことないですね」とのこと。

このことをご高齢の経営者に話すと、「いやいや、この機械は償却が終わっているから、今が一番稼いでくれています。彼らはわかっていないんですよ」と、ご自身の考えを信じて疑わないのです。

つまり、**減価償却は利益を下げる要因だから、利益獲得には良くない**、と考えているのです。

実際は逆です。減価償却費があるから、その分キャッシュが残り、借入金の元金返済や次の投資の原資となるのです。税引前利益を下げて節税にもなるのです。

とくに設備産業のメーカーにとっては、減価償却費はキャッシュフロー経営の要《かなめ》です。償却があるからお金が残る、だからいいのです。

結局、償却も終わったような古い設備は、生産効率が悪いだけでなく、とにかく稼働や管理に手がかかります。この人手を要する人件費こそ、カットすべきなのです。

ところが、ご高齢の経営者ほど、人件費を大きなコストと考えていない傾向が強いです。サービス残業や休日出勤など当たり前といった感覚がまだ残っているのです。

メーカーにとって、最新の設備を活用することこそ、減価償却増や労務コスト削減で、ライバルとの優位性確保につながるのです。

自社の機械設備で、入れ替える余地のある機械をリストアップし、最新設備に切り替えてほしいのです。人手のかかる機械ほど早く入れ替え、今のうちに省人化しておいてほしいのです。人件費は今後、上昇傾向なのですから。


いずれにせよ、利益が大きいほど、法人税が増えます。残るキャッシュが減ります。そのような社長は結局、損益計算書しか考えていません。貸借対照表を理解して考える、という発想がありません。

それに、耐用年数で償却を終えても使い続けるので、世間的には旧式の機械です。故障は増え、ロスも多く、メンテナンスや操作できる人材も減ってきます。これでは生産性が上がるわけがありません。

前述の前川社長は積極的な設備投資をして資産を持ちます。しかし、その資産をいかに早く償却させるかという思考をお持ちです。

帳簿上の資産を持つけれども、持ち続けない、持たない。それでいて優位性を確保するという発想です。

なので、政府が発令した、減価償却に関する優遇税制には敏感でフル活用します。安倍政権時代に発令された即時償却制度などは大いに使い、とても喜んでおられたのです。即時償却制度とは、設備投資をしたその事業年度で、全額を一気に償却できる、画期的な優遇税制です。「こんないい制度を使わないライバルがいてくれるから、うちは助かります」と、前川社長はおっしゃるのです。

【稼ぐ資産の持ち方②】中古資産購入時の減価償却を活用する

機械であったり、自動車であったり、中古の資産を購入する場合があります。

「中古資産を買った場合の減価償却はどうなりますか？」と質問を受けることがあります。まず耐用年数をすべて経過していない場合に、購入した中古資産の耐用年数はどうなるのか、という質問が多いです。

購入した中古資産が、法定耐用年数を経過していない場合、次のように計算します。

（法定耐用年数－経過年数）＋（経過年数×20％）＝中古資産耐用年数

ただし、計算の結果、2年未満の場合は、2年となります。つまり、最低で2年です。

「リースで使用していた自動車をやめて、中古車の購入に変えました」という経営者がおられました。自動車の新車の法定耐用年数は6年です。その方は、4年を経過した中古車を購入しました。

先の計算式に当てはめます。

（6年－4年）＋（4年×20％）＝2年＋0.8年＝2.8年

となります。

大事なのはここからです。中古資産の耐用年数は、1年未満の端数は切り捨てになります。2.8年なら、0.8年は切り捨てになり、2年になるので、4年を経過した中古車なら、償却耐用年数は2年です。

次に、その減価償却費はどうなるか見ていきましょう。

耐用年数が2年なら、減価償却費の定額法だと、年間50％の償却になります。全額を50％ずつ、2年で償却するわけです。これが定額法です。

ところが、多くの中小企業は定率法で処理をしていると思われます。

定率法の場合だと、償却率は、定額法の償却率の2倍とされています。この場合、定額法の償却率は50％なので、定率法の償却率は、50％×2倍＝100％となります。

定率法なら、初年度で100％、償却できるのです。

ただし、100％全額償却となるのは、年度のはじめに買った場合です。事業年度の6カ月を経過したところでの購入であれば、半年分（＝50％）の減価償却となります。

先の経営者は、中古車の場合の減価償却を活用して期初に中古車を購入し、その年度で100％償却されていました。減価償却費が増えれば、キャッシュフロー額も増えます。そのことを知っているから、できたことです。

ここでは、自動車の例を挙げましたが、機械設備でも計算方法は同じです。まずは、中古資産購入による、減価償却費の活用方法を知っておいてほしいのです。

この中古資産の減価償却を活用されている会社もあります。

港湾・土木業を営む西日本港湾建設（仮称）の黒沢（仮名）社長は、事業で使うタグボートに中古資産の減価償却制度を活用されています。

タグボートの新品を買おうとしても、発注から納品まで少なくとも4年はかかります。4年以上先を見越しての高額投資は、中小企業には荷が重すぎます。そこで中古の出物を探し、欲しいタイミングにいい物件が見つかれば、中古で購入されるのです。

そうすることで黒沢社長は、できるだけ少ない年数で減価償却できるよう、常に考えをめぐらしているのです。

中古といえども、タグボートの値段は数億円規模です。その購入中古資産を数年で、あるいは単年度で償却できるとなれば、これ以上にいいことはありません。

「タグボートを買うときにはさすがに銀行からも資金調達しますから、できるだけ早く償却できて返済資金を生んでくれる中古資産を買うようにしています」

黒沢社長も、先ほどの前川社長と同じく、考え方がB／S中心です。

銀行借入をした場合、同時に返済も必要になります。その返済資金の原資となるのが、損益計算書でいえば減価償却費です。

しかし、通常の耐用年数で償却していては、毎年の返済原資には不足が生じます。その不足分は、法人税を払った後の純利益が返済原資となります。あるいは、さらに短期借入金で調達して返済資金に充てたりします。

つまり、普通に減価償却をしていては、投資をするたびにキャッシュフローが悪くなってしまいます。だから黒沢社長は、減価償却を増やすことを考えたのです。

常に最新設備を買う前川社長も、常に中古資産を買う黒沢社長も、いかに早く購入資産を減価償却させるのか、という点で同じ発想です。言い換えれば、早く減価償却することで、貸借対照表から消し去りたい、持っていないことにしたいのです。

まさに、「持たざる経営」の発想です。

「持たざる経営」とはいえ、事業によっては必要な資産があります。その資産をいかに早く減価償却し、貸借対照表からその姿を消し去るのか。「持たざる経営」をしている社長は、そのことを常に考えています。

そのためには、貸借対照表を中心にした考え方が必要なのです。

稼ぐ形づくりで増えたお金を、売りモノ磨きに使いなさい

「たたむ・削る・変える」を実践し、「見抜く・仕組む・仕掛ける」に取り組めば、継続的に稼ぎ続ける形ができ上がります。そこで満足してしまう経営者も見受けます。

「うちの事業でお金を上手に残す形ができ上がりました。このまま維持していこうと思います」

こうおっしゃる経営者がおられますが、数年の維持はできたとしても、継続的な維持はできません。繰り返し申し上げるように、経営環境は変わるのです。経営は短期戦ではなく、

長期戦です。しかも存続するかぎり、終わりがないのです。

いま必要とされている売りモノが、10年後も必要かどうかはわからないのです。必要であっても、ライバルが増えてくると、価格が下がります。粗利益をそれほど稼げなくなっていきます。最初はスペシャリティで優位性のあった売りモノが、やがてはコモディティ化し、ありふれた商品・サービスになっていくのです。

いつの時代も、次の稼ぐ商品・サービスとなる売りモノ磨きが必要です。

「ネクスト」が要るのです。あるいは、売りモノががらりと変わることはなくとも、アップデートすることが必要です。そのためには、次への「仕組み」「仕掛け」を考え続け、手を打ち続けることが欠かせません。

稼ぐ形づくりで増えたお金を、飽くなき商品開発と売りモノ磨きに投資し続けるのです。

環境が変わっても強い会社は、儲かる形になったからといって、そこに留《とど》まることはありません。儲かる形になっても、ある程度アクセルを踏みながら、前へ前へと進んでおられるのです。加えて、ベースとなる「たたむ・削る・変える」も手を抜くことなく続けておられます。そうであるからこそ、「持たざる経営」を長く続けることができ、それぞれに厳しい経営環境であっても、勝ち続けておられるのです。

◆経営コラム◆

なぜ日本の経営はアセット（総資産）が重いのか

他人資本に頼れないアメリカ

日本の商習慣は、できるだけ支払いを遅くしようとします。とくに優越的地位にある会社から下請け会社への支払いは遅いです。回収が遅くなる下請け会社も同様に、支払いを遅くしました。支払いが遅ければ回収が遅くても何とかなるという商習慣が日本に根付いてきました。

受け取る側にすれば、売り上げた代金をなかなかもらえず、「流動資産」(1年以内に使えるお金)が増えますが、「流動負債」(1年以内に支払うお金)も増えます。

いずれにせよ、貸借対照表の「総資本」と「総資産」を増やす要因となったのです。

日本の商習慣は、これが常識で当たり前のように思われてきました。しかしそれは、日本国内で事業を営《いとな》む人々が互いに日本人であり、近代国家となる以前から、日本はツケ払いの効く国だったからです。いわゆる信用取引が成立する国だったのです。

その典型が手形払いです。

手形は日本独自の商習慣で、戦国時代、負けた戦の落ち武者が命乞いをするため、懐紙《かいし》に借用書を記し、手負い傷の血を手につけ、借用書に血の手形を押し、敵方の武士に渡したのです。やはり、死にたくはなかったのです。これが、手形と呼ばれる所以《ゆえん》です。

ようやく2026年を目処《めど》に約束手形の利用は廃止されますが、銀行振込が現代のように主流となる以前の日本の支払い決済は、その多くが手形でした。

一方、アメリカは多民族国家です。会社間での信用取引など存在しません。買う側は、商品が発送された時点から30日以内に支払うのが商売の原則であり常識です。いわゆる、NET30（ネットサーティー）です。

よほど取引期間が長くなれば、場合によっては45日や60日になる場合もあるようですが、一般的な商取引としては、NET30、買って30日以内に支払わなければなりません。日本のような手形は存在せず、かつてはすぐに換金できる小切手での支払いが主流でした。

このような商習慣だと、日本のように支払いを遅くするという他人資本には頼れません。ツケ払いなど効かない国なのです。よって回収が早くなります。**早く回収して早く支払う**。このお金の循環が、アメリカの商習慣として根付いています。

ただ、アメリカの会社においても、このような循環でお金をうまく回せるのは、商売が順調に動きはじめてからです。商売を始めてすぐに売上を確保できればいいですが、そうそううまくいきません。

それは日本でもアメリカでも同じことです。事業を始めた当初は、仕入れなどの変動費や固定費などの払うお金ばかりが先行します。とはいえ、日本のように支払いを長くするような、他人資本には頼れないのです。支払いはNET30で待ったなしです。そうなると、自己資本を増やすのか、固定費を極限まで下げるしかありません。

それゆえ固定費を下げるべく、多くの成功者が自宅のガレージを使って起業しました。アップルのスティーブ・ジョブズ、マイクロソフトのビル・ゲイツ、アマゾンのジェフ・ベゾスなど、今、世界を席巻するアメリカIT企業はみな、自宅のガレージからスタートしました。

彼らはまた、自己資本を増やすために、友人・知人や学生仲間に出資を募《つの》りました。集まった人たちに、自分たちの技術やアイデアを披露し、それを何度も繰り返して出資金を集めたのです。だからプレゼンテーションが上手です。

もちろん、証券取引所へ上場して成功した暁《あかつき》には、出資者が新株予約の権利を受けられる、上場株式に転換できるなど、法的なリターンを潤沢《じゅんたく》に得られるように設計したうえで、友人・知人から広く資金を集めました。

アメリカで起業が大成功するのは、このような流れであることを、出資する誰もが知っています。それだけに、出資する人も、これは見込みがありそうだと思えば、その事業に出資をするという形が、アメリカではでき上がっているのです。
そもそも他人資本になど頼れないがゆえに、自己資本を強くするしかなかったといえます。

なぜ日本の経営はアセット（総資産）が重いのか

先に述べたとおり、手形や回収期間の長い売掛金など、日本は独自の商習慣を持つ国です。信用取引によって、払う側は未払いのお金が増え、受け取る側は未収のお金が増える商習慣体質です。

お金は上流から下流へと回っていきます。上流の金払いが遅ければ、下流の会社はいずれも、連鎖的に受け取りも金払いも遅くなります。こうなると、流動資産も流動負債も膨《ふく》らんでいきます。それだけではありません。

２０２４年7月現在、ようやく解消へ向けて進んできたのが、財閥や系列会社における政策保有株式、いわゆる持ち合い株です。

日本は大手企業を筆頭に、会社間の持ち合い株が深く根付いていました。それは、お互いが「もの言わぬ株主」となって少数株主の声を排除し、株主総会を円滑に終わらせるための日本企業の知恵でした。

あるいはまた、下請け会社は仕事をもらうためであったり、同じ地盤の企業同士の助け合いであったり、互いに何かの見返りをギブ・アンド・テイクする意味での持ち合い株だったのです。

このような持ち合い株は、貸借対照表では固定資産に含まれます。これが、海外の投資家には不適切な存在に映りました。海外の投資家にとって、日本独自の持ち合い株の意味など、理解できません。

「配当があるとはいうものの、大きな利益を生むことがない株式を資産としてこんなに持つなんて、この会社は何を考えているんだ！　資本効率が悪すぎる！　なぜ売らないのか！」

といった声が高まってきたのです。持ち合い株の意味を説明したところで、

「そんな馴《な》れ合いみたいな経営をしていたら、経営革新などできないではないか！」

と言われておしまいです。

海外投資家からの出資を集めたい企業や政府にとっても、このような声は無視できないものとなってきたのです。

持ち合い株はある種、情的な存在です。しかし本来、経営に必要な資産に情的なものなど不要です。あってはなりません。

日本企業はこれまで、手形や持ち合い株が存在する、独自の閉鎖的生態系の中で、生き延びてきただけなのです。そこに海外投資家の目が入り、ようやく世界標準の姿へと近づこうとしています。

経営者に多い見栄っ張り気質

加えてもうひとつ、日本の経営でアセット(総資産)が重い要因があります。それは、単一民族で狭い国家であるが故の、見栄っ張り気質が経営者に多いことです。

日本は国土が狭く、土地が少ない、資源も少ない国です。民族もほぼ日本人です。少ないものを持つことは、狭いコミュニティの中で地位を得られると感じます。いわゆるステイタスを実感するのです。経営者としての、ひとつの成功の証《あかし》のように感じるのです。

それゆえ、自前で持つ必要がなくても、土地を持ちたがります。

最もよくあるのが、土地を買って、そこに自前の本社ビルなどを建てるパターンです。地域の会合などでは、すぐに噂になります。

「社長！　駅前の土地を買って本社ビルを建てるなんて、すごいですねぇ！」

などと言われると、ついつい気持ちよくなります。

「いやぁ、そんな、おっしゃるほど大した物件ではないですよ」

などと謙遜《けんそん》しつつ、まんざらでもありません。

しかし、本社ビルは目に見える資産ですが、その土地やそのために調達した多額の借入金は目に見えません。その会社の負債が見えているのは、融資をした銀行だけです。

「見栄のためなら女房も泣かす」かのごとく、狭い地域の日本人男性の経営者同士、極めて限定的な世界で、とくに男性経営者は見栄を張り、虚勢を張って生きてきました。

「会社の資産が多いほど、経営者としては有能である」

「会社が銀行から多額の借入ができるのは、その経営者への信頼の証《あかし》である」

「自社の土地とビルを持って初めて、一国一城の主《あるじ》だ」

などと誤った思い込みをしてきたのです。そこには、財務の知識のかけらもありません。財務知識があれば、「そんなに借りて、どうやって返済していくんだ！」ということが、すぐにでもわかります。

私が中小企業の社長に接していても、「この人は貸借対照表を読める経営者だな」と感じるのは、全体の5％もおりません。それくらい、日本の経営者は財務知識が不足しています。

そのような知識を身につけるよりも、見栄を張ることに注力したがるのです。こうして、日本の経営はアセット（総資産）が重たくなってきたのです。

とはいえ、自前で土地や建物を持つことが経営上、必要なことはあります。設備投資が必要な場合はあるのです。そんな場合でも、どうすれば資金効率よく、設備投資ができるかを考えてほしいのです。

元三井不動産社長である岩沙弘道《いわさひろみち》氏は、日本経済新聞の「私の履歴書」の中で、バブル崩壊時のことを振り返って、次のように書いておられます。

「土地・建物を取得して手掛ける従来の事業スタイルからまず脱却。資産保有にこだわらず、街づくりをトータルでプロデュースしながら開発のあらゆる段階で対価を得る。のちに『ノンアセット事業』と名付けたスタイルだ」（日本経済新聞２０２４年７月19日　私の履歴書18回「構造改革」より抜粋）

この言葉は、同氏がバブル崩壊で、これまでは土地・建物を自社所有して事業を進めてきた事業スタイルを、180度転換する必要に迫られたときの言葉です。

同氏は、社内の多くが過去の成功体験を容易に払拭《ふっしょく》できない中で、資産保有にこだわらない経営を推し進めたのです。

みなさんにお伝えしたいことは、今一度、「たたむ、削る、変える」という原点に立ち戻り、重たくなったアセット（総資産）を軽くし、持たざる経営（アセットライト経営）を目指してほしいということです。

5章 不況であっても驚異的な利益を叩きだす企業へと進化させる

【第3ステップ】伸びる・選ぶ・仕切る

ある時点から急激に業績が良くなる

私たちＩＣＯの顧問先にも、「持たざる経営」へ継続的に取り組み続けた結果、ある時点から急激に業績が良くなった、というよりも、ずば抜けて良くなった、という会社がいくつもあります。いずれも中小企業です。大企業ではありません。

しかし、そのような会社に共通するのは、「**持たないようで持っている**」「**持っているようで持っていない**」というものがあるのです。

それは機械設備・不動産などの固定資産であったり、従業員や専門人材であったり、ブランドなどの知財であったり、さまざまです。

そのうえで、その会社にとっての儲けの核心となるような、売りモノづくりの心臓部は、本体となる会社内で明確に取り仕切っているのです。

「たたむ・削る・変える」でお金が残る財務体質に転換したあと、「見抜く・仕組む・仕掛ける」で継続的に、稼いだお金が残りやすくした結果、その見抜いた売りモノを磨くための仕組みと仕掛けが功を奏し、一気に高収益企業へと駆け上がっていくのです。このような会社は、たとえ不況であっても驚異的な利益を叩きだすのです。

このような高収益企業には、もうひとつ共通点があります。ステップ2となる「見抜く・仕組む・仕掛ける」に、次代を担う後継者が主体となって取り組んでいることです。そして、勉強し続けていることです。

高齢の経営者だけでは、新たな時代を見抜くことは、なかなかできません。それは、やむをえないことでもあります。

トップのバトンタッチがスムーズに進んでいる中小企業ほど、新たな時代でも稼ぎ続ける商品・サービスが生まれているのです。事業承継のバトンタッチがうまくいかなければ、先代も後継者も、そのことに余分なエネルギーを使います。そんなことは、会社にとっては余計なことであり、できるかぎりないほうがよいのです。

陸上のリレー競技でも、大きな差がつくのはいつも、ランナー同士のバトントスです。ちょっとした差が、ライバル同士の戦いにおいては命取りになるのです。どうか事業承継というバトントスを、スムーズに進めていただきたいと思います。

なお、本書は事業承継そのものに触れる書籍ではありませんので、気になる方は井上和弘の経営革新全集の6巻「会社を上手に任せる法」および7巻「後継者の鉄則」（ともに日本経営合理化協会刊）を参考にしてください。

下請け企業でも営業利益率を20％以上稼ぐ会社

大阪にあるカワハラ製薬（仮称）は、大手製薬会社の受託を専門とする会社です。いわゆる、下請けメーカーです。

しかし、下請けとはいえ、カワハラ製薬の営業利益率は20％を維持しています。下請けメーカーとしては、信じられないくらい高い営業利益率を維持されています。

通常、下請けメーカーといえば、発注元から値段をたたかれ、安くしなければ買ってもらえないことが多いです。それがどうやって高い利益率を維持しているのか。

カワハラ製薬はまず、発注元への売り値に妥協することがありません。それゆえ売上総利益率が高く、結果として営業利益率も高くなります。

長年親しくしている川原専務（仮名）は、

「うちが古山先生から教えていただいてやっていることは、大きく言えば2つだけです。1つは、お客様からの要望に他社よりも早く応えるということ、もう1つは、従業員の挨拶を断トツで良くすること。究極、この2つです」

受託メーカーは通常のメーカーと異なる点があります。それは、自社で製品開発をしないということです。

商品そのものは発注元から受けるので、その要求される商品と品質を、そのとおりに製造し納品することとなります。そのため、川原専務がよくおっしゃることは、「製品の品質を要求どおりにできるのは、最低限のこと。それはライバルの受託メーカーもすることなので、品質以外のところでわが社の売りモノが必要なんです。それが『スピード』と『安心』だったんです。そこから、どこよりも早く要望に応えることと、従業員の挨拶を断トツにしようということに、社長と話して長年かけて取り組んできました」

川原専務がおっしゃるとおり、私たちＩＣＯがお手伝いしはじめたころの同社の営業利益率は、ようやく10％に届くか届かないかぐらいでした。それでも受託メーカーとすれば、立派な数値です。それ以上に業績が向上したのが、先の２つに日々取り組んできたからだというのです。

では、１つめの「スピード」を速くするためにどのようなことに取り組んできたかといえば、川原専務いわく、「たとえば製品の納期をどこよりも早くしようと思えば、どこよりも早い最新の機械が必要になります。うちには日本で最速といわれている機械がメインのラインにそろっています。それだけで、ライバルよりは早く作れます。また、依頼された見積書や試作品を提出するにしても、どこよりも早く提示しようとすれば、それに応える社内システムが必要です。加えて、今日の依頼は今日中に返事をするという社内規則を徹底して守るという、厳しいチェックと啓蒙が必要になります」

カワハラ製薬では、導入して2~3年の機械でも、それよりも高い性能の機械が出れば、すぐに買い替えます。そうすることで、設備面での優位性を維持しているのです。

そして、同社が「安心」のために取り組んでいることは、「お客さんはどこの会社に作ってもらうかを決めるときには、必ず工場に視察に来ます。ここの工場で作ってもらって大丈夫だろうか、というところを見に来るわけです。問題はどこで判断されるかですが、結局、この工場なら大丈夫だなと判断できるのは、工場内の清潔さもありますが、その視察の際に、従業員がどのように接してくれるかというのが大きいだろうと考えたんです。だから視察に来られた方への挨拶を断トツで素晴らしいものにしようということになったんです。

挨拶が感じよく統一されているだけで、ここの会社なら、工場内のルールや規則を守る風土がありそうだな、ありがちなヒューマンエラーは起こりにくいだろうなと感じます。そこがものすごく大事で、製薬というのは口の中に入るものですし、何らかのトラブルがあると、なんだかんだいっても、矢面《やおもて》に立つのは受託会社ではなく、発注元の大会社です。そのリスクを考えるほど、この会社に頼んで安心だろうかということを、発注元の担当者はものすごく気にされるんです」

このような経緯から、同社は従業員の挨拶を磨いてきたのですが、実際に工場の中を回ってみると、商品開発をしていないわりに、検査人員や検査機器が妙に充実していることがわかります。

その理由を川原専務にたずねると、「試作時の品質検査とか、生産時の定期検査とか、かなりの設備機器も人員も投入しています。これも、そこまでしているライバルがそういないので、そうしています。発注元の大手製薬会社も、そこまでひっくるめて、安心して生産委託できる会社を探しておられるようなので」

まさに、生産委託する側の真のニーズを捉え、そこに絞り込んだということです。

カワハラ製薬の専務、社長は後継者世代です。後継時の利益率は低く、当時、総務部長だった現専務は、多くの人材のリストラもされたのです。そこまで収益状況が厳しかったのです。

川原専務は自分たちが会社を継いだときのことを思い出しながらおっしゃいました。

「これまでと同じやり方ではダメだ、どうしたらいいんだろうと社長と2人で悶々《もんもん》と悩んでいました。そのときに読んだのが、井上和弘先生の『儲かるようにすべてを変える』だったんです。それで『この本のとおりにやってみよう』と社長と決めて、今のような取り組みを始めたんです。ＩＣＯのブログ『経営道場』も毎日ずっと読んでいます。社長と私は、ＩＣＯの先生方が講師をされている後継社長塾は受講していませんが、その塾の通信教育塾生ＯＢだと思っております」

川原専務は「おかげ様で、価格交渉には一切妥協しません。当社が求める価格でなければ、絶対にお受けしません。しかし少々高くても、大手さんはうちにお願いしたいみたいです」ときっぱりとおっしゃいました。

自社が磨いてきたものが、買い手にとって一番欲しいものであることを理解しており、その要望を満たしているとわかっているから、そのような強気で交渉できるのでしょう。しかも、その要望を満たす受託ライバル会社はほとんどないのです。

カワハラ製薬の取り組みと驚異的な業績に触れれば触れるほど、売りモノとは何かを考えさせられます。その高い収益率をもとに、稼いだお金で高額の設備投資をして優位性を維持し、しかも即時償却制度等の優遇税制をフル活用し、機械設備が固定資産に可能な限り反映されないように工夫しているのです。

資産が膨《ふく》らまないように常に意識して設備投資をしている経営者は、なかなかおられません。「下請けだから利益率が低くても仕方がない」という意識はまったく持っておられない、見事な会社です。

高い商品開発力で年商の4倍の現預金を持つ会社

「持たざる経営」の第3ステップは、「**伸びる**」「**選ぶ**」「**仕切る**」です。

国内屈指の技術力を高めることで、高価格でも顧客から選ばれて「伸びる」を達成したのが、これからご紹介する株式会社沢村ファシリティーズ(仮称)です。

伸びたおかげで、売り先を「選ぶ」ことができ、価格や納品条件を「仕切る」レベルにまで到達されています。行列ができるほどの商品力を持つことが維持できているからこそ、とてつもない業績を実現させた会社です。

しかし私が株式会社沢村ファシリティーズ(仮称)の面積グラフを初めて見たとき、「これは何か間違っている」と思いました。

貸借対照表の左側の総資産は90%以上が現預金で、右側は95%が純資産でした。そんな面

第13表 沢村ファシリティーズの貸借対照表 面積グラフ

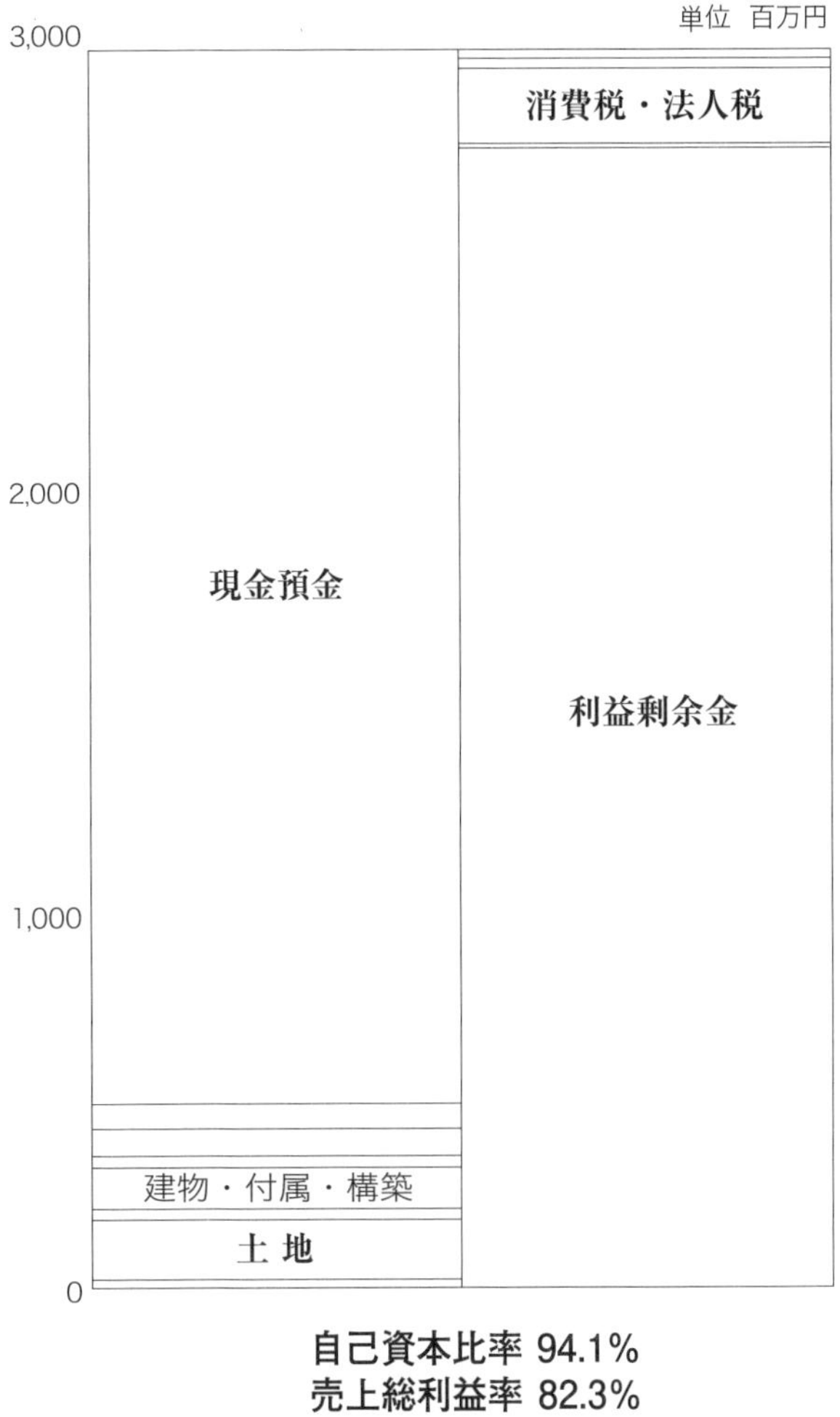

自己資本比率 94.1%
売上総利益率 82.3%
営業利益率 43.9%

積グラフは今まで見たこともないし、ありえないと思ったのです。

株式会社沢村ファシリティーズは、東海地区で超高精度かつ特殊な分析機器を作るメーカーです。その衝撃的な面積グラフを見せてくれたのは、2代目後継者の沢村専務(仮名)でした。その面積グラフを見てすぐに、

古山「これは何か間違ってますよ。こんなことありえない。ちょっと決算書を見せてください」

面積グラフを作成する財務セミナーに出席していた沢村専務から、決算書を見せてもらいました。

古山「あれれ、これ…間違っていません。失礼しました。えっ、すごいですね！」

もう驚きの声しか出ませんでした。衝撃の面積グラフは、前ページの第13表です。

現預金が年商の4倍以上あり、無借金で自己資本比率が90％超です。

その後、沢村専務から連絡を受けて、相談に乗ることになりました。その内容は、研究開発費に関することでした。

沢村専務「うちの会社は毎年、かなりの額の研究開発費を使っています。先日の古山先生

の財務セミナーを聞いていたら、この費用も税制の優遇措置があるということを知って、当社も該当するかどうか、お聞きしたかったんです」

研究開発税制は、日本の経済成長に繋《つな》がる開発や、革新的な技術開発を促すために、経済産業省が主体となって振興する優遇税制措置です。時限立法ではあるものの、税制改正の都度更新され、今も残っている優遇税制です。(現状は令和8年3月31日までに開始する事業年度が対象)

研究開発税制には、大きく2つの制度があります。「**一般型**」と「**オープンイノベーション型**」です。

「一般型」は、会社が研究開発のために使った試験研究費を対象としたものです。中小企業の場合、大企業よりも高い優遇を受けられます。

一方の「オープンイノベーション型」は、技術開発のために大学やスタートアップ企業との共同研究にかかった費用が対象です。

多いのは、「一般型」です。中小企業の場合、試験研究費の金額の1%~最大17%の幅で、その金額を法人税から控除を受けられます。法人税が安くなるのです。前年よりも試験研究費が増えている程、控除額が大きくなる仕組みです。

沢村ファシリティーズは、資本金が５千万円で中小企業です。毎年のように試験研究費が増えており、まさしく対象となる会社でした。

古　山「沢村専務、これは研究開発税制の対象になりますよ。顧問の税理士は何も言ってくれないんですか？」

沢村専務「何もないです。セミナーを受けて会計事務所に聞いたんですけれど、『できるかもしれませんねぇ』と言うだけで、何も動いてくれないんです。うちの会計事務所も、古山先生が話しておられた、まったく節税の役に立たない税理士かもしれません」

結局、直近の前年度もその優遇税制を受けることができていたのに、何も申請していないので、税金控除を受けられていなかったようです。そこで、前年度に申告した決算を修正申告して、還付を受けることにしました。その金額が約３千万円です。

沢村専務「古山先生ありがとうございます。何も知らなかったら、このまま流れていたと思います。おかげ様で大いに助かりました。今年度も使えそうですので、そのときにはまたご連絡いたします」

古　山「それにしても、すごい金額の試験研究費ですね」

沢村専務「技術開発とその技術を使った商品開発がうちの肝《きも》ですから、そりゃあ、お金をつぎ込みますよ」と自信ありげに答えてくれました。

同社は、ライバルよりも強い商品力を維持するため、開発のための設備や機械、新たな研究人材といったことに惜しげもなく稼いだお金を投じていました。その現場や設備機器を見せてもらいましたが、高度すぎて、私のような文系の頭脳では理解できないものでした。

古　山「他のライバルはここまでしないんですか？」

沢村専務「うちのライバルはもう日本国内にはいません。おもにアメリカの会社がライバルです。国内の会社に販売する分には、品質や性能はどこよりも優位性があります」

古　山「なるほど、だから見たこともない面積グラフになるんですね。受取手形はないし、売掛金の回収も早いですよね」

沢村専務「そうなんです。私の父である社長が、手形をもらって売る商売は嫌いな人で、創業時の約50年前から、手形はいっさい受け付けていません」

古　山「いやしかし、それは強い商品力があるからいえることで、普通はなかなか、簡単にはできないですよ」

沢村専務「それは確かに、他社のお話を聞けば聞くほど、うちの社長はスゴイと思います」

一方、固定資産に目を向けると、広大な工場の建物と土地も含まれていました。ところが、現預金が大きすぎて、面積グラフ全体から見れば、かすんでしまう程度のウエイトなのです。

古山「この土地と建物は、含み損があるんですか？」

沢村専務「いや、わかりません」

とのことで、不動産鑑定士に評価を依頼しました。すると後日電話で、

沢村専務「古山先生、含み損が６億円あることがわかりました！」

とご連絡いただき、不動産管理の子会社を作ってオフバランスもすることになりました。

沢村専務「古山先生、また節税できて大助かりです！」

沢村専務は嬉しそうに報告してくれたのです。

機能にデザインを加えて商品力を圧倒的に強くした会社

最後にご紹介するのは、デザインとブランドという目に見えない商品力を高めて「持たざる経営」を成功させた会社です。

「あそこの商品は高いけどデザインが素晴らしい」「このブランドの商品にこだわりたい」というお客様を獲得することに成功しました。

どうすれば、お客様から圧倒的な支持を得られるようになるのかを見抜き、仕組んで仕掛けたことがお客様の心に見事に刺さり、驚異的に「**伸びる**」こととなったのです。

その後は、それまでの売り先を見直して「**選び**」、好条件の売り先ばかりになるように「**仕切る**」を実行されました。何より、自社ブランドのファンをつかみ続ける、飽くなき商品開発に力を注ぎ続けていることが、その結果に結びついているのです。

東北エリアに本社を構える株式会社ニックナックス（仮称）は、100年以上の歴史を持つ、日用雑貨を扱う老舗会社です。

工場は持たず、企画デザインは自社でおこない、製造はすべて外注です。いわゆるファブレスメーカーです。

でき上がった商品の販売は、他社の小売店やネットショップで売るということを主体としてきました。販売に関しても自社店舗を持たず、「持たざる経営」を貫いてきたのです。

5代目である利根社長(仮名)は、「たたむ・削る・変える」に取り組んで財務の体質改善を成し遂げた先代の後を継ぎ、自社の商品価値を高めることに稼いだお金を惜しむことなく注ぎました。

雑貨というジャンルは、その価格にとんでもない差のある場合があります。たとえばハサミや爪切りにしても、100円均一で買えるものから、地域のブランドや匠の職人によるものとして、ひとつ数万円のものもあります。

キッチン用品や水回り用品、文房具などもそうです。機能性だけであれば100円均一で十分、というものも多くあります。そのかわり、100円のものは粗雑で壊れやすかったり、デザインもそれなりです。それでもいい、とわかっている場合は、100円均一で買います。

しかし、より使いやすく機能性をとことん追求した商品設計であったり、著名デザイナーによるデザインを使用するなど、付加価値の高い商品を欲しいというニーズも間違いなくあります。

とくに現代の日本のような、経済的に安定した生活者が多い国であれば、自分自身が求める付加価値も多様化しています。他は高級品でなくても、自分がこだわりたい商品に関しては、お金をかけてでも、いいものが欲しいというニーズがあるのです。

同社もかつては、その商品としての機能のみを売りモノとしてきました。しかし、100円均一やディスカウントショップが台頭してくる中、このままでは生き残ることができないと考え、付加価値重視の戦略へと転換したのです。

キッチン用品や水回り用品に、ちょっとした便利な機能を取り入れたり、好きな色のものを選べるようにしたり、他のライバル商品にはない商品価値を付け加えていきました。もちろん、価格も高くし、売価が上がることで、粗利益は以前よりも増えました。それでも利根社長はまだまだ満足できませんでした。

数名の営業マンが小売店やネットショップのバイヤーに商品を売り込みにいくという営業スタイルは、まだ変わっていなかったからです。

私たちＩＣＯは、「営業マンを置かなくても、本当に強い商品力がある商品なら、お客様から『売ってください』と言ってくる」という考え方です。

「ニックナックスの商品は高く売れるようにはなったものの、まだまだＩＣＯ式で売れるほどの商品にはなっていないな」と利根社長は感じていたのです。

この状況でありがちなのが、営業強化です。

「営業マンのベテランをヘッドハンティングしよう！」

「営業マンを増やそう！」

「営業マンを指導教育するコンサルタントと契約しよう！」

このようなことをやって売れても、それは一時的な売上にすぎません。バイヤーに仕入れてもらったとしても、実際の末端のお客様に支持を得なければ、その後の売上高にも儲けにも繋がらないのです。

そこで利根社長に提案したのが、商品開発室を強化することでした。

古　山「社長、本当にお客様が欲しくて売れる商品を作らなければ、いつまでたっても営業マンに頼ることになりますよ！」

利根社長「私もそのとおりだと思います。どのような人員構成にすればいいでしょうか」

古　山「ニックナックスで扱う商品を買うのはほとんど女性です。企画開発メンバーは女性を中心にしていきましょう。年齢は関係ありません。それと、社内の人員だけでなく、フリーランスの商品開発専門の人材を採用してください。商品デザインも自社でデザインするのではなく、外部のプロのデザイナーに依頼してください」

利根社長はその指導に沿って商品開発室を強化しました。稼いだお金を商品開発室の充実へと、惜しみなく注入していったのです。

フリーランス人材やプロデザイナーと高額で契約しました。ただし、良い結果が得られなかったら契約を終えられるよう、1年契約での更新型です。そのかわり、ヒット商品を生んでくれれば、翌年は報酬を上げて契約しました。

すると、徐々にヒット商品が生まれはじめました。そしてついに、ある商品が驚くほどの大ヒットとなりました。それは20代前半の女性社員が考案した商品でした。そうなると、お客様にニックナックス商品の信者のような方が増えはじめたのです。

たんなる商品のファンではなく、ニックナックス商品で自分の生活を演出したいというお客様が現れはじめたのです。多くのお客様から、「ニックナックスの商品なら間違いない」という評価が高まり、『ニックナックスブランド』と呼ばれるようにまでなったのです。

営業スタイルも変わってきました。利根社長が言いました。

利根社長「営業マンが売りに行かなくても、バイヤーから『うちにも商品を置いてください』

と言ってくるようになりました！」

古山「よかったですね！　しかし、そうなるとこれからは、売り先を選んでいくことができますよ。どこへ売れば利益が多く出るのか、よく考えて売ってください」

古山「わかりました！　売り先と売り方を見直します」

利根社長は、売り先や売り方別に、利益がどう違うのかを調べていきました。従来もっとも多かった雑貨小売りの大型店は、数量は出るものの、儲けはそう多くありませんでした。

店舗を維持するための費用を販売歩率として差し引かれるのです。それも多くが都心の店舗です。販売歩率が高くなるのは当たり前です。それにかわってこの10年以内で売上を伸ばしてきたのが、インターネットでの販売です。

ネット販売を分析してみると、数量はまだまだではあるものの、店舗型への販売よりも利益率が高いことがわかりました。

古山「それがわかったら、ネット販売が伸びるように、インターネットの各販売サイトへの販売促進費をもっと払えばいいじゃないですか」と利根社長に言いました。

インターネットの販売サイトには、無数の商品が出品されています。その中でお客様の目に触れやすくするには、その販売サイトへ販売促進費をかけていく必要があるのです。

利根社長「いやあ、なんだかもったいない気がして…」

古　山「何を言っているんですか。リアルの小売店舗で売ってもらうにしても、良い立地の店舗や集客力のある店舗は販売歩率が高いです。それでも自社でその場所に店を出して売るよりは安くつくから、その歩率を払ってでも納品するわけでしょ。インターネットでも同じ考え方ですよ。販売促進費は、ネット販売上の好立地を確保するための費用です。それに、インターネットの販売促進費は売上高に連動するものではないので、売れ数が伸びるほど割安になっていくじゃないですか」

利根社長「わかりました。でも、そのための費用はかなり高くつくので、うちの売価だとまだまだ割高な感じがするんです」

古　山「だったら売価を上げればいいじゃないですか」

利根社長「えっ、そんなことしたらお客様からクレームとか来ませんか？」

古　山「いやいや、同じ商品であってもアマゾン限定とか、楽天限定とか、少しデザインを変えたりパッケージを変えたり、オマケをつけたりしている商品がいくらでもあるじゃないですか。そのかわり、通常商品よりも値段が高いんです。それでもお客様は、それが欲しくて買うんですよ。ニックナックスの商品はそれくらいの商品力を持っていますよ」

利根社長「なるほど、そういえば私もそんな買い方をしていますね」

利根社長は納得し、売り先をこれまでの実店舗中心からインターネット販売中心へと、変えることにしました。既存商品を新規の売り先へと、販売強化することになったのです。つまり、販売の仕掛けを変えたのです。

都心の好立地の店舗に足を運ぶ客の数と、スマホでインターネット通販サイトを見る客の数を比べると、当然インターネットに集まる客のほうがはるかに多い。インターネットなら、地域も時間も関係ないのです。

日本全国のスマホ利用者に24時間、ニックナックスの商品の良さをアピールできれば、販売数は店舗販売よりもっと伸びると利根社長も確信していたのです。それに、ネット販売だと、お客様のコメントや評価を集めやすい。その集まった声を元に、商品開発メンバーは新たな商品やデザイン変更をして、ニックナックスの商品群を次々に展開していったのです。

利根社長の思惑は当たりました。実店舗で販売するよりも、かなり多い数の商品が出荷されていくこととなったのです。

利根社長「これだけ販売できれば、悩んでいた販売促進費も全然、元を十分に取れています。

ここまで来たら、次は自社の販売サイトで売れるように仕掛けていきます！」

アマゾンや楽天などで売るより、自社サイトで売るほうが、販売促進費もかからず残る利益は増えます。ところが多くの出品者は、自社サイトよりも集客力の強い大手インターネット販売サイトへと、商品を出品するのです。自社サイトには集客力がないからです。

しかし、ニックナックスブランドのファンはすでに一定数に達しています。そうなると、今度は自社サイトへとお客様に来てもらうべく、商品開発メンバーが動きはじめました。自社サイトでの商品を限定商品にしたり、オリジナルにしたり、販促キャンペーンを仕掛けることで、多くのお客様は自然と自社サイトへと流れてきたのです。すると、販売促進費がかからない分、さらに利益が残る形へとなったのです。

実店舗での販売も残してはいますが、売上代金の回収が早く全品買取で在庫が発生しないなど、条件の良いお客様のみへの販売とし、売り先を選ぶことにしたのです。かつての、とにかく売れればいい、という考え方を完全に捨てたのです。

それが可能になったのは、商品開発室を強化し、商品力を磨く、ニックナックスブランドを高めていくということに、資金投資を集中させたからです。その結果として生まれた商品がお客様にとって強い魅力があり、「高くても買いたい！」と思わせる商品・ブランドとして確立したのです。

ニックナックスはファブレスで工場はありません。店舗はインターネットでの自社サイトです。工場も店舗も、固定資産には表れません。しかし持っていないようで、インターネット上に強力な自社の店舗を構えているのです。

ニックナックスは売上高も利益も大きく飛躍する結果となりました。それはやはり、「持たざる経営」の考え方をぶれることなく推進し続けてきたからなのです。

「伸ばす」のではなく「伸びる」

売上高を伸ばそうとすると、たいへんです。

- **営業マンを増やして教育しろ！**
- **営業所（店舗）を増やせ！**
- **商品（サービス）アイテムを増やせ！**
- **営業マンは売上目標をなんとしても達成せよ！**

人件費や採用費・教育費が増え、家賃が増え、原価が上がってロスが増え、安売りが増えます。売上高を伸ばすのは、大きなコストがかかるのです。このようなコストをかけて、売上高を伸ばしても、残る利益は以前よりも小さくなります。こんなのは戦略ではありません。無鉄砲なだけです。

売上を追うから総資産が増える

中小企業の経営者の95%は、貸借対照表を読めない。多くの経営者にお会いするほど、その確信は高まります。それだけ多くの経営者が、損益計算書をベースに経営に取り組んでいるのです。

それでも、粗利益(売上総利益)をベースに考えておられるのなら構いません。実際には、そのような経営者は少数派です。多くの経営者はまだまだ、売上高の多い少ないをベースに、経営に取り組んでいます。

もちろん経営において、売上高は欠かせません。しかし、トップが売上高にとらわれすぎると、社員一同で売上高ばかりを追うようになります。そうなると、かえって営業利益率や経常利益率が悪化します。それだけではなく、総資産さえも、増えていきます。売上高を追えば追うほど、「持たざる経営」から遠のいていくのです。

①安売りが増えて粗利率（売上総利益率）が下がる

かつて、日本経済が右肩上がりの時代がありました。その当時、作れば売れ、売れれば利益が増えました。日本国民はみな若く、消費が旺盛でした。その時代の成功体験をお持ちの方ほど、こうおっしゃいます。

「売上が上がれば利益はついてくる！」

このような発想の経営者がトップにいると、社員も同じ考え方に染まっていきます。確かに、かつてはそれでも売れて儲かったのです。しかしそんな時代はとっくに終わっています。供給過剰の時代となり、競争が激しくなればなるほど、儲けも削られていく時代です。売れて儲かるのは、ライバル商品よりも魅力があり、差別化された商品だけなのです。

「これからの3年間で、売上を1.5倍にする！」

経営トップからこのような経営方針が出ると社員たちは、「とにかく売上を増やさなければ！」という意識が中心になります。そうなると、どうなるでしょうか？

儲けのない安売りが続出します。競合他社と比べてそう大した差別化がない商品であればなおのこと、そうなります。営業マンにすれば、価格で差をつけるしか自社商品を選んでもらう方法を思いつかないからです。

さらに、回収条件を確認せずに売りつける、などなど、とにかく無理な条件、不利な条件だろうと、おかまいなしに売上を増やすことしか考えなくなっていきます。

安売りが横行する結果、通常よりも粗利益の低い価格となる分、数量でカバーしようとします。数量が増えれば、人件費、物流費など、経費が増えます。売上は増えたものの、粗利益が減り、経費が増えて、結局、残って使えるお金は、前より減るということになるのです。

回収条件を確認せずに売った結果、回収期間が長くなる、あるいは、未回収が発生するなど、代金回収が遅延し、資金繰りを悪化させます。

しかも、ここまでしたからといって、結局、無茶な売上アップ計画は、達成できないことがほとんどです。売上計画は未達成になる。粗利益率は下がる。経費増で営業利益も下がるのです。

それでも、社員はこう言います。

「売上拡大のために、必死にやりました！」

「これまでは種まきです！」

「これから芽が出てきます!」

しかし、いくら必死に努力をしても、間違った方向に努力をしては、良い結果が得られません。芽も出てきません。出たところで育ちません。

今や、売上が増えれば利益がついてくる時代ではありません。それは、世の中全体の環境がそうであったからです。それよりも、使えるお金を増やすための、売りモノ磨き、仕組みづくり、仕掛けづくりに力を投じなければならない時代なのです。

②売上至上主義に陥ると、総資産がどんどん増えます

売上を追えば追うほど、粗利益は縮みます。そうなると、売る数量を増やして必要な利益を確保しようとします。店舗や事業拠点が増え、固定費が増えていきます。それだけでは収まりません。

ある郊外地域でロードサイドの飲食店チェーンを経営する社長が相談に来られました。

「資金繰りが厳しく、どうしたらいいのかわからない」との相談でした。

そこで店舗別の採算表を見せてもらうと、打つ手はすぐにわかりました。全店舗のうち、4店舗が大きな赤字なのです。他の店舗も黒字とはいえ、なんとか黒字という状況なので、赤字店舗のマイナスをまったく吸収できていないのです。

しかも、すべての店舗が自前の土地・建物なので、店舗の数だけ総資産が大きくなっていました。そしてその土地・建物の資金調達は、銀行借入だったのです。

典型的な、何でも自社で持つ経営のパターンでした。

さっそく社長に言いました。

古山「社長、まずは赤字の４店舗を閉めればいいじゃないですか？」

社長「そんな、店を閉めたら売上が減るじゃないですか！」

驚きました。そもそも支出のほうが多い、赤字店舗の売上が減るだけです。赤字店舗を閉めたほうが残るお金は大きいのです。しかしそれがわからない。売上至上主義も、ここまでいけば狂信的です。

その社長はさらにこう言いました。

社長「売上が減ったら、借入金を返すお金が回りません」

赤字店舗の売上が減ろうと、残るお金は増えるのだから、資金繰りに問題はないのです。それに、赤字店舗を閉めて、土地を売れば、多少の返済資金は生まれます。いずれも幹線道路沿いの土地なので、売れる見込みがある土地だったのです。

借入金の明細を見ると、どの借入金も長期で5年返済の契約になっていました。ロードサイド店舗の運営だと、建物の減価償却は木造で20年、鉄筋コンクリートなら30年超です。毎年の減価償却費が返済原資と考えれば、5年返済の借入金では毎年の返済額が大きすぎて、まったくバランスが合わないのです。

古山「社長、どうして長期借入金は全部、5年返済なんですか？」

社長「いや、どうしてと言われても…、今までずっとそうだったので…」

この時点で、この社長は貸借対照表をまったく読めず、売上高がすべてを解決してくれると信じているのだとわかりました。おそらくお金を貸している銀行も、財務のことはまったくわからない社長だとわかっていたと思われます。今までどおりに5年で貸し、返済が厳しい分は、さらに短期で貸し付けていたのです。

古山「社長、この長期借入には全部、担保も個人保証も付いているでしょ」

社長「はい、それが普通だと思っていますので…。保証協会にも入っています」

思ったとおり、銀行交渉についても、まったくの無知でした。銀行は担保と個人保証付きで融資をし、返済が滞れば、その7割は保証協会から回収し、残りは担保にしている幹線道路沿いの土地で回収すればよいと考えていたのでしょう。

だから運転資金が回っていない状況でも、とことんお金を貸しつけていたのです。銀行のいいようにされていたのです。

古山「社長、5年借入なんてやめて、もっと長い期間の借入金に切り替えてもらわないと、銀行が『これ以上は貸せません』と言った時点で倒産ですよ！　とにかく、赤字店舗はすぐにでも閉める手配をしてください！」

社長「先生、銀行にそんな交渉をして、お金を貸してくれなくなったらどうするんですか！」

このようなやりとりがあったものの、その社長は素直には聞き入れませんでした。助言を求めて相談に来られても、その助言を受け入れてくれなければ、どうしようもありません。

「店舗を閉めて売上高が減るのがイヤ」

「銀行に交渉して貸してくれなくなったらイヤ」

これでは手の打ちようがありません。やむなく、その社長にはお引き取りいただきました。

その後の詳細はわかりませんが、生き残っているとすれば、銀行から迫られて、店舗数を縮小しているはずです。銀行サマサマ病の社長は、銀行からの助言のほうが、素直に聞く傾向があります。それなら、最初から銀行に聞いてくれ、と言いたくなるのです。

恐ろしいのは、このような売上至上主義の社長が今もおられることです。

危険極まりないのです。

店舗運営事業の場合、急な店舗展開はせず、土地・建物は可能なかぎり借り物で済ませ、限定した地域のみで店舗展開すればよいのです。そのうちのどこかの店舗が赤字になってきたら、その店舗は閉めて、その地域内の別の場所で、新店舗を開けばよいのです。借り物であれば、それが比較的容易にできるのです。

売上高を伸ばすための活動をしなくても、お客様から寄ってくる

この事例とは反対に、「たたむ・削る・変える」を財務力の土台として、自社の売りモノを磨いていった会社は、商品力が圧倒的にライバルよりも強いです。そうなると、冒頭で紹介した3つの会社のように、お客様のほうから声がかかってくるのです。

- **おたくで他の商品も請け負ってくれないか**
- **おたくの商品を、うちの店舗やネットショップでもっとたくさん扱わせてほしい**

・おたくの新商品が出たら注文するから、詳細がわかればすぐに教えてほしい

売上高を伸ばすための活動をしなくても、お客様から寄ってくるのです。いつの時代においても、お客様には欲しいものがあるのです。

ただし、環境が変われば欲しいものも変わります。変化するニーズ（欲しいもの）をいち早くとらえて商品化していくことができれば、売上高を伸ばすための施策を打つ必要などないのです。

それくらい、世間の多くの会社が、お客様が本当に欲しいものを見抜けていないのです。売り手が思う良い商品・サービスと、お客様が欲しいものには、往々にして差があります。お客様の立場に立って考え抜かれた商品・サービスには、その差がなく、お客様本位の「商品力」が宿《やど》っているのです。「営業」で売るのではなく、「商品力」で売れるのです。

今も世界中で愛され、その作品が見続けられている世界のクロサワこと黒澤《くろさわ》明《あきら》監督が、映画という商品づくりについてこう語っていました。

「考えて考えて、考え抜いて、手を抜かない」

自分が作りたいものにこだわりすぎると、結果として客に受け入れられず、次回作を作る環境を悪化させるだけです。どうすれば、自分が言いたい主題を外さず、多くのお客が見てくれる売りモノになるのか、考え抜かれたうえでの作品群だから、今も世界中で受け入れられているのです。

「選ばれる」のではなく「選ぶ」

商品力を磨く段階においては、どうすればお客様から選んでもらえるだろうかと懸命に考え、策を講じます。しかし、その努力が実り、お客様が欲しい「商品力」を提供できるようになると、前述したとおり、お客様から「売ってください」「買わせてください」と声がかかるようになります。

そうなれば、その「商品力」は本物です。以前では考えられないことですが、そうなると、すべてのお客様の需要に対して、供給が不足してきます。だからといって、

「よし！　すべての受注をこなせるよう工場を増設しよう！」

「外注先を増やして在庫を増やそう！」

などと、すぐさま増産体制に舵《かじ》を切るなどしないことです。

「お客様すみません、お待ちいただけますでしょうか」の心構えで対処し、本当にその需要

がまだまだ続くようであれば、そこで初めて供給量を増やす策に動けばよいのです。慌てることはないのです。

お客様が増えてきたならまずは、お客様を選べばよいのです。

お客様を「選ぶ」ことで、客筋を良くしていくのです。店舗でも会社でも、客筋というものがあります。買ってもらってありがたい客と、そうでもない客は、どこの世界にもあるものです。

自分たちの会社にとって、「このお客様とはお付き合いをしたいな」と思う相手先を積極的に選んでお付き合いすればよいのです。そうでもないお客様には、そう力を注ぐことはなく、お待ちいただけるなら待っていただくということで構わないのです。

どのようなお客を選びたいかは、その事業によって異なるはずです。

- **金払いが早くていい客**
- **お付き合いすることで、こちらの権威性も高まる客**
- **高くても文句を言わない客**
- **こちらの融通を聞いてくれやすい客**

たとえば、ユニバーサルスタジオジャパンのようなテーマパークは露骨にそうしています。普通のチケットなら、行列に並んでアトラクションに入るところを、割高なエクスプレスパスを購入した客は、並ぶことなく優先的に入場できます。

そのことに対して文句を言う客は、誰もいません。みなさん、それで納得しているのです。運営側からすれば、割高でもその代金を払って入場してくれるお客様を選びたいのです。高単価な客筋を増やし、優遇したいのです。しかしそれは、テーマパークそのものの商品力が高いからできることなのです。

「商品力」さえ強ければ、お客を「選ぶ」ことができます。そのようなことができる会社は、間違いなく業績をさらに伸ばし、さらなる商品力向上へ向けて、稼いだお金を投資することができるようになります。

「仕切られる」のではなく「仕切る」

中小企業はとかく、「仕切られやすい」立場であることが多いものです。

大手の下請けともなると、決算書の詳細まで求められ、その利益状況を見たうえで、納品価格の値下げなどを要求してきます。今はさすがに露骨にはしにくい環境になってきましたが、本質のところではその状況は中小企業にとって変わらないのです。

それは下請けとなる中小企業経営者のどこかに、「仕事を切られたら、元も子もない」「ことの取引がなくなったら、うちは持たない」との思いで泣く泣く要求を受け入れてしまう、というところが今も残っているからです。どこかに、「ライバルが多いなか選んでもらっているのだから、先方の無理を聞かざるを得ない」といった思いがあるのです。悪しき下請け根性が抜けないのです。

しかし、こちらがお客を「選ぶ」ようになれば、立場は逆転します。

相手であるお客様は、なんとしてもこちらと取引がしたいのです。お付き合いしたいのです。手放したくはないのです。他に同じ商品力を提供できるライバルとなる選択肢がないのです。そうなれば、逆に、こちらが「仕切る」ことができるのです。

・支払い条件を良くしてもらう

・在庫はお客に持ってもらう

・値上げを受け入れてもらう
・商品が準備できるまで待ってもらう
・納期や納品時間・場所などの融通を聞いてもらう

その商品・サービスが欲しい会社は、なんとしても欲しいのです。ある程度、売る側の要望に応えようが、大した問題ではないのです。それはもう、たんなるお客様というよりも、ファンであり、推しであり、パートナーであり、信者といえます。多少の条件など、受け入れる余地は十分にあるのです。

たとえば、百貨店がなんとしても出店誘致したい店舗がある場合がそうです。普通なら通らないような条件が通ります。売上から差し引く歩率を優遇する。出店する立地を優遇する。内装費用は百貨店側が負担する。などなど、完全にえこひいきのようなことが起こります。

それは、出店する店舗に集客力があるからです。百貨店にとっては、集客力は何物にも代えがたい「商品力」です。くやしければ、他の店舗もそのような「商品力」を身につけるしかありません。

「仕切る」を実現できるようになれば、財務状況はさらに良くなります。例外なく、粗利益が上がって残るお金が増える、回収が早くなる、在庫や固定資産などその他の資産も減っていく、ということが起こってくるからです。

「持たざる経営」が進化していけば、このようなことが現実に起こってくるのです。

ライバルとの優位性を見出して、自社の売りモノを磨きなさい

「戦略とは、優位性なり」。

『儲かるようにすべてを変える』をはじめ、井上和弘の経営革新全集のすべての背骨ともなる言葉です。

多くのライバルが群雄割拠《ぐんゆうかっきょ》する中、勝ち抜くためには、ライバルよりも勝《まさ》る何かが必要です。

本書で紹介してきた中小企業はいずれも、ライバルに比して何らかの強みを明確にし、磨き続けてきました。それが優位性となり、その会社の確たる戦略となっていったのです。

その優位性が、いわば会社の特徴となるのです。

・あの会社の商品は機能性やデザインがよそと違って品質レベルが高い
・あの会社に依頼すれば品質トラブルがなく安心できる
・あの会社はとにかく対応が早い
・あの会社は他が聞いてくれないわがままを受け入れてくれる
・あの店舗はどこよりもおいしくて価格も満足できる
・あの店舗のスタッフはみな、他よりも丁寧で知識豊富で親身になってくれる
・あの店舗なら他よりも早く用を済ませられる

お客様にはニーズがあります。そのニーズのいずれかにとことん応えることが、自社の売りモノ＝優位性となり、特徴となり、戦略となるのです。

とはいえ、そのニーズに対応して売りモノを磨くには、お金が必要になります。もちろん、銀行から借りるという方法もあります。しかし、借りたものは返さなければならないというのが原理原則です。

必要となるお金を、できるだけ銀行に頼らず、自ら稼いだお金で賄《まかな》っていく。それには、稼ぐことは大切ですが、稼いだお金を残すことがもっと大切です。

経営をしていると、お金というものはどんどん減るということを実感するときがあります。金利で減る、税金で減る。売りモノ磨きにも何にも役立たないお金が、ヘタをすれば稼いだお金の半分くらい消えていきます。

とくに日本の税金は高いです。法人税、地方税、消費税、固定資産税、それに法定福利費も税金と同じようなものです。中でも法人税や消費税は、中間納税として翌年度分の半分を前払いさせられます。国とはそれほど、あこぎなことをしてまで税金を徴収してくるのです。ただし、それは無策であるからそうなるのです。

「たたむ・削る・変える」でお金が残る体質に転換し、財務体質がスリム化されれば、銀行借入の条件も良くなります。金利が下がり、お金の流出が減ります。決算対策で損金計上となる経費を積み上げて税引前利益をコントロールすれば、税金での流出も減らせます。省人化が進めば、法定福利費での流出も減ります。

「たたむ・削る・変える」を進行することで、お金が残りはじめます。そのお金を、売りモノ磨きのために惜しみなく使うのです。この本で紹介する会社はみなさん、そのようにしてきました。

・企画開発部門を設立し、好待遇で優秀な人員を集める
・他社よりも速くて性能の高い機械を導入する
・ロボットを増やして人員を減らし、低コスト&安定品質を実現する
・優秀な外部ブレーンと契約し、知恵を授かる
・大学や外部の研究開発機関と連携し、技術力を高める
・M&Aで会社を買い、売りモノ磨きの時間を短縮する
・従業員教育や福利厚生にお金をかけ、組織力を高め定着化を図る
・相場よりも高い処遇でより良い人材を確保する

本書で紹介するいずれの各社も、自社の独自の売りモノを磨き、その売りモノの力を発揮し続けるため、稼いだお金を投じてきたのです。

大企業なら、あれにもこれにもお金をかけるだけの資本力があります。しかし中小企業には、そのような資金力はありません。自社が磨く売りモノとなる何かにターゲットを絞り、資金を集中的に使うしかないのです。

それに加えて、会社が事業承継されていく中において、新たなメシの種が必要になります。

先代と同じ売りモノ、売り方、売り先で同じように稼ぎ続けられるほど、経営は甘くはありません。長く続く売りモノもやがて下火になります。

たとえば携帯電話が現れて約30年になります。携帯ショップは稼げなくなり、店舗数は激減しました。流通革命を起こしたスーパーマーケット事業も、コンビニやインターネットなどの新たなライバルが増え、大きく稼いだり、生き残るのは容易ではなくなりました。

あるいは長引くデフレの中、低単価で製造可能な国に大手の製造工場が移転し、国内の多くの下請け中小企業が取引を切られていきました。

経営環境が変わることで、売りモノ、売り先、売り方は変わるのです。変わらなければ、生き残れたとしても、かつてほどの稼ぎを残せなくなります。

そうなると、打つ手に窮《きゅう》していき、じり貧になっていきます。その結果、ゾンビ企業が増えているのです。カネ余りの環境であれば、そのような中小企業にまで、お金を貸す銀行が現れるからです。

しかし、そんなことはたんなる延命措置にすぎません。やがては資金繰りに追われ、つぶれていくのです。それが資本主義のあるべき姿です。敗者は潔く去るしかありません。そしてまた、出直せるものなら出直せばいいのです。

時代とともに、磨くべき売りモノは変わります。環境変化に対応し続けるためには、常にお金が残る財務体質を築き、残ったお金を新たな売りモノ磨きに使い続けることが必要です。売りモノが磨かれれば、売り先や売り方を見直すことも容易になります。ライバルにはない、ライバルには容易にマネのできない、独自の売りモノを探り当て、日々研鑽《けんさん》して磨くことに、中小企業は注力し続けるべきなのです。

それでも「たたむ・削る・変える」に手を抜かない

第3ステップに到達したとしても、「持たざる経営」の土台となる【ステップ1】の「たたむ・削る・変える」をやめてはいけません。

強い商品力で「持たざる経営」を実現できたとしても、5年、10年と経過するうちに、「たためるもの」「削れるもの」「変えるべきもの」が経営の中に発生してくるからです。

何度も言うように、経営環境は長い時間軸の中で変わっていきます。たとえば、大ヒット商品もいつかは陰《かげ》りが出はじめて、不良在庫となっていくこともあります。

今現在必要で、投資をして買った機械設備が、まったく使い物にならなくなるということも大いにありえます。今がよくても、これから先もずっとこのままでいい、ということは絶対にないのです。何年かの周期で、大きな「たたむ・削る・変える」をおこなうべきときがやってくるのです。

加えて、磨いた商品力も、いつかは衰えていったり、ニーズが変わってきたりします。そのためにも、次の売りモノとなる商品・サービスを見抜き、その新たな商品力を磨くべく、投資できるお金が必要です。

ほとんどの中小企業は、新たな大きい投資を十分にできるような資金力がありません。そのため、少額の投資や現状のままで、高い粗利益を取れる商品を開発しよう、いい仕入れ先を見つけよう、いい売り先や販路を開拓しよう、とします。

しかし、十分な投資なくして、そのような虫のいい話は実現しません。「持たざる経営」で圧倒的に強い商品力を身につけた会社はすべて、そのための高額の投資をおこなってきた会社です。お客様も、そのような高額投資ができる会社と付き合いたいのです。

たとえば、食品工場に求められる品質管理の内容は、今から20年前とは比べものにならないくらい変わっています。どんどん厳しくなってきています。

しかし、いま稼働している中小企業の食品工場は、ほとんどが昭和や平成初期の時代に建設されたものです。建設から25年以上､経過している工場が多いのです。老朽化している中、現在の品質基準をクリアすべく、改修を重ねて、だましだまし適応させているといった工場が多いのです。

そこで作られた食品を仕入れる側からすれば、安心できない工場となります。そうなるとやがて、安心できる工場へと仕入れ先を変えていきます。あるいは、新たな高額投資を予定しているような財務体質の強い会社の食品工場へと、仕入れ先を変えていくでしょう。

結局、中小企業の売り先となるような大手企業にしてみれば、商品力を磨くための十分な投資ができないような財務体質の弱い会社とは、なるべくなら付き合いたくないのです。品質的にも安心できない、財務面でも安心できないとなると、取引を継続するなど、到底できないのです。

もうひとつ言えば、後継者がいない会社も大手企業にすれば安心できません。

「この会社は後継者がいないから、いつかひょっとしたらM&Aでどこかに買収されるかもしれない。相手先にもよるが、このままこの会社と取引を続けるのもリスクだな」

そう思われてしまうのです。

いずれにせよ、自社の商品力を磨く、見直すためには資金が必要です。その資金を貯めていくには、飽《あ》くなき「たたむ・削る・変える」が必要なのです。売却損や除却損で赤字を出す。人員を減らして固定費を減らす。売り先、売り方を見直す。将来、必要となるような部署を設立して専門人員を雇う。何をするにしても、お金が必要です。【ステップ1】を継続しつつ、【ステップ2】と【ステップ3】を長いスパンで繰り返していくことで、いつまでも強い財務力と商品力を維持し、中小企業であろうとも、盤石な経営を継続できるのです。

6章

【第1ステップ】準備段階

「持たざる経営」を目指す第一歩

経営者にとって最も大切なのは、決算書を読めることです。

このハードルをクリアしなければ、いつまでたっても「持たざる経営」が思うようには進まないし、進められません。

決算書を読むことができなければ、頼るのは顧問税理士の先生です。もちろん、税理士ですから、決算書は読めます。しかし、稼いだお金がより多く残るように、中小企業の社長が喜ぶような対策を決算書の内容から提案してくれる会計事務所は、まったく無いとは言いませんが、ほとんど無いのです。そのことは、多くの社長がご経験されているはずです。

だから、会計事務所に頼らず、経営者自らが学び、知識を高めていただきたいのです。

「持たざる経営」を進めている社長はみなさん、財務や税務に強いです。これは間違いありません。

自ら学び、まずは小さな「たたむ・削る・変える」に自ら取り組んでみるのです。そうすれば、必ず良い結果が出ます。良い結果が出ればそれをきっかけに、3章のステップ1にあるような、本格的な「たたむ・削る・変える」に取り組むことになるのです。とにかく、決算書を読めることが、はじめの一歩です。

本章では、【ステップ1】の「たたむ・削る・変える」を実行する前に経営者として必要な知識を学んでいただき、そのうえで自社の判断だけでできる初期の「たたむ・削る・変える」の実行と実務をご説明します。

なお、本格的な【ステップ1】「たたむ・削る・変える」の実行とその実務については、3章で詳しく説明しています。本章をお読みいただいたあと、3章にお進みください。

1. 貸借対照表（B／S）はグラフ化して見る

貸借対照表はグラフ化して見るとわかりやすい

「P／L（損益計算書）はわかるけど、B／S（貸借対照表）がよくわからない」という経営者の声をよくお聞きします。

P／Lは初心者が見ても比較的、理解しやすいです。売上があって、そこからいろいろなコストが引かれていくだけだからです。残ったものが、「○○利益」という形で表され、前後のつながりもよくわかります。勘定科目の名前も「売上高」「材料費」「消耗品費《しょうもう》」など、その文字だけで、中身がどのようなものなのか、見当のつくものが多いです。

一方、問題はB／Sです。

引き算で結果に到達するP／Lに比べて、B／Sには、そのような明確な計算式がありません。どこかが大きければ良い、というものでもありません。加えて、勘定科目を眺めてみても、それだけでは中身の想像がつかないものばかりです。

「仕組みがよくわからない」
「良い悪いの判断がつかない」
「どこから見たらいいのか見当がつかない」
「毎月見ても、あまり変化がない」

「勘定科目の意味がわからない」

とまあ、苦戦する社長が多いものです。

さらに、これらのことを克服し、ある程度はB／Sの仕組みを理解している社長でも、貸借対照表の大きな桁の数字の羅列《られつ》を見たところで、問題点がまったく見えてこないのが実態です。数字だけではピンとこないのです。

これらの難点を克服するには、次ページ第14表のように、B／Sの数字をグラフ化し、視覚的に特徴がわかるようにすることです。この図は、1章でご紹介した岡田加工業のB／Sです。

ご覧のとおり、岡田加工業のB／Sの各数値の大きさを、面積で表したものです。B／Sの数値をこのような面積グラフにすると、数値の羅列ではなく、その大きさによって面積で表していますので、ひと目でわかるようになります。

ＩＣＯでは、B／Sを理解するために、ＩＣＯ式面積グラフを活用しています。私たちも、経営者と共有しやすい図があるほうが、相談事を前に進めやすいのです。

B／Sが苦手という経営者はまず、面積グラフを作成することをおすすめします。その際、金額の小さい勘定科目は「その他」としてまとめてグラフにすれば、より一層見やすくなり

第 14 表　岡田加工業の貸借対照表 面積グラフ

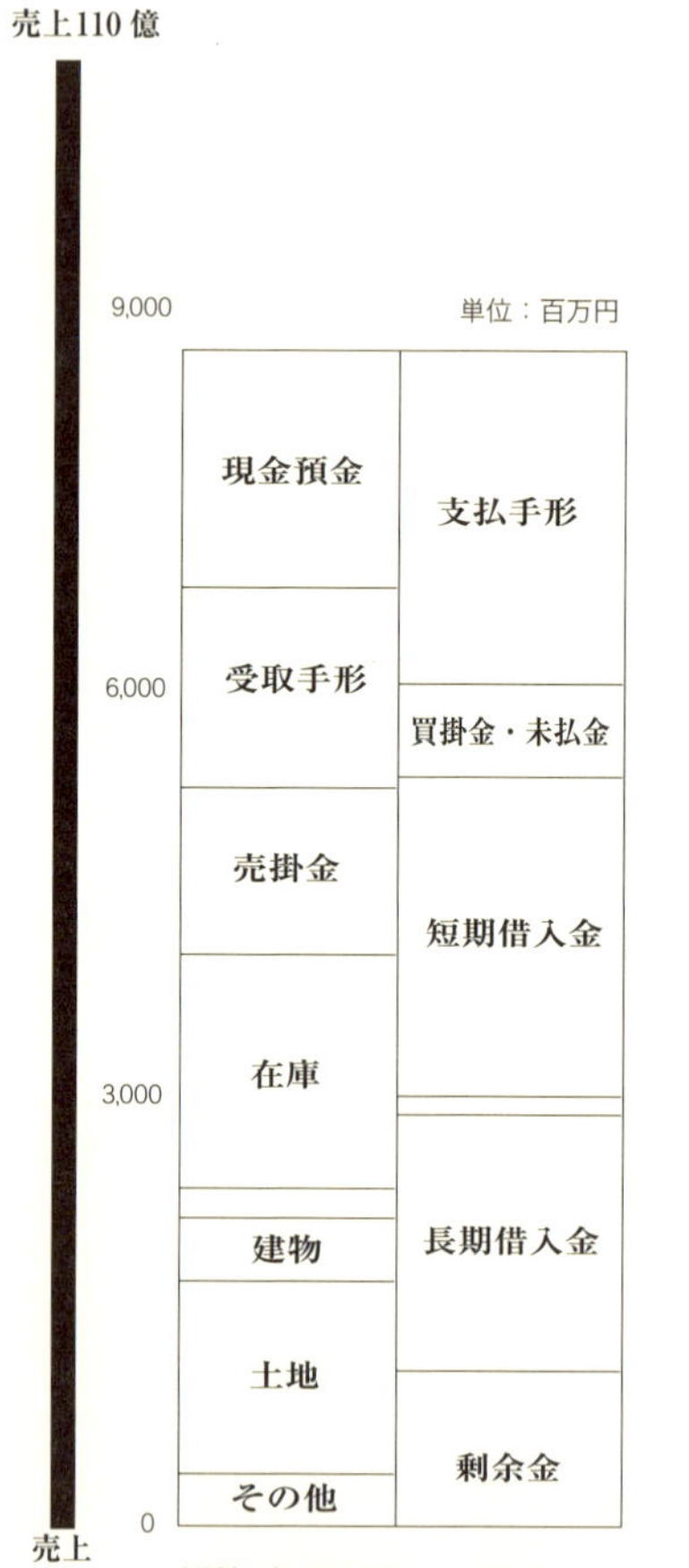

総資産回転率 1.3 回転
自己資本比率 13.1%

ます。

なお面積グラフの作成の仕方は、巻末に明記したＵＲＬから資料をダウンロードしていただけますので、ご利用ください。

Ｂ／Ｓは自社の体力・体質を表す通信簿

Ｂ／Ｓは、自社の資産の内容と、その資産がどのような資本で形成されているかを示しており、言うなれば、自社の体力・体質を表す通信簿です。

一方、Ｐ／Ｌは、その体力・体質で、どのような業績を上げたかを示しています。

体力・体質なくして、業績維持はできません。勘定科目がわからないなら、誰かに聞いてください。その程度の知識を持つ人は、社長のまわりにいるはずです。それこそ、顧問の税理士にお尋ねすることをおすすめします。そして、わかるまで聞いて考えてください。

Ｂ／Ｓがわからないのは、何も恥ずかしいことではありません。しかし、自社の体力・体質をわからないまま放置してしまうのは、経営者としてはあってはなりません。

とにかく、「貸借対照表がよくわからない！」と嘆く経営者が多いということは、理解できればそれだけで経営者としては大きな強みになるということです。

そのためには、先に述べたとおり、数字のまま見るのではなく、まずはグラフ化することです。数字をボリュームで視覚化することで、何が大きく占めているのかすぐさま把握できます。それだけでも、大きな気づきがあるはずです。

2．業種別で必要な資産の持ち方は異なります

B／Sは、業種・業態によって理想形が異なります

ここでのお話は、前著『社長の決算書の見方・読み方・磨き方』(日本経営合理化協会出版局刊)で解説しましたので、ご存知の方もいるかと思いますが、業種・業態によって、貸借対照表(B／S)面積グラフが表す理想の美しい体型があります。

その理想的な体型と自社の現状の体型を見比べて、自社の問題を発見していただきたいと思います。

何が多すぎて、何が不足しているのか。理想的な体型と比べて違いがある場合には、どこかに何か問題があります。会社の人間ドックを受ける気持ちで、比較してほしいのです。

また、新事業に挑戦される場合、その業種の基本的な貸借対照表の体型を知っておくことも大事なことです。自社の業種の体型のみならず、他の業種の理想の体型にも目を向け、知見を高めておいていただきたいと思います。

ではさっそく、貸借対照表(B／S)面積グラフの体型を見るときのポイントは、次の3つです。

①流動資産と固定資産のバランス
②負債と純資産のバランス
③総資産と売上高のバランス（総資産回転率）

ここで次ページの第15表の図1をご覧ください。大きく6つの業種に分類しています。見てのとおり、各業種とも3つのバランスが異なります。

自社を6つのうちのいずれかに分類し、自社の面積グラフと比較してみてください。

理想の体型に近いでしょうか？　どこかにズレがあるなら、その原因を考えてみてください。何らかの症状が見えてくるはずです。

中小企業に共通する宿命は、「カネがない」「売りモノがない」「人材がいない」という問題です。そのような宿命を受け入れ、しぶとく生き残るには、「総資産の回転」に目を向けなければいけません。

すなわち、投じた総資産でどれだけの売上を計上できるか、ということです。これを専門用語で「**総資産回転率**」といいます。計算式は、**年間売上高÷総資産**です。

計算結果が1.5なら1.5回転。0.7なら0.7回転です。回転が多いほど、効率もカネ回りも良好です。

第15表　産業別B/S（バランスシート）体型図

図1

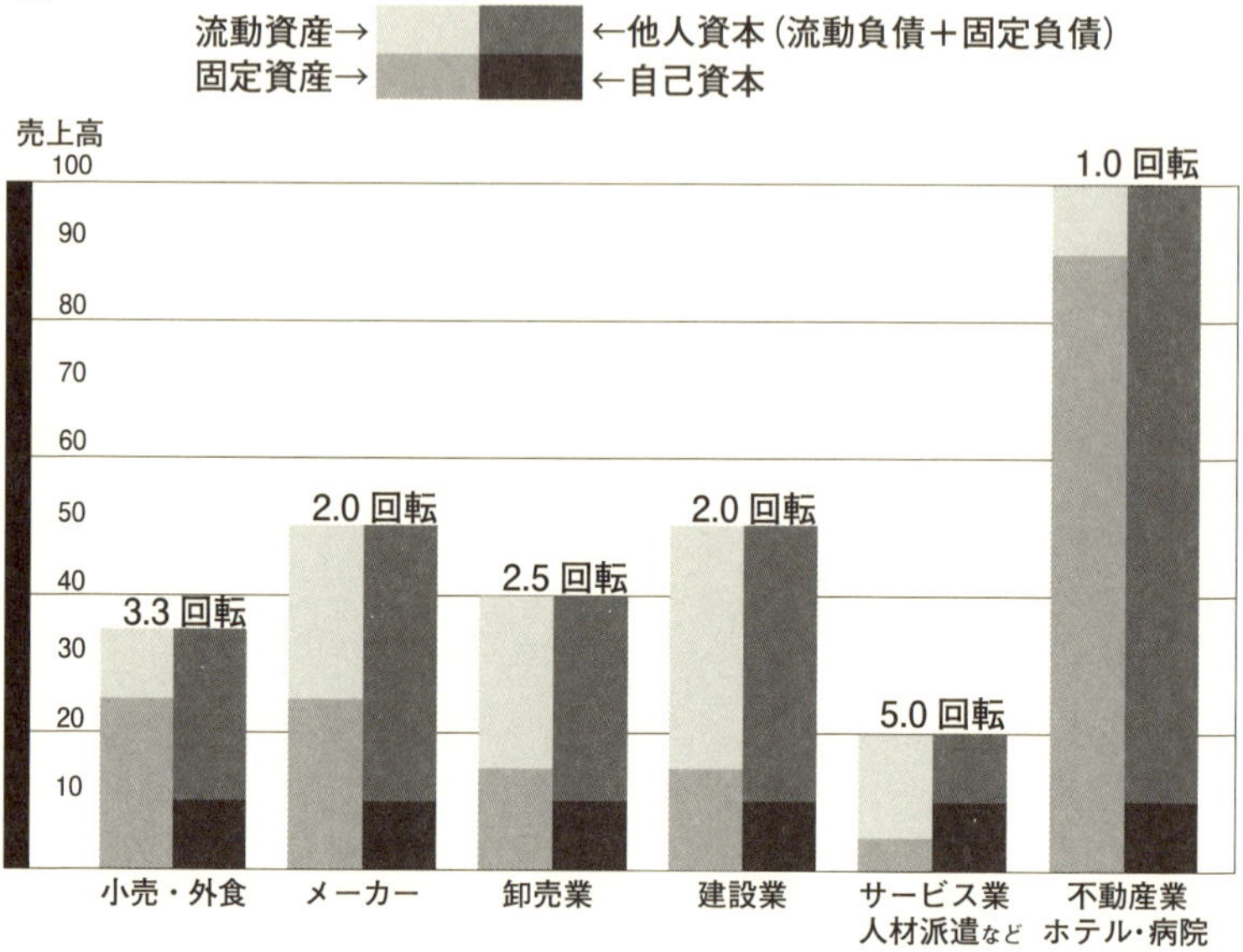

図2

症状＼業種	小売 外食	メーカー	卸売業	建設業	サービス 人材派遣	不動産業 ホテル・病院
固定資産過大症	△	○	×	×	×	○
棚卸資産過大症	×	○	○	○	×	×
売掛債権過大症	×	○	○	△	△	×
労働生産性低下症	○	×	○	△	○	×
粗利益率過小症	×	×	○	△	×	×

○…　業界の体質としてやむを得ない症状
△…　ある程度やむを得ない症状
×…　あってはならない症状

第15表の図1の左側の縦に伸びる黒いラインが売上高です。業種によって、5回転もあれば、1回転もあります。

売上高のラインが、総資産の何倍になっているか、ということに着目してください。いくら面積グラフそのものの体型・バランスが理想型でも、回転が悪くては意味がありません。

次に、第15表下の図2をご覧ください。業種ごと、症状別に、

・業界の体質としてやむを得ない症状

・ある程度やむを得ない症状

・あってはならない症状

と分類してあります。

「固定資産過大症」は固定資産のウエイトが高すぎないか？

「棚卸資産過大症」「売掛債権過大症」は流動資産のウエイトが高すぎないか？

についてのチェック項目です。こちらも併せて自社の体型とチェックしてください。

では、次から業種別に理想のB／S面積グラフについて説明しましょう。

①小売業・外食業

小売業・外食業などの場合、内装や設備・備品などで、総資産に占める固定資産のウエイトが、かなり高くなります。具体的には「流動資産3割」「固定資産7割」といった感じです。ところが、次ページ第16表の図1のような面積グラフを見かけることがあります。流動資産のウエイトが高すぎます。内容を見ると、在庫と現預金が多いのです。

小売業や外食業の場合、仕入れ納期は比較的短く、そもそも大量の在庫を抱える必要はありません。主要な仕入れ先なら、毎日でも配送してくれるのではないでしょうか。

現実には、各店舗で過剰な在庫を抱える企業をよく見かけます。現場任せにしていると、このような傾向になることが多いです。とにかく現場は在庫を持ちたがります。

在庫が増えれば、買掛金も増えます。買掛金が増えると支払いが増えるので、短期借入金が増えます。短期借入金が増えると、現預金が増えてしまいます。その結果、流動資産と流動負債が増えて、総資産を膨《ふく》らませてしまうのです。

第 16 表　小売業・外食業の B/S

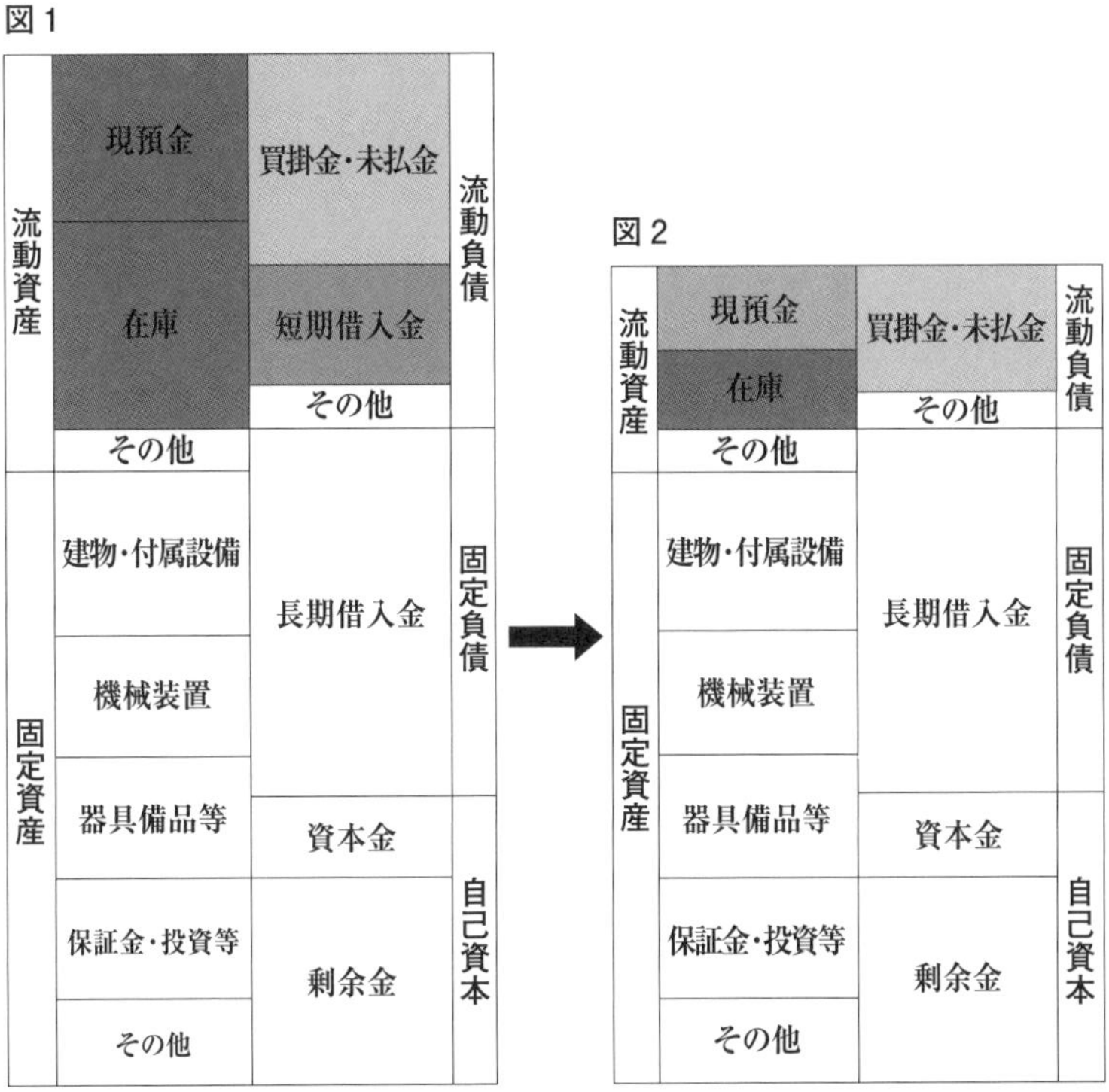

症状（図1）

総資産に対する、流動資産のウエイトが高すぎる。

・小売・外食業は基本的に現金商売であり、在庫はさほど必要ない。なのに、必要以上に在庫が膨れ上がっているため買掛金が増えている。さらに、買掛金の支払いをまかなうため、短期借入金を調達している。

対策例（図2）

・デッドストック、スリーピングストックを安売り、もしくは仕入れを減らし、在庫を減らした。

・売却で得た資金と、元からあった現預金で短期借入金を返済した。

在庫を減らして買掛金を減らせば、短期借入金も不要になります。その結果、第16表の図2のような体型になります。

小売業・外食業は、さほど大きな利幅は望めません。回転で儲ける商売です。総資産が増えれば、回転はたちまち悪化します。小売業・外食業の方々は、在庫が日商の何日分あるのか、絶えずチェックをしておいてください。日商売上の10日分以上もの在庫があるならば、中身のチェックも必要です。

②メーカー

メーカーの場合、機械・設備などの固定資産が必要となります。加えて、原材料・仕掛品などの在庫や売掛金などの流動資産も必要です。バランスでいうと、半々くらいが一般的です。ところが、次ページ第17表の図1のような面積グラフを見かけることがあります。流動資産のウエイトが、かなり大きく、中でも売掛金と在庫のウエイトが大きいことがわかります。もちろん、売上に対する回転率を見なければいけませんが、このような事例の場合、往々に

第17表　メーカーのB/S

図1

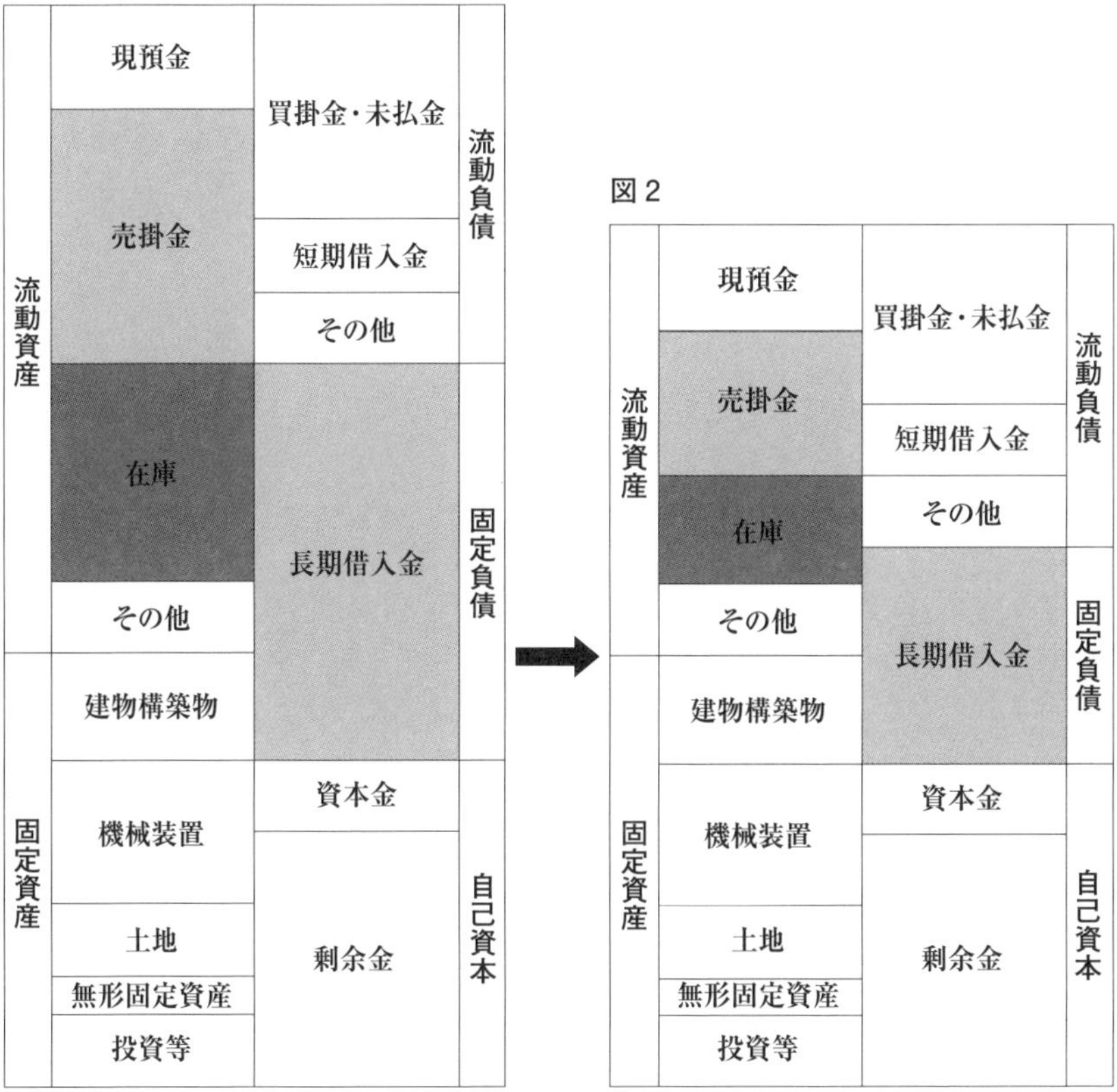

症状（図1）

総資産に対する、流動資産のウエイトが高すぎる。

・流動資産の中でも、売掛金と在庫が高いウエイトを占めている。

・そのため、長期借入金が膨れ上がっている。

対策例（図2）

・仕入れ削減や過剰在庫の処分により、在庫削減。

・回収期間の短縮により、売掛金削減。

・在庫削減と売掛金削減によって捻出された資金で、長期借入金の一部を返済した。

・流動資産と固定資産のウエイトは、半々になった。

して、在庫の持ちすぎか、売掛金回収サイトが長すぎる、という問題を抱えています。

こうなると、投じた資金が現金となって回収されるまでの時間が長くなってしまいます。

それでなくても、メーカーの場合、仕入れ・生産・販売・回収と、売上金回収までの期間が長く、その間に、仕入れの支払いや、給与・諸経費の支払いも発生します。もらうよりも先に、払うのです。当然、在庫で抱えているだけだと、出て行くお金ばかりで、入ってくるお金はありません。


在庫過多なら、購買部門や生産計画部門が在庫削減に無頓着《むとんちゃく》。売掛金過多なら、回収にルーズなのでしょう。要は、明確なルールと管理がなされていないのです。

そのような職場だと、

「欠品を起こしたら何を言われるかわからないから、余裕をもって仕入れと生産計画を立てておこう」

「とにかく自分は売ればいいのだから、回収のことは後回しにしよう」

といった、怠《なま》け心が担当者に湧いてきます。その結果、図1のとおり、右側では借入金が膨《ふく》れ上がっています。当然、毎月の返済は大きくなり、資金繰りが厳しくなります。


これをスッキリさせると、図2のような面積グラフになります。これでも借入金はなくなりませんが、資金繰りとしては、改善前よりはかなりラクになるはずです。

高付加価値商品のメーカーならともかく、利幅の小さな商品のメーカーなら、回転で儲けるしかありません。そのとき、投じた資金で商品を作り、売り、現金化するまでの期間が短いほど、効率よく儲けることができます。メーカー経営者は、自社の体型を確認してみてください。

③卸売業

卸売業の場合、どうしても在庫が必要となり、売掛債権も発生します。加えて、ピッキングなどの効率化を考えると、設備・システムなど、ある程度の固定資産も必要なので、多少の借入金も発生しがちです。バランスでいうと、流動資産：固定資産で、6対4くらいが一般的です。

ところが、次ページ第18表の図1のような面積グラフを見かけることがあります。

流動資産のウエイトが大きすぎます。そのため、負債の部では、長期借入金だけでなく、

第18表　卸売業のB/S

図1

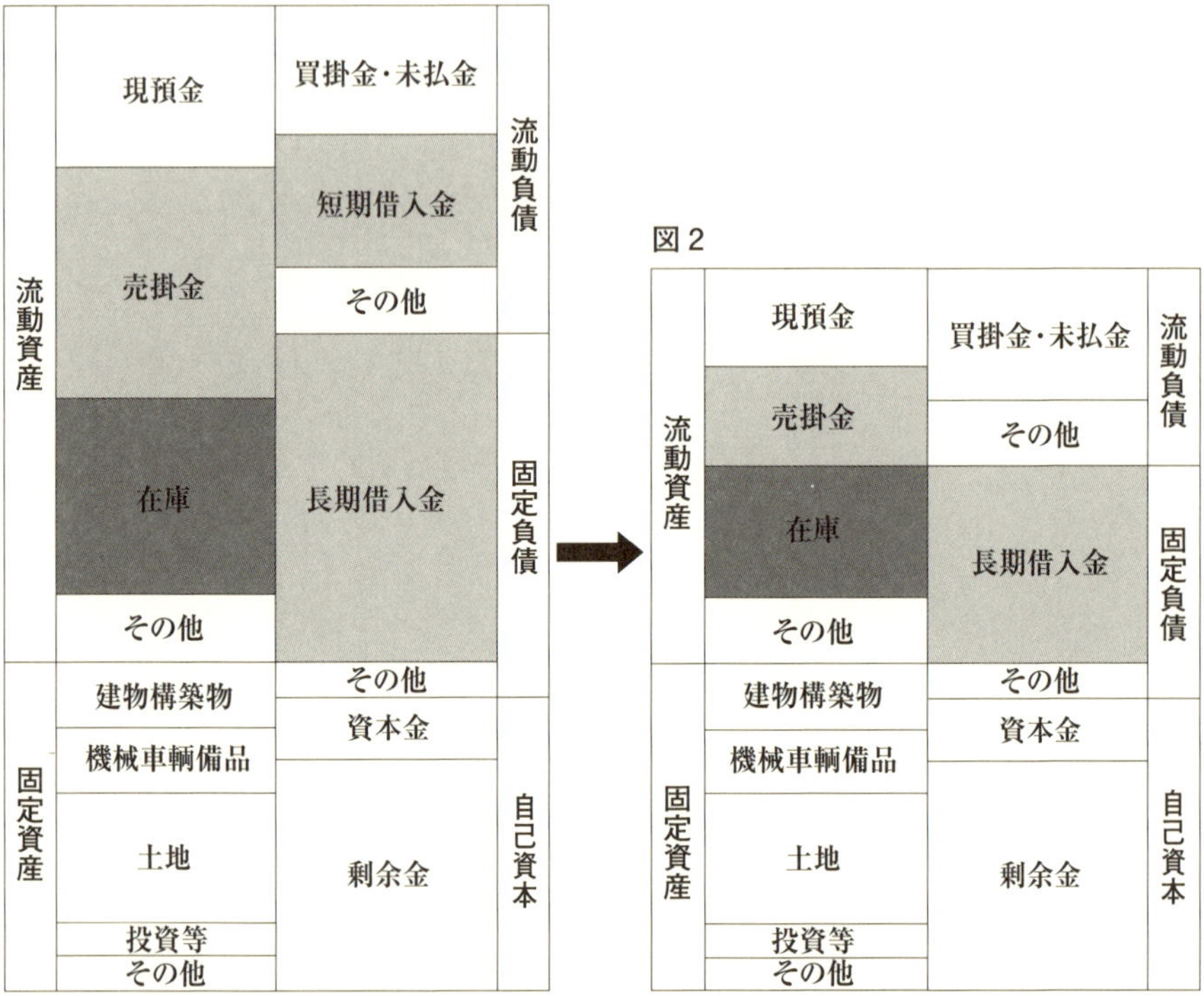

症状（図1）

総資産に対する、流動資産のウエイトが高すぎる。

・流動資産の中でも、売掛金と在庫が高いウエイトを占めている。

・そのため、短期・長期借入金が膨れ上がっている。

対策例（図2）

・仕入れ削減や過剰在庫の処分により、在庫削減。

・回収期間の短縮により、売掛金削減。

・在庫削減と売掛金削減によって捻出された資金で、短期借入金の全部と長期借入金の一部を返済した。

・流動資産と固定資産のウエイトは、6対4になった。

短期借入金もあります。

流動資産では、売掛金と在庫がウエイトの多くを占めてしまっています。

売掛金でいうと、回収サイトが長い、あるいは、先方の期日まかせ、という場合がありま す。在庫にしても、現場まかせになると、持ちすぎになる傾向が高まります。

卸売業の場合、利幅はそれほど大きくありません。資金を回転させることで、儲ける商売です。資金を回転させるとは、在庫をギリギリで回し、売掛債権はできるだけ早く回収する。つまり、投じた資金で商品を仕入れ、販売し、代金を回収するまでの期間を縮めるということです。

その期間が長くなれば、当然、カネ回りが悪くなるので、借入金が増えます。借入金が増えると、毎月の金利のキャッシュアウトが増えます。毎月の返済のキャッシュアウトも増えます。ますます、企業の財務体力を奪っていきます。回転で儲ける商売ですから、かなり厳しいはずです。

売掛金、在庫を減らし、バランスが改善されると、図２のようになります。借入金が少なくなり、カネ回りは楽になるはずです。

卸売業のような利幅の小さい商売で借入金を増やしすぎることは、致命傷になりかねません。そこから抜けだすエネルギーは相当なものです。

常に、業種・業態に応じた財務バランスを意識しておきましょう。

④建設業

建設業の場合、施行中工事を意味する「未成工事支出金」などが発生します。その一方で負債には「未成工事受入金」が発生します。その影響で、総資産に占める流動資産のウエイトが、かなり高くなります。

ところが、次ページ第19表の図1のような面積グラフを見かけることがあります。流動資産と固定資産のウエイトが、半々くらいです。決算書の中身を見ると、土地、建物などを所有していることが原因だとわかりました。そのおかげで、右側には長期借入金がどっさりと発生しています。当然、毎月の返済もかさみます。

建設業の場合、前述のとおり、未成工事支出金というものが発生します。それだけで、回収期間が長くなってしまいます。当然、資金繰りも楽ではありません。

第19表　建設業のB/S

図1

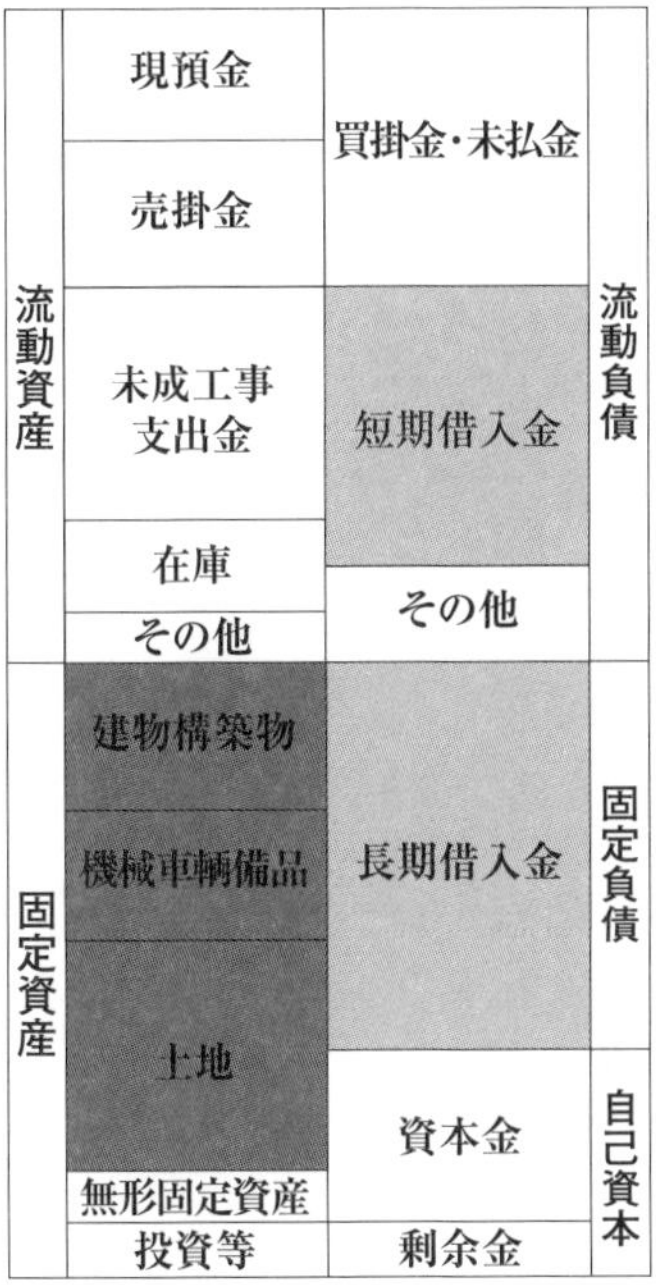

図2

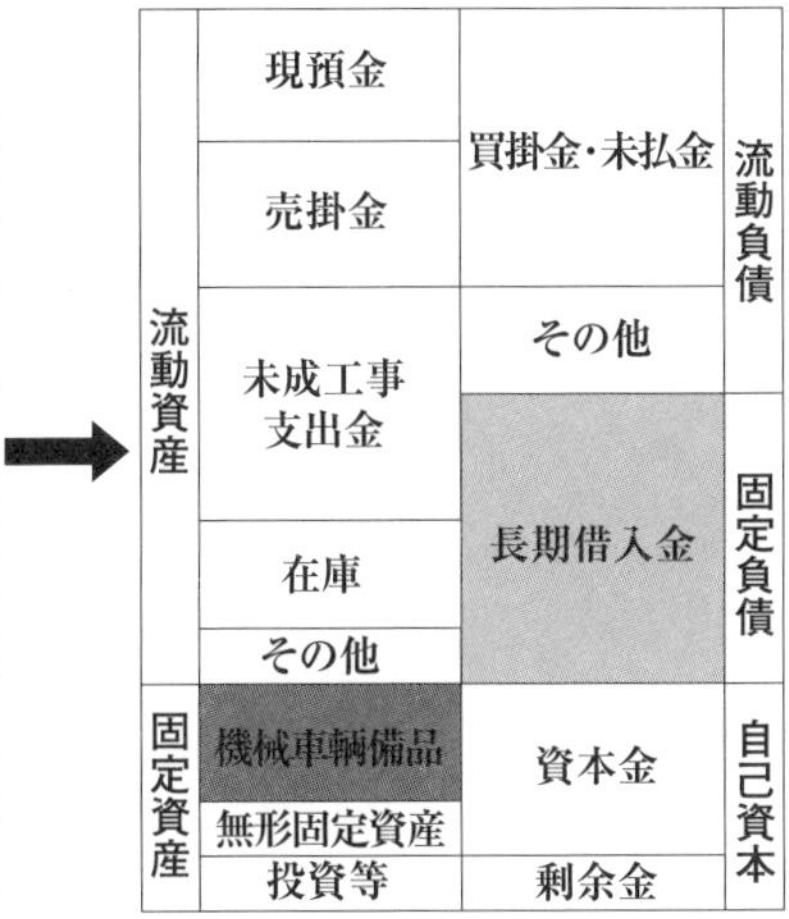

症状（図1）

総資産に対する、固定資産のウエイトが高すぎる

- 建物構築物、機械車輌備品、土地が、固定資産のウエイトを大きく占めている。自前で持つ必要のないものまで所有している。
- そのため、長期借入金が膨れ上がっている。

対策例（図2）

- 別会社などに売却し、建物構築物、機械車輌備品、土地を削減。
- 売却で得た資金で、長期借入金を返済した。
- 不要な固定資産がなくなり、流動資産のウエイトがグンと高くなった。

しかし、それに加えて、事務所や本社の土地・建物を自前で持ち、そのための借入金が発生するとなると、資金繰りはますます厳しくなるはずです。

事務所や本社ビルへの投資は、収益を生む投資ではありません。その返済資金を生み出すのは、やはり本業以外にありません。

土地・建物などをオフバランスして子会社へ売却し借入金を縮めれば、図2のようになります。本業の収益確保に影響のない部分で、過度な投資をすることは、資金繰りを一気に圧迫します。建物や見た目が立派でも、資金繰りの内情は火の車。そうした事例を、あちらこちらで見かけます。

自社の業態のあるべき財務体型を自覚して、投資を考える必要があるでしょう。

⑤サービス業

人を主体として価値を提供するサービス業の場合、固定資産はほとんど必要ありません。

ところが、次ページ第20表の図1のような建物や土地がある面積グラフを見かけることが

第20表　サービス業のB/S

図1

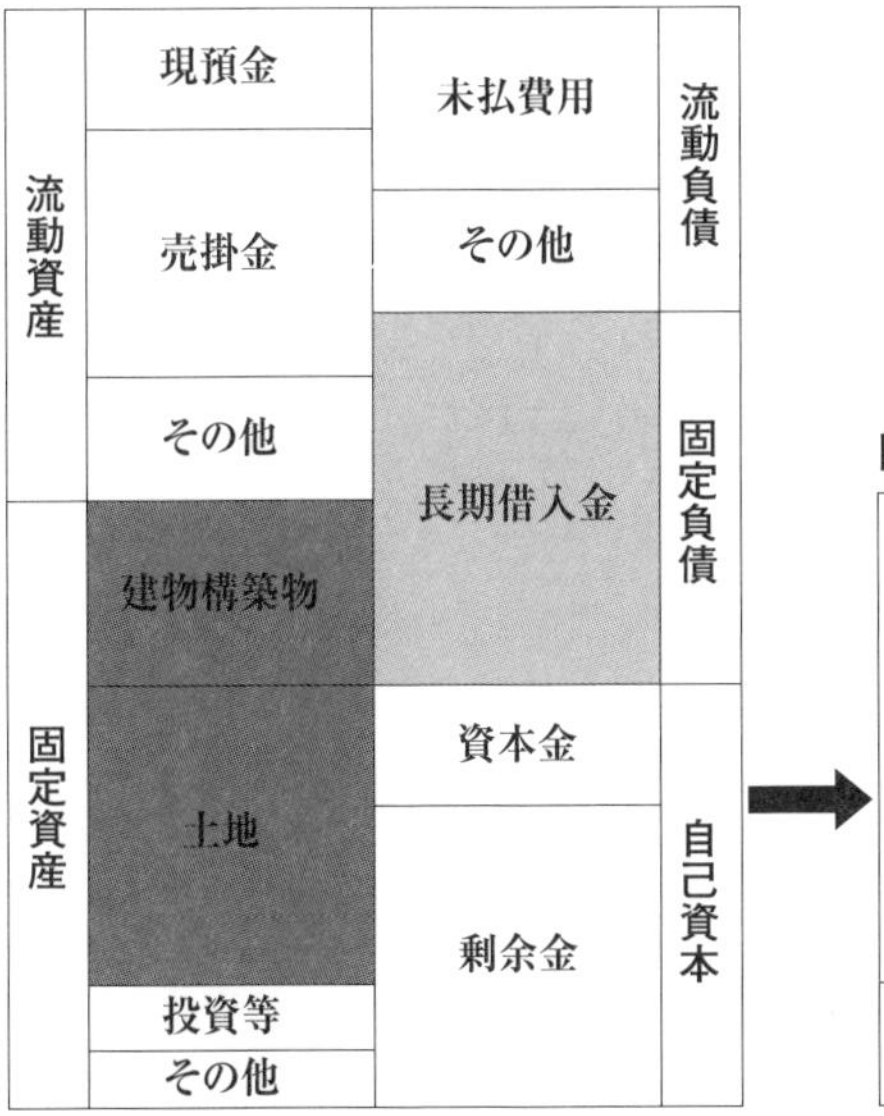

図2

症状（図1）

総資産に対する、固定資産のウエイトが高すぎる。

・サービス業に不要な土地、建物を所有している。

・そのため、固定負債には長期借入金が膨れ上がっている。

対策例（図2）

・別会社などに売却し、土地、建物構築物を削減。

・売却で得た資金で、長期借入金を返済した。

・不要な固定資産がなくなり、流動資産のウエイトがグンと高くなった。

あります。

「この建物・土地とは何ですか？」と尋ねると、「これは、本社ビルですね」などと、おっしゃいます。

そのため、右側には大きな借入金が発生します。金利を払い、固定資産税などがかかり、さらには、元金返済が毎月発生します。これではなかなかキャッシュが残りません。しかも土地は減価償却がきかないので、いつまでたっても貸借対照表には、そのままの金額で残り続けます。

改善策として、子会社などに土地・建物を売却して特別損失を出します。そして、その子会社から賃貸で借りる、ということにすればよいのです。

その結果、図2のような面積グラフになります。

大きな売却損が発生して、その分、剰余金が減ります。しかし、固定資産が大きく圧縮されました。大きな売却損が発生すれば、税金も発生しません。

業績に変動がなければ、翌年度からは、またすぐに剰余金がたまってきます。

「そんなことといっても、子会社がないんですよ」とおっしゃる方がおられます。

ないのであれば、つくりましょう。その際には、グループ法人税制の対象とならないよう、株式構成比率に工夫をこらす必要があります。同族以外の社員に5％程度、株式を持ってもらいます。そのお金は、会社や社長が貸す形にすればよいのです。土地・建物を買う資金は、親会社が貸す、経営者が貸し付ける、銀行から借りるなど、さまざまです。

本業がサービス業であるならば、サービス業として強い貸借対照表を構築しましょう。そのためには、自社の事業で、本社の土地や建物を自前で持つ必要があるのか検討してください。必要がないなら、無理に持たないほうが、キャッシュが残る財務体質を構築することができます。

人を主体とするサービス業の方は、貸借対照表に持たなくてもよい固定資産がないかどうか、ぜひ、確認してみてください。

⑥不動産業、ホテル、病院など

不動産業・ホテル業・病院などの設備産業の場合、建物・設備などの固定資産が大きくなります。そのため、設備に応じて借入金も発生します。バランスでいうと、固定資産が8割近くになります。なのに、第21表の図1のような面積グラフを見かけることがあります。流動資産が多すぎるのです。

第21表の図1は、病院のバランスシートです。病院の場合、通常の売掛金にあたるものがすべて、〝未収金〟と表記されます。

土地や投資も気にはなりますが、まずもって、現預金が持ちすぎで、未収金に焦げ付きが発生していたのです。そのため、短期借入金が少しずつ増え、このような体型になってしまったのです。

経理担当者は、〝イザというときのために〟と、不要な現預金を銀行から借り、余計な金利を支払うこととなっていました。また、窓口などの会計担当は回収に甘く、未払い患者に対して、請求書の送付を繰り返しているだけ、だったのです。

そこで、毎月の支払いと長期の返済金額を考慮して、過剰な現預金は短期借入金の返済にあてました。そして、焦げ付いた未収金は除却、あるいは再度回収をおこないました。

すると、第21表の図2のような体型になりました。

流動資産がかなりスリムになりました。その分、短期借入金が小さくなり、毎月の資金繰りも改善されました。

第21表　不動産業・ホテル・病院のB/S

図1

図2

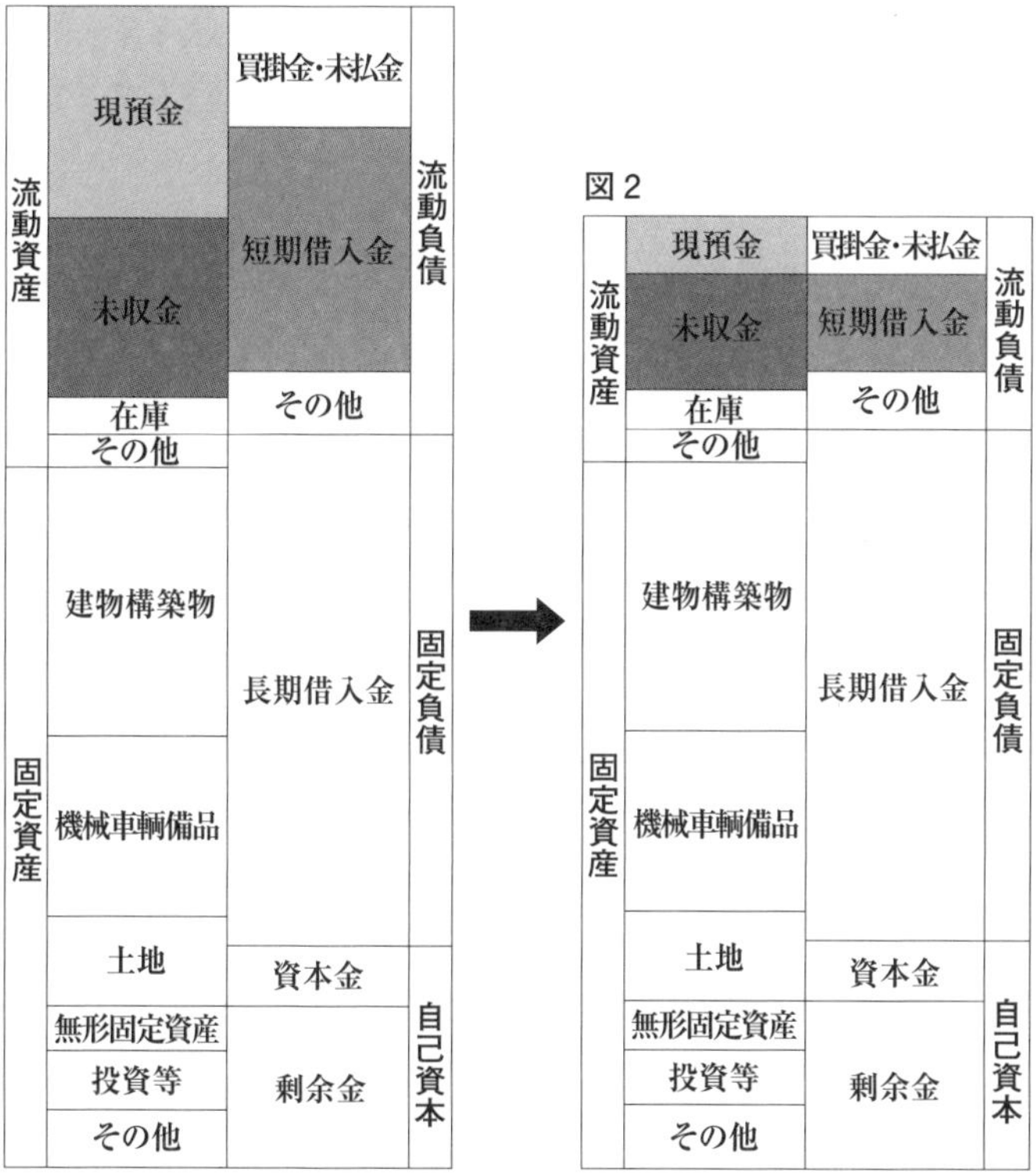

症状（図1）

総資産に対する、流動資産のウエイトが高すぎる。

・流動資産のうち、現預金、未収金が高いウエイトを占めている。
　必要以上に現預金を持っている。
　回収できていない未収金が発生している。
・そのため、短期借入金が膨れ上がっている。

対策例（図2）

・回収できていない未収金を回収した。
・多すぎる現預金と回収した未収金で短期借入金を返済した。
・過剰な流動資産がなくなり、流動資産のウエイトが小さくなった。

不動産業・ホテル業・病院などの設備産業の場合、借入が大きくなり、毎月の返済額が膨らみます。加えて、設備のメンテナンスなどにも、資金が定期的に必要となります。そのためのキャッシュが必要なのです。となると、経常利益率は８％～10％は欲しいのです。

ただ、いくら経常利益率が高くても、未収金となって回収できていないようでは、意味がありません。単に数字の世界のことだけで、実際のキャッシュフローには貢献できていないことになります。

固定資産のオフバランスも必要ですが、まずは、回収がずさんな体質になっていないかどうか、チェックをしておいてほしいのです。

業種別　B／S面積グラフから見る「良い回転・悪い回転」

投じた総資産に対して、どれだけの売上をあげているのか、というのが総資産回転率です。大きいほど投下した資産の効率がいいという経営指標です。

B／S面積グラフでは、左側の棒グラフが売上高を示します。貸借対照表の総資産に対して、どれくらいの売上高を計上しているのかがひと目でわかります。

この総資産回転率も、業種・業態別の理想の回転があります。

実際にこれまで、悪い総資産の回転を、どのような対策で良い回転に変えてきたのかを、業種別に見てまいりましょう。

①小売業・外食業

現金商売が基本ですから、売掛金が発生しません。在庫も、0.5カ月分以下で十分まかなえるはずなので、流動資産は小さくなります。反面、店舗の内装や備品、設備など、固定資産が発生します。

利幅も大きくないわけですから、回転で儲けたい業種です。少なくとも3回転はさせたいです。ところが、次ページ第22表の図1のような場合があります。

流動資産では在庫が多く、固定資産では土地が多いです。縦の黒い棒線が年商ですから、在庫が2カ月分以上あります。明らかに多すぎます。

問題は土地です。土地は自社で持つ必要はありませんし、減価償却できません。いつまでも、回転を悪くさせる要因として残ります。結果、総資産回転率は1.9回転となっています。

第22表　小売業・外食業の「良い回転・悪い回転」

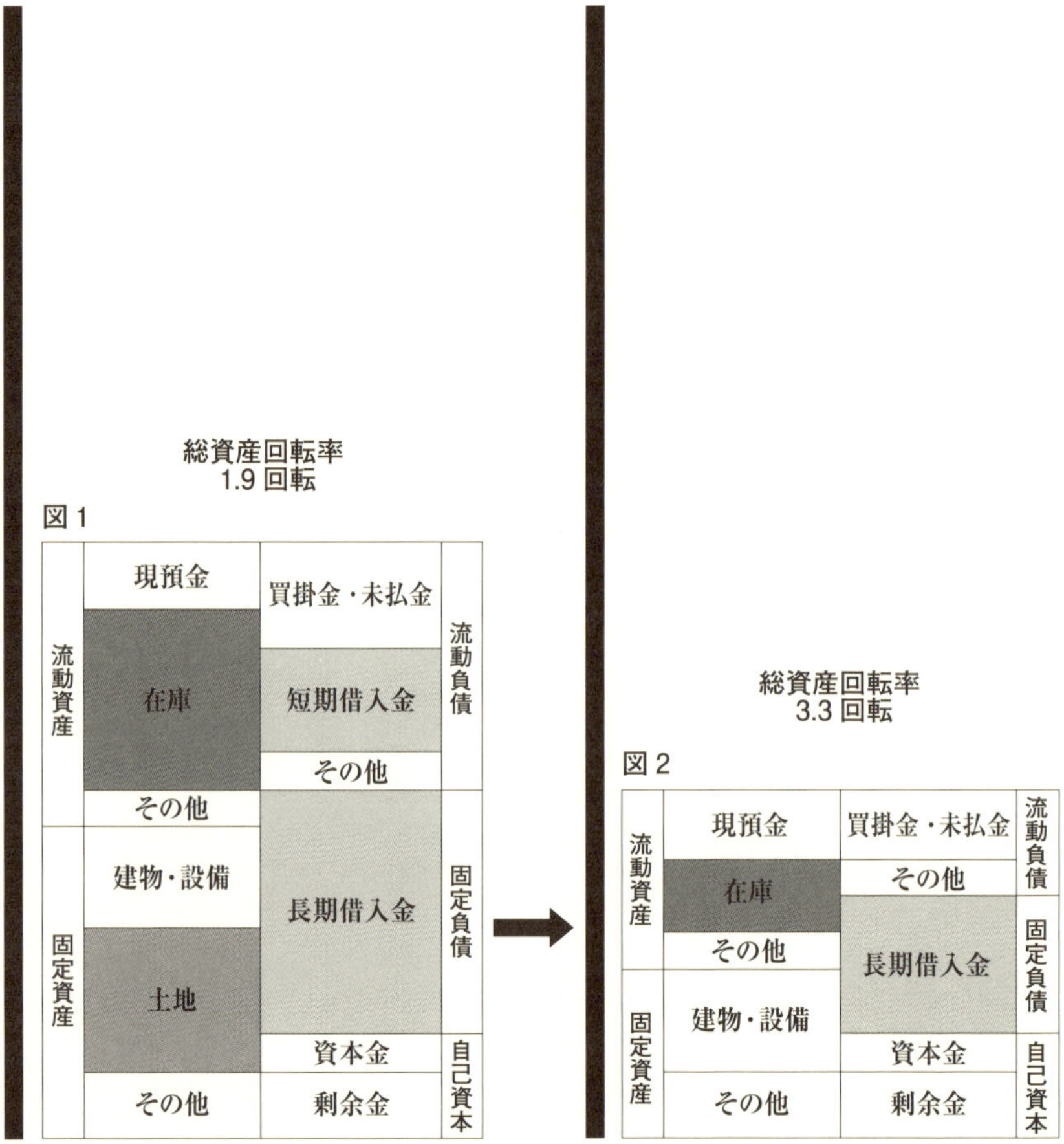

自社で持つ必要のない土地を所有しているため、固定資産が多い。
在庫が月商の2カ月分以上あり、過剰になっている。
そのため、借入金が膨らんでいる。
在庫削減、土地売却により、総資産を圧縮した。
総資産回転率は、1.9回転から3.3回転に改善された。

それに加えて、小売業・外食業の場合、周囲の環境が変われば、そこで商売を続けること自体に問題が生じる場合があります。そのようなとき自前で土地を持っていると、簡単には移転できません。変化に対応しやすくする意味でも、土地を自前で持つべきではありません。その在庫をなんとか減らし、土地を関連の不動産管理会社などに売却して、図2の面積グラフになりました。

まだまだ在庫は多いですが、総資産がぐっと圧縮され、結果、総資産回転率は3.3回転です。つまり、回転が良いということは、不要な資産がないので、ムダがありません。自前で持つ必要がないものは、持つべきではありません。

不要な資産があると、必ず右側の調達も増えるため、カネ回りが悪くなっていきます。100％自己資金なら別ですが、そうでなければ、必ず借入金が増えてきます。理想に見合った総資産回転率になっているか、確認してみてください。

資産が小さいほど回転が良くなる

ところで、ＩＣＯの本を何度も読み、セミナーにも出席されている、ある経営者から、「回転というのがよくわからない。総資産が小さくなれば、それに対する売上の回転が良くなるのは数字上わかりますが、ただ、それがなぜ良いのかがわからないんです」というご質問を受けたことがありました。

おそらく、他にも同じように疑問に思っている経営者がおられると思います。

私たちＩＣＯは「総資産を小さくしてください」「持たない経営にしてください」「投じた総資産に対する売上高の回転を良くしなさい」と申し上げていますが、経営者が「回転」という言葉を経営の場でよく聞くのは、たとえば飲食店です。

「うちの店は40席で、昼食だけで３回転はします」などという言い方をします。

昼食時間の営業時間が11時から14時までなら、３時間で３回転です。

３回転ということは、40席のお客様が１時間単位で３度入れ替わるということになります。

客数でいえば、40人×３＝120人です。

１人の客単価が仮に１，５００円で、材料原価が500円なら、１，０００円の粗利益です。

３時間で３回転、客数が120人なら、粗利益の合計は、１，０００円×120＝12万円です。

２回転しかしなければ、客数は40人×２＝80人となり、粗利益の合計は１，０００円×80＝８万円です。

飲食店であれば、回転が多いほど客数は増えて、粗利益が増えていきます。投じた座席数の回転が高いほど、1人当たりの粗利益を積み上げていくことができます。これが「回転で稼ぐ」という考え方の基本です。

ただしこれは、損益計算書（P／L）での話です。

ここに貸借対照表（B／S）の要素が加わると、また違う結果に繋《つな》がります。40席作るのに、1千万円を投じた店と、5千万円を投じた店では、金利や元金返済など、かかるお金の額が異なります。

投資額に対する効率が異なってきます。損益計算書では、40席のためにどれだけの資金を投じ、どれだけの資金をどのような形で調達したのか、わかりません。

同じ40席のお店でも、より小さな金額で店を作ったほうが、投資効率の良いお店ということになるのです。売上高も粗利益も、1件ずつの積み重ねです。とくに粗利益や営業利益の利幅が薄い事業ほど、投資総額に対する回転を上げて売上高を伸ばし、粗利益を稼ぐことが、長く事業を続けるために必要な施策となります。

②メーカー

メーカーの場合、流動資産では、売掛金や棚卸資産が発生します。固定資産では、建物や設備・機械などが発生します。

そのため、流動資産と固定資産のウエイトは、半々くらいです。ただし、総資産回転率は、2回転くらいは欲しい業種です。

次ページ第23表の図1の面積グラフをご覧ください。こちらのグラフは、流動資産と固定資産のウエイトは半々ですが、在庫、売掛金、土地、投資などが多すぎます。そのため、総資産回転率は1.3回転です。

この状態から、売掛サイトを縮めて売掛金を減らし、不要在庫を処分して在庫を減らし、土地を子会社に売却し、不要な投資も売却しました。その分、負債・資本の部は、除却損分の剰余金が減り、売却で得た資金を使って、借入金を減らしました。

その結果、図2の面積グラフになり、総資産回転率は2.0回転となりました。改善前も改善

第23表　メーカーの「良い回転・悪い回転」

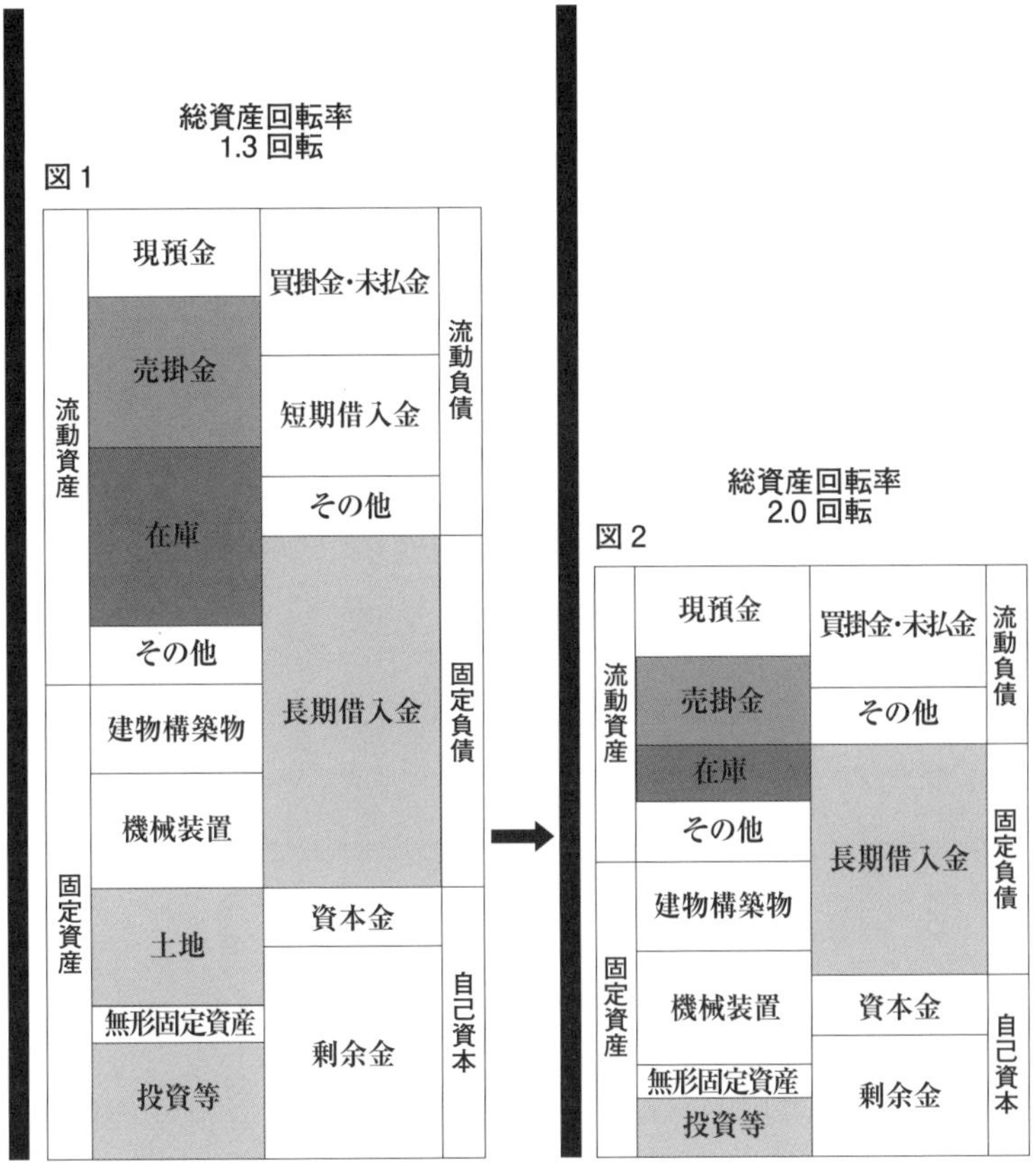

流動資産と固定資産のバランスは理想比率だが、ムダな資産が多く、回転率が悪い。そのため、借入金が膨らんでいる。
売掛金と在庫の削減、土地と投資等の売却により、総資産を圧縮。
圧縮した分、借入金が減った。
総資産回転率は、1.3回転から2.0回転に改善された。

後も、売上は同額です。

しかし、図1の面積グラフでは、明らかに金利が余計に必要となり、毎月の返済額も多くなります。つまり、カネ回りが悪いのです。資金繰りはかなり厳しいです。経営者の頭の中は、戦略うんぬんよりも、まずは資金繰りという状況が続きます。

それに比べて改善後の図2は、資金繰りが良くなり、銀行交渉にも強くなります。建物・設備等の修繕やブラッシュアップへの、更なる投資を積極的にできるようになります。総資産の回転を良くすると、カネ回りが良くなります。企業体力が増していきます。

そうして、ライバルに打ち勝つ差別化を素早く実現できます。

③卸売業

先の「資産が小さいほど回転が良くなる」の項目のところで、粗利益や営業利益の利幅が薄い事業ほど、投資総額に対する回転を上げて売上高を伸ばし、粗利益を稼ぐことが、長く事業を続けるために必要な施策となると申し上げました。その最たる業種が卸売業です。

卸売業は、ある商品を仕入れて、その商品を欲しがる会社へ売る商売です。メーカーと小売りの中間に入る、商社的機能が売りモノとなる事業です。

まず、大量の商品在庫が必要です。売り先は大手量販店が多いと、回収条件も悪くなりがちです。それだけでも、かなりの運転資金が必要です。面積グラフで見るとどうしても「在庫」と「売掛金」のウエイトが高くなりがちです。

さらに、在庫を保管するための倉庫も要ります。倉庫を自前で保有すると、一気に資産は大きくなります。借入金も一気に膨《ふく》れ上がります。

卸売業なら総資産に対する回転は2.5回転ほしいところです。それが倉庫や事務所に投資を重ねると、それだけで１回転～２回転ほどに悪化します。そうなると、投資効率は悪くなり、常に資金繰りが厳しいという状況に陥ってしまいます。

加えて、付加価値をつけることが難しいだけに利幅は小さくなります。とにかく在庫を効率よく回転させ、儲けを増やさなければならない商売です。

次ページ第24表の図１の面積グラフをご覧ください。ひと目で在庫が多いことがわかります。総資産回転率は、1.8回転です。

在庫が多いということは、たくさん仕入れるわけですから、右側の流動負債に、買掛金が

第 24 表　卸売業の「良い回転・悪い回転」

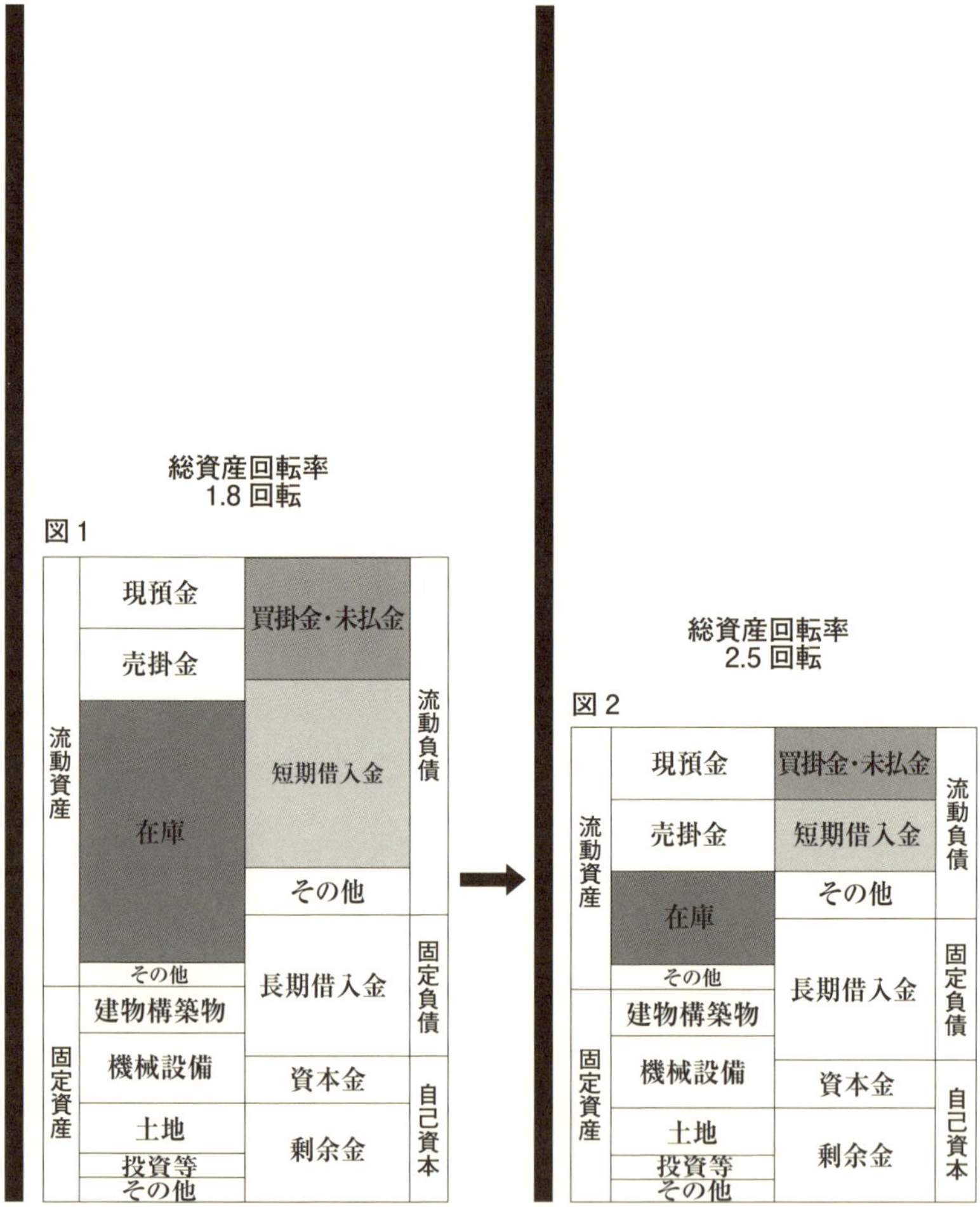

在庫が月商の 3.3 カ月分と過剰であり、流動資産が多い
そのため、買掛金と借入金が膨らんでいる。
在庫削減により、総資産を圧縮した。
総資産回転率は、1.8 回転から 2.5 回転に改善された。

増えてきます。そして、その支払いがどんどん前倒しで来るわけですから、短期借入金も増えてしまいます。

卸売業は、先に支払って、後で回収する、典型的な業種です。払う額が大きくなるほど、資金繰りが苦しくなるのは当たり前です。

それに、短期借入金が増えれば、金利も増えます。それでなくても卸売業の利幅は小さいのに、さらに利幅は小さくなってしまいます。

在庫の中に不良在庫があるなら、安売りする、処分するなどして損失計上し、在庫の大きさを縮めます。

また、不良在庫はないというのであれば、単に仕入れすぎ、持ちすぎです。何日分の在庫があれば回せるのかをじっくり考え、仕入れを減らして、そのギリギリで回すことです。

そうして在庫を縮めたのが、図2です。在庫が減り、買掛金、短期借入金も減り、総資産回転率は2.5回転になりました。現場はとかく、在庫をたくさん持ちたがります。資金繰りのことなど頭にありませんから、当然です。

しかし、経営者はそういうわけにはいきません。適正な在庫で回転しているかどうか、常に目を光らせてください。

卸売業で「持たざる経営」を実践する会社

北陸で大手メーカーのアイスクリームを仕入れて量販店へ卸す事業をされているのが、柏木冷菓株式会社(仮称)です。

総資産は約50億円、年商は約250億円です。総資産に対する回転率は、約5回転です。その回転数を絶えず維持されています。

アイスクリームの在庫を確保するには、冷凍庫が必要です。それらをすべて借り物で済ませておられるのです。これは立派な「持たざる経営」です。

後継者である柏木(仮名)取締役にこのことを伝えると、

柏木取締役「古山先生、アイスクリームは1個売って1円儲かる商売です。本当に薄利の商売です。だから借りられるものは借りて、大きな設備投資はやめよう。そうすれば1個1円の利益でも継続できるという経営方針なんです。他の商売をうらやましく感じるときもありますが、私たちはこのスタイルで続けていくのがいいのだと思います」

自分自身に言い聞かせるように語るその言葉を受けて、

古山「それは立派な経営方針ですね。しかし、柏木さんの商売でそのような経営方針を立てて貫くとなると、どなたか財務にお強い方がおられたんですか?」

柏木取締役「はい、現社長である私の父の弟にあたる専務が財務にとても強く、井上和弘先生の本も全部読んでいました。総資産を大きくしすぎず、総資産の回転を意識した経営スタイルを続けてきました」

現社長と専務が経営トップに就任されたのは、バブルが終わり、デフレに入ろうとしていたころです。

もはや約30年、回転主義経営で「持たざる経営」を続けておられるのです。結局、「持たざる経営」で、デフレ危機、リーマン危機、震災ショックにコロナショックとさまざまな経営危機を乗り越えてきました。「持たざる経営」は、どのような危機にも対応できることを体現してくださっている会社なのです。

④建設業

建設業の場合、工事を手掛けてから現金が入ってくるまでの期間が長くかかります。他の商売でいえば、売掛サイトが長くなるのと同じです。その反面、土地や建物は自前で持つ必要がないので、固定資産よりも流動資産のウエイトが高くなります、入金までのサイトが長いですから、できるだけ総資産の回転を良くしたい。総資産回転率が2.0回転は欲しいところです。

ところが、次ページの第25表の面積グラフをご覧ください。図1のグラフでは、土地や建物、投資があり、固定資産が膨れ上がっています。そのため、総資産回転率は1.3回転です。流動資産の多くは、売上未計上の工事代金である、未成工事支出金です。右側の流動負債には、着手金などとして先にいただく、未成工事受入金が計上されています。建設業独自の勘定科目ですが、よくあるパターンです。

これだけでも資金繰りは決して楽ではありません。そこへ土地・建物などを調達した際の、

第25表　建設業の「良い回転・悪い回転」

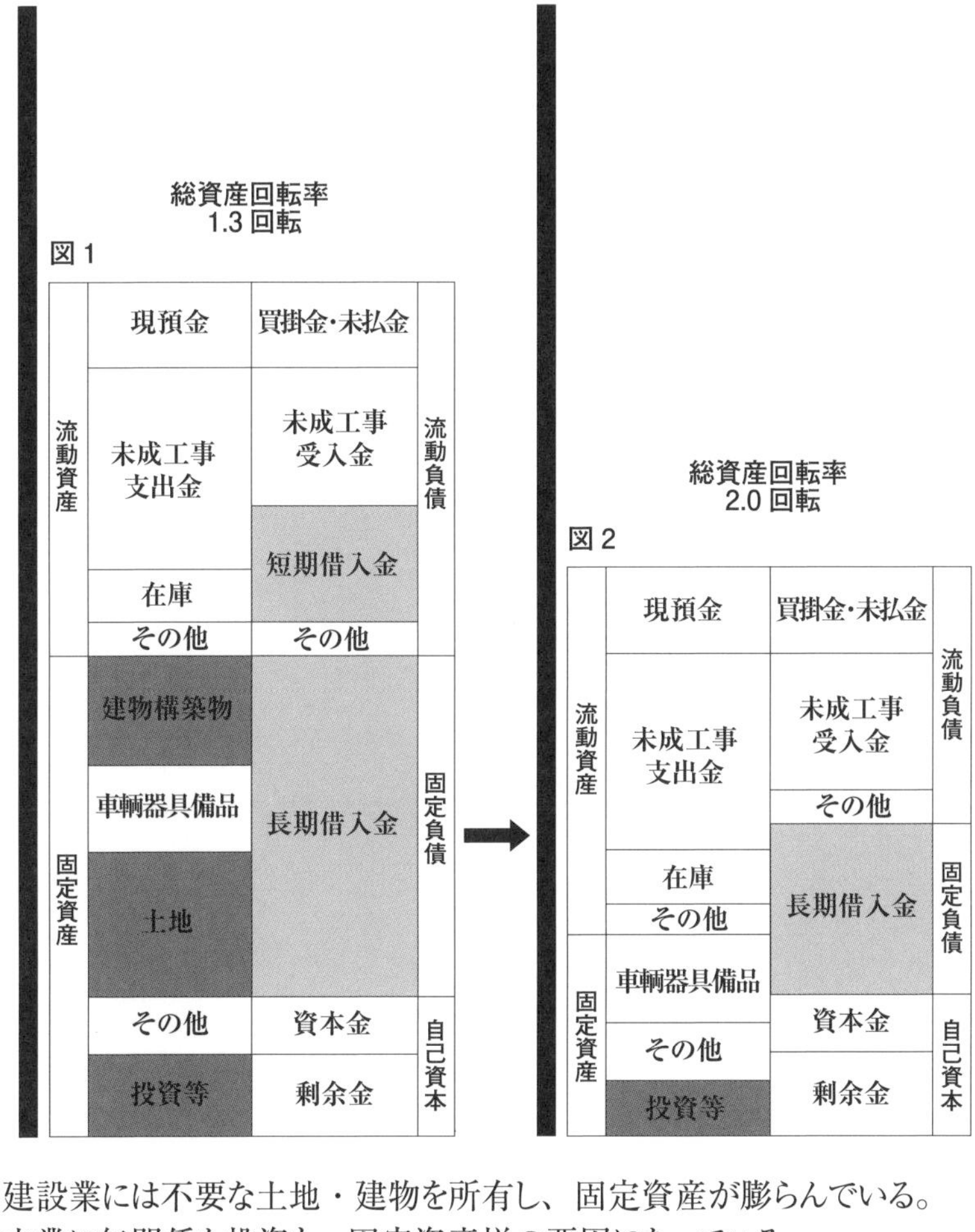

建設業には不要な土地・建物を所有し、固定資産が膨らんでいる。
本業に無関係な投資も、固定資産増の要因になっている。
そのため、借入金が膨らんでいる。
土地・建物と投資等の売却により、総資産を圧縮した。
圧縮した分、借入金が減った。
総資産回転率は、1.3回転から2.0回転に改善された。

借入返済が加わります。

そうなると、資金繰りが厳しいので、短期借入金も発生します。

これではいつまでたっても、資金繰りは楽になりません。そこで、土地・建物と投資の一部を売却し、その売却で得た資金で、短期借入と長期の一部を繰り上げ返済しました。

それが図2の面積グラフです。

固定資産がグンと小さくなり、総資産回転率は2.0回転になりました。

売上が急に増えるわけはありませんから、回転率を高めるには、総資産を縮める、いわば、オフバランス以外に方法はありません。

建設業であれば、固定資産をできるだけ減らし、総資産回転率2.0回転を目指す。

そのために不要なものは、削ることに徹するべきです。

⑤サービス業

サービス業・人材派遣業など、人がサービスを提供する業種の場合、まず、固定資産が不要です。保険代理店、システムサービス、コンサルタント業などもそうです。流動資産も、売掛金があったとしても、サイトはさほど長くありません。

資産を持たずに利益を上げ、回転で儲ける業種ですので、総資産回転率としては、5回転を目標としたいところです。

次ページ第26表の図1の面積グラフをご覧ください。図1の面積グラフでは、固定資産に土地・建物が目立ちます。そのため、負債側には、短期・長期借入金が発生しています。総資産回転率は2回転ですから、一見、悪くはないように見えます。しかし、毎月の借入返済や金利が重くのしかかり、これでも資金繰りを大きく圧迫してしまいます。

一方、図2の面積グラフをご覧ください。

図1の状態から土地・建物を売却し、短期・長期借入金を全額返済しました。総資産回転

第 26 表　サービス業の「良い回転・悪い回転」

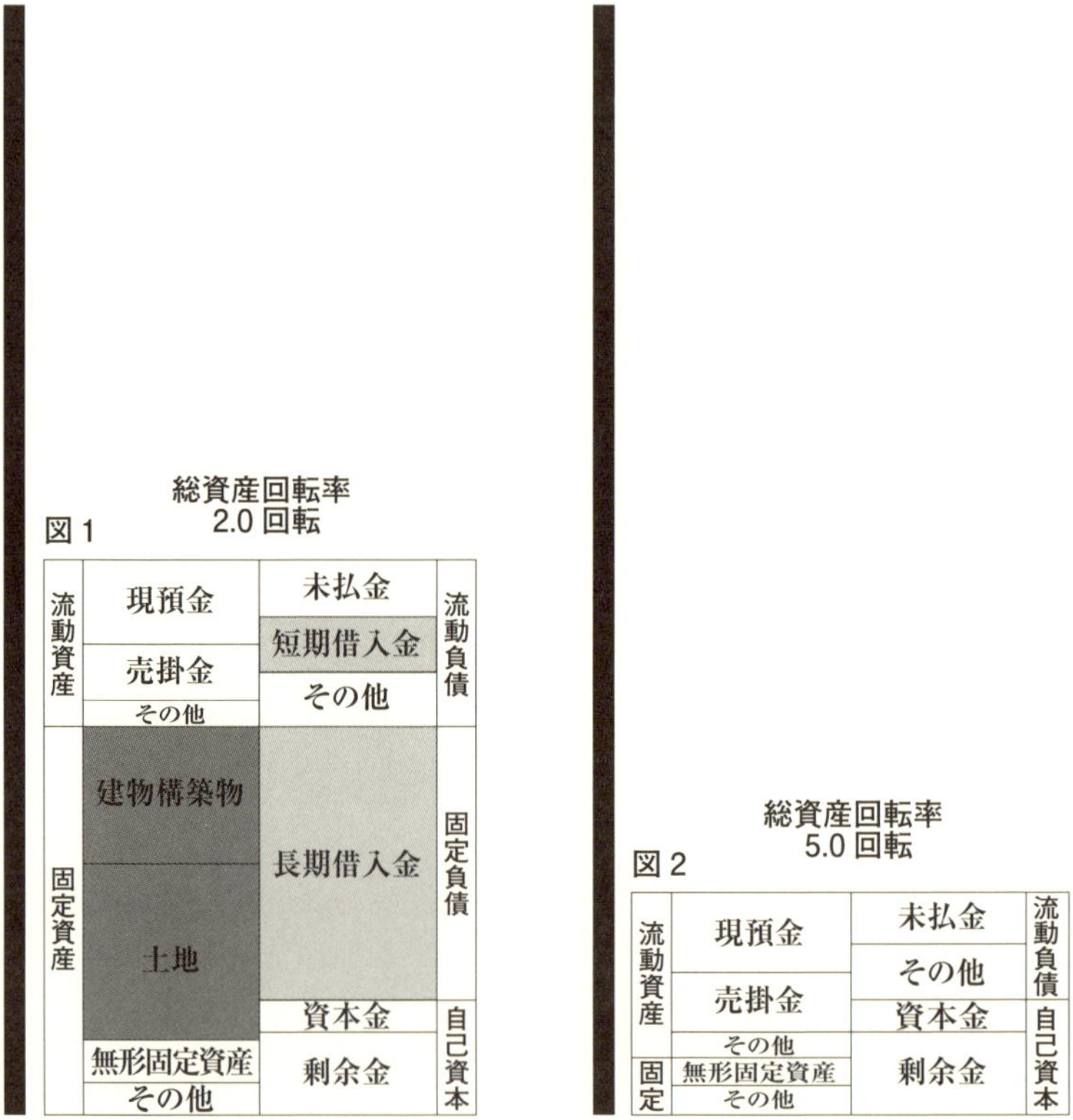

サービス業には不要な、土地・建物を所有し、固定資産が膨らんでいる。そのため、借入金が膨らみ、月商の 3.6カ月分になっている。
土地・建物の売却により、総資産を圧縮した。
借入金は全額返済した。
総資産回転率は、2.0 回転から 5.0 回転に改善された。

率は5回転です。サービス業・人材派遣業などの場合、土地・建物を持っているから、といって、業績に貢献することは何もありません。

賃貸で十分です。資産よりも、広告宣伝などにかけるコストが必要なのです。

とくに、土地を持つと、減価償却がありませんから、その返済原資は、税引後の純利益になります。相当の経常利益を上げないと、返済資金が出てこないのです。

となると、その分、本当に使いたい経費を削り、無理やり利益を出し、なんとかして資金繰りを回すようにします。そのような状況では、本業そのものを伸ばしていくことが疎《おろそ》かになるのは当然です。

固定資産がなくてもできる商売で、不要な資産を抱えると、そのための資金確保に翻弄されてしまうのです。自社の業種をよく考え、甘い誘いや余計なあこがれに影響されることのないよう判断しましょう。

⑥不動産業、ホテル、病院など

不動産業・ホテル・病院など、いわゆる装置産業と呼ばれる業種があります。

この業種は、建物、設備、土地、などの固定資産が売りモノの要素を持つので、どうしても固定資産が膨らみます。それでも目安としては、総資産回転率1.0回転は欲しいものです。

次ページ第27表の図1の面積グラフをご覧ください。

図1の面積グラフでは、総資産回転率0.8回転です。建物・設備・土地は事業に活用されているとして、投資は不要です。

現預金と未収金で年商の4カ月分くらいあるのも、多すぎます。結局、その分、右側に借入金が増えるだけです。

借入で過剰な現金を持って安心するような経理担当者では、資金繰り担当者として失格です。金利をマイナスだと自覚していないのです。

未収金も、ホテルや病院では、こげついたまま放置されている、というケースがよくあり

第27表　不動産業・ホテル・病院の「良い回転・悪い回転」

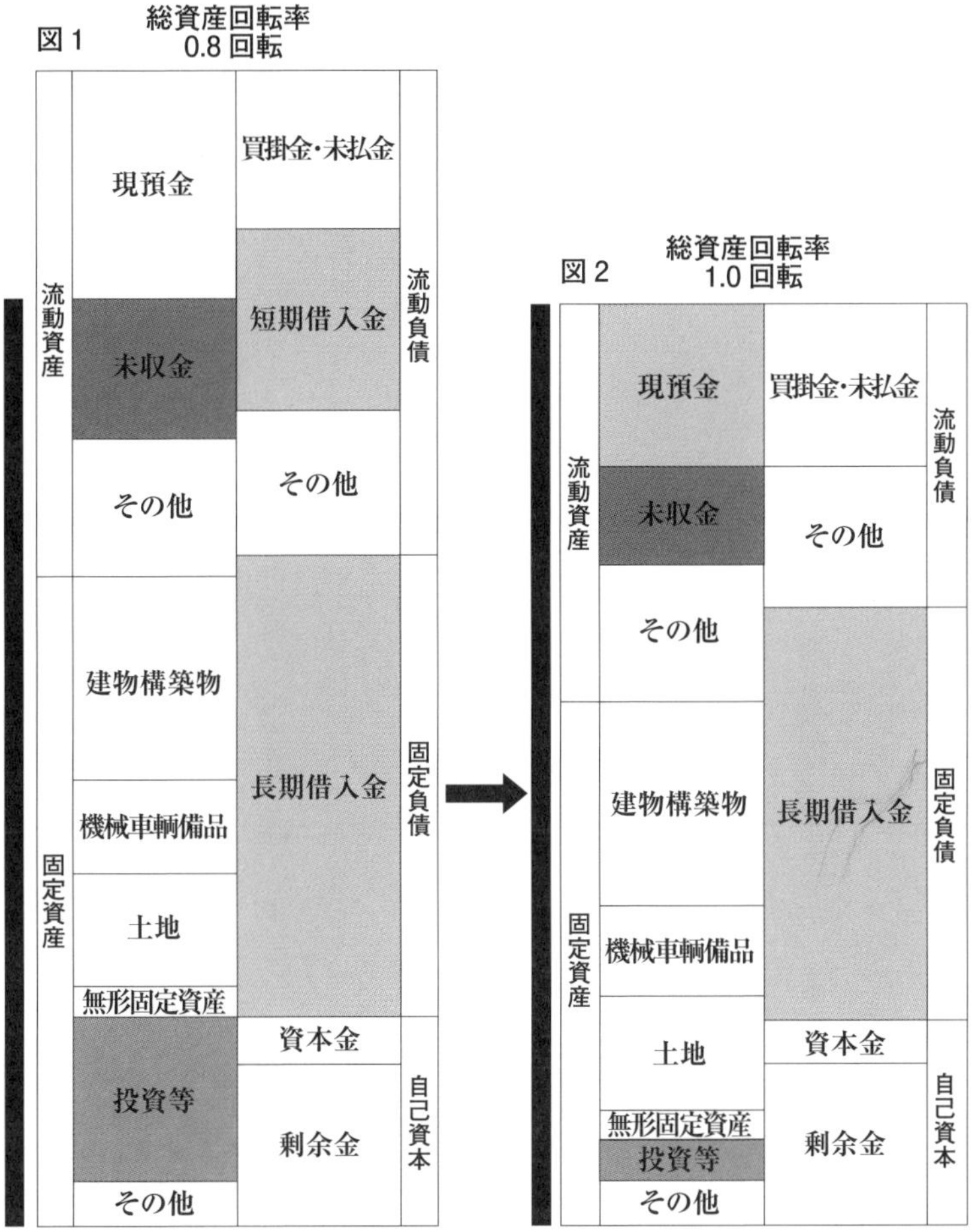

現預金と未収金で年商の4カ月分あり、流動資産が必要以上に膨らんでいる。投資等も多すぎで、固定資産が膨らんでいる。

そのため、借入金が膨らみ、月商の8カ月分以上になっている。

現預金・未収金を削減し、投資等の売却により、総資産を圧縮した。

その分、借入金を圧縮した。

総資産回転率は、0.8回転から1.0回転に改善された。

ます。不特定多数の顧客ですから、個々の金額は少額が多いのですが、不良の未収金が発生しやすい環境です。それだけに、予防的対策や損切り処理が必要です。

投資については、いうまでもありません。そんなことをして儲ける商売ではありません。それに、病院業では医療法にて厳しく規制されていることです。

不要な資産をある程度削ったときの面積グラフが、図2です。

これで、総資産回転率は1.0回転です。

この業種は、大きな借入金が発生するケースが多いです。ということは、その返済資金が残るだけの純利益が必要となります。少なくとも、8%~10%程度の経常利益が欲しい商売です。

さらに、減価償却が多いですから、残るキャッシュも多くはなります。そのため、「これだけ儲かるなら、ちょっとくらい株や投資で儲けてみよう」と安易に考える経営者が、余計なものにカネを使いはじめると、途端に資金繰りが厳しくなってしまいます。

残ったキャッシュを、借入返済原資と建物・設備のメンテナンス資金に運用するべきです。業種・業態をわきまえないと、とことん痛い目にあう、典型的な業種です。

3. 利益を出さないムダなものは小さくても処分する

利益を生み出さない資産を持っていないか

会社が持つべき資産は、稼いで利益を計上できるものです。

ところが、中小企業の貸借対照表を拝見すると、稼がない、利益を生み出さない資産がまだまだあります。

金額が小さなものであっても、稼がない、利益を生み出さない資産、本業と関係のない資産は、貸借対照表（B／S）からはずすようにしましょう。

次に自社の判断で実行できる初期の「たたむ・削る・変える」をご説明します。

①電話加入権は除却する

私は指導先に「電話加入権は除却してください」と言い続けております。

それでもいまだに、貸借対照表に電話加入権が残っている会社の多いこと！　総資産からすればわずかではあるものの、価値のない資産は除却するべきです。

「別会社か社長個人が、１本１，０００円で買いなさい」と私はアドバイスしています。

電話加入権は1本概《おおむ》ね7万円です。1,000円で売れば、加入権1本につき、6万9千円の固定資産売却損を特別損失で計上できます。

実務的にはまず、NTTのお問い合わせ窓口の116に電話を入れて、「電話加入権を譲渡したいのですが、どうすればいいでしょうか?」と尋ねます。

すると、「承知しました。電話加入権の譲渡承認請求書をお送りしますので、譲渡する電話番号と譲渡先など記入して申請してください」と言われます。

電話加入権譲渡承認請求書は、ネット検索すれば、NTTのホームページからもダウンロードできます。

譲渡承認請求書には、請求書の送付先と支払い方法のチェック記載箇所があります。いずれも「今までどおり」とすればよいのです。この場合、譲渡された側は、保証人のような扱いになり、会社が電話代を滞納するといった事態にならないかぎり請求も来ません。

ここまでが、譲渡することの承認です。あとは、個人や別会社とで「電話加入権譲渡契約書」を締結するだけです。決まったフォーマットはありません。どこに提出するものでもありませんから、簡単な譲渡契約書で大丈夫です。

譲渡価格は、1本1,000円でかまいません。M&Aで資産の査定をするときには、電話加入権はゼロ円、無価値です。１，０００円では安すぎるという問題にはなりません。

電話加入権を売却して除却損を出せば、その金額の約40％は、節税できます。100万円なら40万円、キャッシュが残ります。40万円の純利益を出して、お金を残すのは大変です。それが除却損であれば、簡単にお金を残すことができるのです。それをなぜ、やらないのでしょうか。そこには、さまざまな他のハードルがあるからです。

電話加入権の除却に取り組んでいただく際、最も面倒なのが、顧問税理士事務所です。

「電話加入権を除却したいと会計事務所に伝えたら、『そんなことはできない』と言われました！」というパターンです。他にも、

「そんなことをしたら、電話が使えなくなりますよ」

「そんなことをしたら、税務署に睨《にら》まれますよ」

「完全に使っていない電話回線でないと、除却はできないですよ」

などなど、言いたい放題です。

「そんな除却は一般的ではないからやめたほうがいい」と言われたこともありました。よくもそれだけ思いつくなと言いたいほど、電話加入権の除却に反対してきます。

ほぼ100％、そのような税理士事務所は、電話加入権の除却をしたこともなければ、見たこ

ともないし、聞いたこともないのでしょう。

「私の税理士仲間に聞いてみたが、電話加入権の除却はできないと、みんな言いますよ」

といったことを平気で言います。

結局、その税理士仲間は誰も電話加入権の除却を経験したことがないだけです。たとえ税理士仲間が100人いようと、除却に関して無知な税理士ばかりなら、答えは同じです。

一方、「NTTに電話加入権譲渡承認申請書を出し、電話加入権を社長が購入します。NTTのホームページにもその申請フォーマットがありますよ」と会計事務所に伝えると、

「それならOKです」との返事が返ってきます。

どこまでも、上から目線です。

「そうですか。それは失礼しました。知りませんでした」とは、絶対に言いません。

結局、多くの税理士事務所では、電話加入権除却の実務や具体策を知らないし、考えたこともないのでしょう。

そもそも、会社に出入りしている税理士事務所の方は、税理士資格を持っていない人が多いです。聞いたことのない処理など、面倒なことは概《おおむ》ね、反対してきます。

まずは経営者が正しい知識を持ち、反対する税理士の言いなりにならないことが必要です。

②不要な投資有価証券は売却しておく

貸借対照表の面積グラフを拝見すると、投資有価証券が大きく占めていることがあります。そのときに、

「この投資有価証券の内容は何ですか?」と中身をお聞きすると、一番多いのが、

「さあ、何だったか…。確か、〇〇〇〇社の株式だったと思います」などという回答です。要は、あまりよく覚えていないのです。

子会社の株式が含まれていることもよくあります。そのような子会社株は別にして、市場で売買されている株式や金融商品を保有していても、買って数年たてば、「何の株だかよく覚えていない」というのが中小企業の実状です。

「本業に関係ないなら売却してお金に換えましょう」とアドバイスすると、

「売っていいものもありますけど、うちが融資を受けている銀行の株は売りづらいです」

と言われたことがあります。その会社は、長く資金調達をしている地方銀行の上場株を保有

していました。

「どうしてですか？」と尋ねると、

「長年の付き合いですし、それを売ると、条件が悪くなるような気がして…」

本気でそう思われている方がいらっしゃいます。

市場取引されている銀行の株式を売却したからといって、融資条件が悪くなるようなことがあれば、それこそ、優越的地位の濫用で、コンプライアンス上、大問題です。そもそも、銀行の地位をおびやかすほどの株式数を保有しているわけでもありません。銀行にしたら、「お好きなようにしてください」という程度の量です。

それに今は、「取引がある会社間での持ち合い株はやめなさい」というのが一般的です。

さらには、上場株の中でも、株価純資産倍率が最も低い、いわば投資価値のない株式群の筆頭が、地方銀行株です。再編・合併による淘汰《とうた》がささやかれる業界ですから、「投資先として将来性がない」という評価を下されています。

株価は上がる見込みがないのであれば、早めに売却してください。銀行株など持っていても、本業で稼ぐことに何の関係もありません。売却して換金し、売却損で特別損失を出せば、節税にもつながります。もしも経常利益が出ていて、節税対策が必要なら、なおさらです。

売却できる株式が投資有価証券に含まれていないか、改めて確認してください。

③美術品・骨董品を売却する

コロナ禍に、ある画廊の方から連絡がありました。

「オークションでの買いが多く、売る品物が不足しています。美術品・骨董品をお持ちで売却意向のある方をご存じでしたら、ぜひ教えてください。どこへでも行きますので」

これも巣籠《すご》もり消費の一種なのか、美術品・骨董品オークションでの買いニーズが高まっています。そう言われて、日経新聞を見ていると、画廊や古美術商の広告が増えており、広告の片隅には「買い取ります！」とも記載されていました。

連絡をいただいた画廊も「今ならこれまでより多少は、良い価格で買い取れます」とおっしゃっていました。

コロナ禍は、美術品・骨董品を売って換金する絶好のタイミングだったのです。

貸借対照表を拝見していると、固定資産の欄に美術品・骨董品を見かけることがあります。

しかし、中小企業の多くは、その美術品を実際に飾ってお客に喜んでもらうというより、社長の趣味として購入しているケースが多いものです。従って、なかなか売ろうとはしません。

「売ったほうがいいですよ」と言っても、

「その値段ではもったいない！」となってしまいます。

ところが、美術品や骨董品で、購入時よりも値段が上がるものは、残念ながら、めったにありません。作家が有名になる前に買ったものくらいです。百貨店で購入していたら、なおさらです。画廊や美術商は、いわば仲買いです。彼らにとっては、それが仕入れ値です。一般コレクターへ直接売らないかぎり、買い値に近い価格で売却など叶《かな》いません。

「買ったときよりも高い値段で売れました！」と聞くのは、ヴィンテージのバイクや車です。美術品・骨董品というよりも、ややオタク色の強い品物です。オタク品は、美術品・骨董品より、相場変動が大きいようです。

稼がない、使わない美術品・骨董品は今のうちに換金し、損が出れば売却損で特別損失を出せばよいのです。

会社に美術品・骨董品が眠っている会社はぜひ、売却をご検討ください。そのまま社内に飾りたいなら、子会社や社長に安く売り、売り先から借りる、という形にすればよいのです。

あとがき

私の師匠である井上和弘先生が『儲かるようにすべてを変える』（日本経営合理化協会出版局刊）を書き上げたのは2000年。ビジネス書としては大ベストセラーとなり、その後もロングセラーとして驚異的な増刷を重ねました。

〝たたむ〟〝削る〟〝変える〟をキャッチフレーズとして、多くの中小企業経営者に衝撃を与えました。その当時といえば、バブルは崩壊し、その多額のツケが証券・銀行の経営を揺るがし、金融業界が大再編された時代です。

大企業のみならず、中小企業にも不良資産と債務が積み上がり、その処理をどうするか、ということが大きな経営課題だったのです。同時に物価はどんどん下がりました。マクドナルドがハンバーガーを65円で売り出したのも、2000年です。

「もはや今までのような高い値段で売ることはできない。それでもあらゆるコストを削って利益を残さなければならない。世間はデフレなんだ」

中小企業経営者の誰もがデフレに突入していることを、ようやく実感した時期に出版されたのが、『儲かるようにすべてを変える』だったのです。

「不良資産は子会社に売却して赤字を出せ！」

「資産を軽くして身軽になれ！」

「いらないお金は借りるな！」

これらの言葉は、「赤字を出すことは良くない」「銀行の言うとおりにしておかないと、いざ借りたいときには借してくれない」と思い込んできた中小企業の経営者には、大きな衝撃でした。

しかし、実際に本に書かれているとおりに実行し、赤字にしてみると、経営者たちは驚いたのです。

- **赤字で納税が減る**
- **キャッシュフローが良くなって借入金が減り、支払い金利が減る**
- **銀行借入は以前よりも好条件で借りることができる**

などなど、これまでやってはいけないと思っていた赤字決算も、やってみればそのほうが良かった、会社の財務がかえって良くなったという会社がどんどん出てきたのです。

その後、長きにわたって続くデフレ基調の中、「たたむ・削る・変える」を実践された経営者は一同に声を上げました。

「いま生き残っていられるのは、井上先生の『儲かるようにすべてを変える』を読んだからですよ。あの本に出会っていなければ、今頃どうなっていたか…」

どれだけ多くの社長から、同様の言葉をお聞きしたことか。その都度《つど》、わが師匠の偉大さを痛感したのです。

そして、書籍『儲かるようにすべてを変える』が登場して四半世紀が経過しました。

長かったデフレ基調もようやく終わり、物価が上がり、長く凍結されていた賃金も上がってきました。

デフレからインフレへ向けて、日本の経営環境は大きく変わりはじめたのです。しかし、ここまで長くデフレが続くと、今まさに経営に立ち向かう人たちは言いました。

「自分はデフレしか経験していないので、どうしたらいいかわからない…」

インフレへ向かうという景気変動を経験したことのない現役経営者が増えて、どう対応すればよいのかわからないというのです。それだけ、この四半世紀の間に、中小企業の事業承継が進んだり、新たな会社を立ち上げる、次代を担う経営者が増えたのです。

しかし、ここで言いたいことは、デフレだろうと、インフレだろうと、「たたむ・削る・変える」を軸とする井上和弘式の経営をこの先も推進していくことに、いささかも迷う必要はないということです。

「たたむ・削る・変える」の経営を言い換えれば、貸借対照表の総資産を小さくすることであり、「持たざる経営」です。これはたんなるデフレ対策ではありません。どのような経営環境であっても、生き抜いていくことを可能にする、経営実務の真髄なのです。

そしてこの20年間、「たたむ・削る・変える」を実践された会社を見ていると、いくつかの特徴が垣間《かいま》見えてきました。稼いだお金が残ることをきっかけに、よりお金が残る形を作り、より稼げるように、商品・サービスを見直す。そのような会社が増えてきたのです。

「たたむ・削る・変える」のあとに、まだ何かがある、と感じたのです。そこに、中小企業の経営者による「見抜く・仕組む・仕掛ける」があり、「伸びる・選ぶ・仕切る」という意思決定のあることに気づかされたのです。

本書では、3つのステップで「持たざる経営」について書かせていただきました。

3つのステップそれぞれに共通することは、「持ちすぎない」ことであり、「持たない」ことです。持つのは最小限に留め、できるかぎり「持たずに稼ぐ」のです。

また、本書を書き進めていく中で、「持っているようで持っていないもの」「持っていないようで持っているもの」があることにも気づかされました。

経営におけるマサカの坂は、毎年のようにどこかの業界にやってきます。経営環境が激変したときも、じわじわと変わるときも、危機対応しやすいのは身軽で動きやすいことです。

身軽とは、「持たない」ことです。流動資産、固定資産、人員など、余計なものを持たず、どのような事態に陥ろうとも、生き延びられる体制になっていただきたいと思います。

古山喜章

【資料のダウンロードについてのご案内】

本書購読者の方に限り、下記のURLより左記の2つの資料をダウンロードしてご利用いただけます。

①貸借対照表 面積グラフの作り方（PDF）
②面積グラフを使った経営分析シート（PDF）

①は、本書に掲載した「貸借対照表面積グラフ」の作り方の解説。
②は、面積グラフ作成の際に便利な目盛りつきのワークシートです。
下記のURLにアクセスして、お名前とメールアドレスをご登録ください。折り返し、ダウンロードに必要な「ID」と「パスワード」をメールでお送りします。なお、ダウンロードの際はスマホではなく、PCのご利用をお薦めします。

https://www.jmca.jp/form/mensekizu

著者／古山喜章（ふるやま よしあき）氏について

オーナー社長の困りごとを解決する助っ人として活躍する実力コンサルタント。

大学卒業後、兵庫県の中堅食品メーカーに入社。主に管理部門のキーマンとして活躍、さまざまな経営改革や制度導入にたずさわる。

２００５年、儲けの構造を知り尽くした、わが国屈指の名経営コンサルタント井上和弘氏が率いる、株式会社アイ・シー・オーコンサルティングに参画。

師匠の井上和弘氏からじかに井上式財務を学び、会社に残るおカネを最大化し体質を強化する財務改善、決算対策、銀行交渉、事業承継、相続問題などで抜群の実績を上げる。氏の現場のウラのウラを知り抜いた財務ノウハウと、社長と同じ目線に立った懇切丁寧な指導に、経営者から高い評価を得ている。

また、日本経営合理化協会主催「後継社長塾」の副塾長を務め、後継者と先代経営者から〈どんなことでも相談できる頼りになる講師〉として人気を博している。

２０１４年、株式会社アイ・シー・オーコンサルティング代表取締役社長に就任。

１９６５年大阪府生まれ。関西大学卒。

主な著作に、『社長の決算書の見方・読み方・磨き方』『お金が残る決算書〝100の打ち手〟』(日本経営合理化協会)その他。

〈著者の連絡先〉

株式会社アイ・シー・オーコンサルティング

大阪市中央区道修町3丁目3－8－1103

ＴＥＬ０６（４７０８）８２３６

ＦＡＸ０６（４７０８）８２３７

ico@pearl.ocn.ne.jp

持たざる経営

定価：本体　一三、五〇〇円（税別）

二〇二四年十二月十三日　初版印刷
二〇二四年十二月二十日　初版発行

著　者　古山喜章
発行者　牟田太陽
発行所　日本経営合理化協会出版局
東京都千代田区内神田一―三―三
〒一〇一―〇〇四七
電話　〇三―三二九三―〇〇四一（代）

装　丁　美柑和俊
編集者　岡田万里
印　刷　日本印刷
製　本　牧製本印刷

　ISBN978―4―89101―482―7　C2034